Jeremy Bernstein

Von den Alpen bis zum Hindukusch

Erlebnisse eines Bergsteigers

Albert Müller Verlag
Rüschlikon-Zürich · Stuttgart · Wien

Aus dem Amerikanischen übersetzt von Gerlinde Quenzer. – Titel des amerikanischen Originals: «Mountain Passages», erschienen bei University of Nebraska Press, Lincoln und London. – ISBN 3-275-00759-9. – 1/6-81. – Printed in Switzerland.

Inhalt

1 Ein Leben in den Bergen

Es gibt keine Gebirgsregion auf Erden, die ein weiteres und vielfältigeres Spielfeld zum Klettern böte als die französischen Alpen in der Gegend von Chamonix. Bergsteigen und Ästhetik der Gebirgslandschaft wurden in Chamonix erfunden, und Bergführer, die Hunderte verschiedener Klettertouren im Tal von Chamonix gemacht hatten, erzählten mir, sie hätten kaum das Oberflächlichste des dort Möglichen ausprobiert. Die Reklameprospekte über Chamonix verkünden, dort sei die Hauptstadt des Alpinismus, und sie haben recht. In einem ganz realen Sinn sind «Klettern» und «Chamonix» Synonyme.

Ich bin weder ein hervorragender noch ein sehr konventioneller Bergsteiger. Zum ersten Mal geriet ich ganz zufällig ins Hochgebirge, als ich acht Jahre alt war. Ich besitze ein altes Foto, das mich im Jahr 1937 zeigt, wie ich mich an einem kleinen Felsen festklammere und sehr ängstlich dreinschaue. (Ich habe auch eine Anzahl jüngerer Fotos, die mich zeigen, wie ich mich an großen Felsen festhalte – mit etwa demselben Gesichtsausdruck.) Seit jener Zeit bin ich ein wenig in den Bergen im Westen der Vereinigten Staaten herumgestiegen und auch anderswo, aber im großen ganzen beschränkten sich meine Kletteraktivitäten auf die französischen Alpen um Chamonix. Ich hatte das große Glück, nach Chamonix zu geraten und dort dem französischen Bergführer Claude Jaccoux zu begegnen, und zwar zu einem Zeitpunkt, da ich daraus Nutzen ziehen konnte, und zu einer Zeit, da ich in der Lage war, darüber zu schreiben. Alles was mir seither an Berg- und Reiseabenteuern widerfuhr, war eine Folge dieses glücklichen Zufalls.

Im September 1959 kam ich mit einem Zweijahres-Stipendium nach Paris, um Physik zu studieren. Als erstes erfuhr ich, daß der Universitätsbetrieb nicht vor November beginnen würde. Ich hatte einen kleinen Wagen, und ich beschloß, das Land zu erkunden. Meine Kenntnisse darüber waren gering – ich verirrte mich in das Tal von Chamonix. Die Schönheit dieser Landschaft überwältigte mich, aber es kam mir ganz gewiß nicht in den Sinn, hier irgendwo zu klettern; ein Blick auf die Aiguilles – die «Nadeln» – von Chamonix überzeugte mich, daß sie nichts waren

für einen vernünftigen Menschen. Ich erinnere mich, daß ich zusammen mit einem älteren Fremden in einer kleinen Gondel saß, die an einem Drahtseil über dem Vallée Blanche schaukelte. Auch als wir über der magenhebenden Leere schwebten, änderte sich sein seraphisches Lächeln kein bißchen, und als ich ihn schließlich fragte, warum, sagte er mir, er glaube ohne Wenn und Aber unerschütterlich an das Leben nach dem Tode.
Es ist sehr unwahrscheinlich, daß ich nach Chamonix zurückgekehrt wäre, wenn nicht zwei weitere Zufälle nachgeholfen hätten. Die französischen Physiker, mit denen ich in Paris zusammengearbeitet hatte, gingen zu einer Sommer-Akademie auf der Insel Korsika, und im zweiten Sommer wurde ich eingeladen, mich ihnen anzuschließen. Ich freundete mich mit vielen französischen Physikern an, besonders mit einem jungen Pariser namens Georges Bonnevay. Er sah äußerst zart aus und prangte im Schmuck eines langen, spärlichen Bartes. Zu meiner Überraschung erfuhr ich, daß Bonnevay ein erstklassiger Kletterer im Chamonix-Gebiet war und daß auch die meisten meiner jungen Kollegen in der Fakultät regelmäßig dorthin zum Bergsteigen gingen. (Weitgehend aus diesem Grund gibt es jetzt in Les Houches im Tal von Chamonix eine der hervorragendsten Sommer-Akademien für Physik.) Mir schien, der reine Wahnsinn des Kletterns spreche Georges' etwas verrückten Sinn für Humor an. Und nach seiner Heirat, nachdem er Vater eines Kindes geworden war und sich ein zweites angemeldet hatte, gab er denn auch das Klettern im Hochgebirge auf. Im Sommer 1963 ließ er sich überreden, noch ein einziges Mal mitzugehen, und an der Nordseite der Aiguille de Bionnassay, einem schönen Gipfel bei Les Houches, stürzte er zu Tode. Das war im Sommer 1963, und in diesem Sommer begann ich selbst mit der Bergsteigerei in Chamonix.
Von 1961 bis 1966 verbrachte ich jeden Sommer in dem riesigen Kernforschungslabor CERN (Conseil Européen pour la Recherche Nucléaire – Europäischer Rat für Kernforschung) in Genf, von wo man an klaren Tagen einen herrlichen Blick auf den Montblanc hat. Ich fing an, zum Wochenende nach Chamonix zu fahren, das sechsundachtzig Straßenkilometer von Genf entfernt ist. Am Anfang hatte ich keineswegs die Absicht zu klettern. Ich war über dreißig Jahre alt – also in einem Alter, in dem sogar

viele jugendliche Kletterfanatiker sich allmählich beruhigen – und fühlte mich, mindestens eine Zeitlang, ganz zufrieden, auf den Wanderwegen in oder etwas über dem Tal umherzustreifen.

Nach zwei Sommern waren mir die Wanderwege über, und wenn ich weiterhin nach Chamonix kommen wollte, mußte ich Bergsteigen lernen. Ich begab mich zu Nicolau Barthélémy, der damals Chef der Bergführer der *Compagnie des Guides de Chamonix* war. Ich versuchte Barthélémy davon zu überzeugen, daß ich als Bergsteiger sozusagen eine Null sei. Vielleicht hoffte ich im stillen, er würde mich, wenn ich nur ein möglichst trübes Bild von mir malte, einfach wegschicken und ich könnte ehrlich sagen, ich hätte es versucht, ohne daß ich meine Füße auf einen Fels setzen mußte. Aber innerhalb von hundertfünfzig Jahren hatten die Bergführer von Chamonix eine so unwahrscheinliche Ladung Menschen in die Berge transportiert, daß ich zum Routinefall wurde. Noch am selben Nachmittag wurde ich mit meinem ersten Führer, Henri Dufour, bekanntgemacht. Wir fuhren ein kurzes Stück aus der Stadt hinaus zu den Übungsfelsen – Les Gaillands –, die schon fast ein halbes Jahrhundert als solche dienen. Die Felsen sind ungefähr hundert Meter hoch, was nach den Maßstäben von Chamonix nicht viel ist, aber für mich sahen sie aus wie das Empire State Building, auch ebenso steil. Dufour versicherte mir, die Absturzangst – das war es nämlich, was ich empfand – sei ein vollkommen normaler Überlebensinstinkt, und schoß dann wie eine Katze den Fels empor. Er hatte mich am anderen Ende seines Kletterseils vertäut, und nachdem er einen bequem gesicherten Stand gefunden hatte, instruierte er mich, ich solle zu ihm heraufkommen und dabei hauptsächlich meine Füße benützen, die Hände jedoch nur, um das Gleichgewicht zu halten. Ich tat, wie man mir sagte, und befand mich bald einige Meter über dem Boden. Als ich Dufour erreicht hatte, ging er wieder voran, und jetzt war ich noch weiter über dem Boden. Wenn ich eine ältere Tante hätte, die die Technik des Kletterns lernen möchte, würde ich sie ermuntern, bei Dufour damit zu beginnen. Er war etwa meines Alters, kurz und beweglich, und er hatte den wachsamen, amüsierten Gesichtsausdruck bestimmter Jagdhunde. Er war ein Meister darin, Kunstgriffe – die Franzosen sagen «trucs» – herauszufinden, die die Sache so leicht wie möglich machten. Vor ein paar Jahren durchkletterten Dufour und ich die Couzy-Route an der Aiguille de l'M (so genannt nach der M-Form des Doppelgipfels). Der *Guide Vallot* – der vierbändige Kletter-Führer für die Berge um Chamonix – bezeichnet diese Route als «TD», was «sehr schwierig» bedeutet, und als «reichlich versehen mit Fünfer- und mehr als Fünferpassagen» (Kletterwege im Fels werden von I bis VI klassifiziert, wobei VI die schwierigste Stufe ist). Irgendwo nahe am Gipfel begann meine Moral zu sinken. Da ich beim Klettern viel redete, spürte Dufour es ganz sicher. Er glitt eine besonders schrecklich aussehende dünne Rinne hinauf und entschwand meinem Blick. Ich blieb mit meinem angekränkelten Mut allein zurück. Plötzlich hörte ich von oben Dufour, der anscheinend in eine lebhafte Unterhaltung verwickelt war. Er sagte so etwas wie: «Madame, Sie haben einen sehr hübschen Platz für Ihr Picknick ausfindig gemacht. Nein, ich glaube nicht, daß ich eins von Ihren Sandwiches möchte; meine Frau erwartet mich nämlich zum Mittagessen». «Mein Gott», dachte ich, «wir sind glatt am Ziel!» Im Nu war auch ich durch die Rinne oben und fand mich dort allein mit Dufour vor einer kurzen, kahlen Wand, die zum Gipfel führte. Nachdem ich es im Sommer 1963 fertiggebracht hatte, einen der Übungsfelsen zu erklettern, schlug Dufour vor, wir sollten als nächstes die normale Route auf die Aiguille de l'M angehen – eine Standardaufgabe für Anfänger, die großartig in die Bergsteigerei des Chamonix-Gebietes einführt. Als erstes bringt sie mit sich, daß man sich mit ein paar hundert Bergführern und Bergsteigern in voller Ausrüstung morgens um fünf herumbalgt, um einen Platz in der ersten Luftseilbahn zum Plan de l'Aiguille, etwa dreizehnhundert Meter über Chamonix, zu ergattern. Von der Bergstation geht ein bequemer Pfad zu einem kleinen Gletscher, der wiederum zu einem steilen Couloir führt, und dieses endet beim Col de la Buche – eine etwa zweistündige Klettertour von der Station aus. Oben schlug Dufour vor, wir sollten eine Vesperpause machen, während ich die Landschaft in mich aufnahm. Als ich auf der einen Seite des Col hinabschaute, sah ich einen Steilhang, der mir kilometertief vorkam. Vor uns befand sich eine weitere nackte Felswand. Ich hätte sie für eine Tagereise hoch gehalten. Dufour machte sich die Felsen hinan auf den Weg. Schließlich erreichten wir den Gipfel, und Jahre später –

wie mir schien – kamen wir wieder unten auf den Pfad zurück. Ich hatte ein wunderbares Gefühl der Müdigkeit, der Erleichterung und Befriedigung. Vergessen war, wie ich mich gefürchtet hatte, und ich dachte sogar schon vage an meine nächste Bergtour.

In jenem Sommer machten wir noch ein paar leichte «Klassiker», und als ich im nächsten Jahr wiederkam, erfuhr ich, daß sich Dufour beim Skilaufen einen Riß der Achillessehne zugezogen hatte und für diese Saison ausfallen würde. Ich wandte mich wieder an das Bureau des Guides und Nicolau Barthélémy und wurde in die Verlosung einbezogen, die Bergsteiger und Führer zusammenbringt, fast seit die «Compagnie» gegründet wurde. Man unterbreitet seine geplante Tour dem Bureau des Guides, und am Abend, wenn die Bergführer zusammenkommen, wird die Liste der Klettervorhaben vorgelesen, was ein wenig wie eine Fisch-Versteigerung klingt: «Ich habe zwei für ‹M› normal, sechs für den Montblanc (zwei Führer), einen Grépon Mer de Glace ...» Alle Führer stehen in einem Verzeichnis, und das Ablesen beginnt allabendlich dort, wo es am Tag zuvor aufgehört hatte; der erste Bergführer hat das Recht, irgendeine der angemeldeten Touren für sich auszuwählen. Ein gut eingeführter Bergführer verfügt während der Saison gewöhnlich über einen festen Klientenkreis und hat es nicht nötig, welche über die «Tour de rôle» zu finden. Ich war Ende Juni aufgetaucht, als die Saison kaum begonnen hatte, und wie es der Zufall wollte, zog ich Claude Jaccoux.

Dufour und Jaccoux, die gute Freunde waren, repräsentierten unterschiedliche Farbnuancen im sozialen Spektrum von Chamonix. Dufour war Chamoniard – im Tal geboren. Als «Eingeborener» sprach er mit dem etwas mundfaulen Akzent der Savoyer und außerdem den besonderen Dialekt der Leute im Gebirge. Das Wort «sarpé», der Mundartausdruck für «serpent» (Schlange), wurde zum Beispiel von den Bergführern zur Kennzeichnung von schwächlichen Klienten verwendet, die wie Schlangen an den Felsen klebten. Dufour wohnte mit Frau und Kind und Eltern in einem behäbig ausgedehnten Haus im Zentrum der Stadt. Die Chamoniards stehen in dem Ruf, ziemlich «enfermés» (für sich) zu leben. Dufour war zwar einer der freundlichsten Menschen, die man sich vorstellen kann, doch wäre es mir nie eingefallen, einfach bei ihm hereinzuschneien und ihn zu besuchen. Zwischen Dufour und seinen Klienten – besonders denen seiner Generation oder noch älteren – bestand stets eine gewisse Reserve, ein förmlicher Respekt, der zweifellos ein Überbleibsel aus jenen Zeiten war, als die Klienten, hauptsächlich Engländer, sich sehr als die «monchus», die Herren, fühlten und von den Bergführern erwartet wurde, daß sie ihren Platz in der Rangordnung kannten. Als im neunzehnten Jahrhundert die britische Erbin Isabella Straton ihren Bergführer Jean Charlet heiratete, nahm er den Namen seiner Frau an. Dufour war ein großartiger Bergführer, der sein Handwerk verstand, und er lebte ganz im und vom Chamonix-Tal.

Jaccoux dagegen war ein Außenseiter, wenn er auch in Sallanches geboren worden war, nur ein paar Kilometer von Chamonix entfernt. Als Roger Frison-Roche, ein aus Paris gebürtiger Chamonix-Bergführer und bekannter Journalist und Schriftsteller, eine Liste der dem Tal «fremden» Bergführer zusammenstellte, war Jaccoux unter ihnen, auch Lionel Terray, der aus Lyon stammte, und Gaston Rébuffat, der in Marseille geboren wurde. Es brauchte einen besonderen Dispens von der «Compagnie», damit diese Männer akzeptiert wurden, da es zu den Zulassungsbedingungen gehört, daß entweder der Bergführer oder seine Frau aus dem Tal stammten. Dispens wurde nur erteilt, wenn jemand ein so guter Bergsteiger war, daß er für die «Compagnie» von besonderem Wert sein konnte. (Einige der jungen, nicht «eingeborenen» Bergführer ärgerten sich über die Exklusivität der «Compagnie» und bildeten ihre eigene Vereinigung, *Les Guides Indépendants du Mont Blanc.)* Jaccoux' Eltern waren beide Lehrer an einem «Lycée» (Gymnasium), und Jaccoux war in Paris aufgewachsen, wo er an der Sorbonne französische Literatur studierte. Erst mit achtzehn hatte er zu klettern begonnen – sehr spät für einen Bergführer; die von Chamonix fangen gewöhnlich mit der Bergsteigerei an, wenn sie eigentlich noch Babys sind.

Als ich 1964 zum ersten Mal mit Jaccoux in die Berge ging, machten wir uns an einen ziemlich schwierigen Übungsfelsen in den Aiguilles Rouges, und danach bat mich Jaccoux, mit ihm und seiner jetzt von ihm geschiedenen Frau Michèle zum Essen zu gehen. (Ein paar Jahre später erzählte mir Jaccoux, er sei heimgekommen und habe Michèle erzählt, er hätte einen sehr lustigen Amerikaner kennengelernt, der Argot spreche.) Das Ehepaar Jaccoux – sowohl Jaccoux und Michèle als auch Jaccoux und seine zweite Frau Colette – führte immer einen Bohémienhaushalt. Ich kann mich an kaum eine Mahlzeit erinnern, an der weniger als zehn Leute teilnahmen, von denen ein paar unter der Zeit kamen oder gingen. War es ein Essen am Abend, sprang alle halbe Stunde jemand auf und ging hinaus, um nach den Sternen zu schauen. Waren sie sichtbar, wurde das Wetter wahrscheinlich am nächsten Tag gut, was bedeutete, daß jemand, der klettern wollte, lang vor Sonnenaufgang aufstehen mußte. In jenem Sommer machten wir eine Reihe von Touren. Ich begann, einiges über das Leben eines Bergführers zu lernen, und durch Jaccoux kam ich mit den meisten berühmten französischen Bergführern und vielen der besten Bergsteiger Europas zusammen.

Als Bergsteiger hatten Jaccoux und Dufour einen kontrastierenden Stil. Dufour war nicht besonders stark und verließ sich auf seine vollendete Technik und akrobatische Eleganz. Jaccoux mit seiner Größe von etwa einsachtzig war höher gewachsen und schwerer als die meisten Bergführer. Er hat unheimlich viel Kraft, und wie bei den meisten Bergführern sind vor allem seine Hände und Finger sehr stark. Seilmanöver können sehr viel Kraft in den Händen verlangen, denn das Seil steht oft unter großer Spannung, wenn man es zu handhaben versucht. Dennoch gibt es Grenzen dessen, was reine physische Kraft beim Bergsteigen zustandebringen kann. Beim Sichern eines Bergsteigers etwa, der angeseilt ist, nutzt man die Reibung und andere mechanische Vorteile, so daß ein Bergführer wie Dufour, der nicht übermäßig stark war, aber Haken als Flaschenzug und den Widerstand von Felsvorsprüngen zu verwenden wußte und richtig reagierte, wenn jemand zu fallen anfing, sehr haltbare und feste Sicherungen schaffen konnte. Sicherungen von oben sind die bei weitem zuverlässigsten. Wenn ich stürzte, wurde ich immer von oben gesichert, und deshalb bin ich nie sehr weit abgestürzt.

Die riskantesten Sicherungen sind die bei Quertraversen. Hier wird das Seil horizontal gespannt, und wenn nicht irgendwo in der Mitte ein Haken oder ein Fels ist, wird der Bergsteiger, wenn er den Halt verliert, ziemlich weit hinabstürzen. Abgesehen von der Tatsache, daß man dabei ganz schön hart auf dem Gestein aufschlagen kann, besteht auch die Möglichkeit, an einer Stelle zu landen, von der aus man nur sehr schwer wieder weiterklettern kann. Es ist fast ausgeschlossen, daß ein Einzelner einen anderen über einen Felsüberhang nach oben ziehen kann. Die Reibung des Seils an dem Punkt, wo es mit dem Fels oder Schnee in Berührung kommt, ist dafür einfach zu groß.

In die heikelste Situation, die ich beim Klettern jemals erlebte, geriet ich einmal an einem solch überhängenden Felsen. Damals unternahmen Jaccoux und ich, dazu noch ein Klient und ein weiterer Bergführer mit seiner Frau, die ebenfalls ausgezeichnet kletterte, einen schwierigen Aufstieg an der Südflanke der Aiguille du Midi. Sie heißt der «Kosmische Sporn», nicht aus metaphysischen Gründen, sondern weil sich am Fuß des Grats ein altes Laboratorium zur Untersuchung der kosmischen Strahlung befindet. Die Schlüsselpassage der ganzen Route ist ein Überhang, der dadurch überstiegen wird, daß man nahe seinem höchsten Punkt eine kleine Trittleiter befestigt. Um zu ihr zu gelangen, muß man sich mit einer Reihe von Fünferpassagen herumschlagen. Jaccoux war an der Spitze geklettert und hatte oben seine Leiter festgemacht. Über der Leiter war ein Karabinerhaken befestigt, durch den nun zwei Seile liefen. An einem war ich festgemacht, am anderen sein zweiter Klient. Ich war der nächste und kämpfte mich dorthin voran, wo die Leiter war. Diese Leiter baumeln in freier Luft, und wenn man den Fuß auf sie setzt, geraten sie ins Schwanken – nicht gerade das allerschönste Gefühl etliche hundert Meter hoch über einem Gletscher. Ich schaffte es, auf die Leiter zu steigen und hinaufzukommen. Die nächste Aufgabe war, die Seile aus dem Karabiner zu bekommen, denn sie blockierten den Fortgang des Aufstiegs. Aber die zwei Seile waren beide stark gespannt und sperrten die Schnappvorrichtung, so daß ich sie einfach nicht aufbrachte. Ich war nicht wirklich in Gefahr, zu stürzen, denn Jaccoux sicherte mich von oben, doch schaukelte ich auf der Leiter (wie man mir später sagte) etwa fünfundvierzig Minuten hin und her, und am Ende (auch das sagte man mir) sprach ich nur noch englisch – ein sicheres Zeichen dafür, daß ich mich in einer schwierigen Lage befand. Gelegentlich lehnte ich mich zurück und schaute auf den Gletscher unten, der verführerisch friedlich erschien. Schließlich riß ich verzweifelt an den Seilen und dem Verschluß, und irgend-

wie löste sich das Ganze. Ich war so erschöpft, daß ich rückwärtsfiel und die Leiter gegen den Fels schwang, so daß meine Füße auf das Gestein zu stehen kamen. Darauf hatte Jaccoux gewartet, und in dem Augenblick, da mein Fuß den Felsen berührte, zog er mich nach oben. Ich erinnere mich, daß ich zu ihm sagte, ich hoffte, dies sei der schlimmste Teil der Tour gewesen. Er antwortete, für mich schon; wir würden nämlich umkehren. Ich seilte mich dann über den Überhang ab, während die unten wartenden Bergsteiger mich wie einen Fisch ziehend einholten. Später fragte ich Jaccoux, was er getan hätte, wenn ich mich nicht selber hätte losmachen können. Er meinte, ihm wäre schon irgend etwas eingefallen.
Es gibt kein risikofreies Klettern, auch nicht mit einem Bergführer. Über die Jahre hinweg habe ich mir grob die Chancen ausgerechnet, bei einem Bergunfall verletzt oder getötet zu werden. Die Klettersaison in Chamonix dauert ungefähr sechzig Tage: den ganzen Juli und August, schlechtes Wetter abgerechnet, und ein paar Tage im Juni und im September. An diesen sechzig guten Klettertagen tummeln sich etwa zweitausend Bergsteiger im Montblanc-Massiv, auf der französischen und italienischen wie auf der Schweizer Seite. In den letzten Jahren gab es zwischen sechzig und fünfundsiebzig tödlich Abgestürzte pro Saison und mindestens doppelt soviele Unfälle, die ernst genug waren, daß die Bergrettungsdienste eingreifen mußten. Auf zweitausend Klettertage kommt also ein Toter. Ein seine Sache sehr ernstnehmender Bergsteiger kann etwa dreißig Tage pro Saison klettern; das mag eine Vorstellung des Risikos geben, das man eingeht. Die Bergführer von Chamonix haben nur etwa einen tödlichen Unfall pro Jahr. Viele dieser Unfälle passieren während der Frühlings-Skisaison, und viele andere, wenn die Bergführer eigene Touren unternehmen oder zu ihrem Vergnügen klettern. Fast nie werden Klienten ernstlich verletzt, und wie ich mich erinnere, sind es schon viele Jahre her, seit ein Klient eines Chamonix-Bergführers einen tödlichen Unfall erlitt. Dafür gibt es viele Gründe. Der wichtigste, wie ich glaube, ist die Erfahrung, die die Bergführer in ihre Arbeit einbringen. Bei den typischen Unglücksfällen waren die Bergsteiger zur falschen Zeit am falschen Ort. Es gibt eben strenge Zeitpläne, die beim alpinen Klettern eingehalten werden müssen. Ein Gletscher oder

ein steiles Schneefeld, die am frühen Morgen ganz sicher sind, können gegen Mittag, wenn die Sonne begonnen hat, Schnee und Eis zu schmelzen, zur Todesfalle werden. Touren, die sehr leicht aussehen, wenn man sie im gedruckten Führer liest, sind unter den falschen Bedingungen äußerst gefährlich.

Ich erinnere mich unter anderem an ein Beispiel, das zeigt, wie sich die Berufserfahrung eines Bergführers auswirkt. Vor ein paar Jahren beschlossen Jaccoux und ich, die Aiguille des Pélerins zu besteigen, was über die normale Route eine leichte Tour ist. Man steigt über einen ziemlich steilen Gletscher zu einem Felskamin auf, der an einem Grat endet. Dieser führt zu einem schmalen, spitzen Gipfel. Wir saßen auf diesem Gipfel, als Jaccoux vier oder fünf Bergsteiger ausmachte, die alle aneinandergeseilt waren – viele Leute an einem einzigen Seil. Sie begannen, über den Grat aufzusteigen. Nach einem kurzen Blick sagte Jaccoux: «Machen wir, daß wir fortkommen, und zwar verdammt schnell!» Das erschien mir in diesem Augenblick als ein recht kurioser Einfall, denn es war ein großartiger Tag und wir hatten kaum Zeit gehabt, die großartige Berglandschaft zu genießen. Aber es gehört zu den Spielregeln, daß der Bergführer, der vor dem Gesetz die Verantwortung für seine Klienten trägt, sagt, was zu tun ist. So ging es denn mit höchster Geschwindigkeit über den Grat hinunter. Wir kamen an der aufsteigenden Gruppe vorbei, und es war offensichtlich, daß es sich um Anfänger handelte und sie sich schwer taten. Wir kamen zu dem Felskamin und brachten auch das im Eiltempo hinter uns. Unten auf dem Gletscher angekommen, rechnete ich damit, daß wir Rast machen, einen Schluck trinken und etwas Schokolade essen würden. Aber nein – weiter ging es, so schnell wie möglich. Etwa eine Stunde war vergangen, seit wir den Gipfel verlassen hatten. Eben als wir unten am Gletscher anlangten, brach eine Explosion von Gestein durch den Kamin nach unten; manche Brocken, groß wie Fußbälle, sprangen über den Gletscher abwärts und blieben wenige Meter über uns liegen. Als es vorüber war, fragte ich Jaccoux, woher die Steine gekommen seien und warum sie losgebrochen waren. Es stellte sich heraus, daß er beim ersten Blick auf die Bergsteiger gesehen hatte, daß es sich um ziemlich schwache Könner handelte. Er wußte, wenn sie sich an den Abstieg machten, würde sich unter ihren unsicheren Tritten

lockeres Gestein lösen, sich im Kamin sammeln, weitere Steinbrocken mitreißen und in einer kleinen Geröllawine niedergehen. Durch seinen raschen Abstieg hatte er uns an eine Stelle gebracht, wo wir davon nicht erreicht werden konnten. Diese Lektion in Klettersicherheit habe ich nie vergessen.
Seit ich Jaccoux kennenlernte, hatte er beim Führen von Klienten drei ernsthafte Unfälle. Bei keinem wurde aber der Klient verletzt. Sie sind indes ein deutliches Beispiel für die Risiken, die die Bergführer während der Saison fast täglich eingehen. In einem Fall wurde er von einem Stein getroffen, der durch einen Kamin herunterstürzte. Er erzählte mir, er hätte den Stein fast in demselben Augenblick gesehen, wie dieser abzurutschen anfing. Er bewegte sich von einem Rand des Kamins zum anderen, und immer wenn er sich zur anderen Seite wandte, folgte der Stein über ihm. Er konnte ihm einfach nicht ausweichen; er traf ihn und schlug ihm mehrere Zähne aus. Bei einem anderen dieser Unfälle war er auf einer klassischen Klettertour in den Aiguilles. Dieser Aufstieg war von ihm schon hunderte Male bewältigt worden, und er kannte jede Bewegung, die dazu gehörte. Er war in eine ganz gewöhnliche Wand eingestiegen und benützte alle vorschriftsmäßigen Sicherungen, als aus keinerlei ersichtlichem Grund der Fels einfach nachgab. Das kann in Chamonix vorkommen, auch wenn in der Regel die Kletterberge aus sehr hartem, festem Granit bestehen. Manchmal bricht er einfach auseinander. Jaccoux stürzte bis zu der Felsbrüstung, wo er seinen Klienten zurückgelassen hatte, und zog sich eine tiefe Schnittwunde in der Kopfhaut zu. Er legte sich große Mengen Schnee auf die Wunde, um die Blutung zu stillen. Trotz der Verletzung schaffte es Jaccoux, alle sicher aus der Aiguille nach unten zu bringen. Beim dritten Unfall verrenkte sich Jaccoux den Knöchel. Zufällig war dies von einem Hubschrauber aus beobachtet worden, der für einen Film über Bergrettung eingesetzt war. Innerhalb von Minuten wurden Jaccoux und sein Klient nach Chamonix zurückgebracht, und ein paar Tage später kletterte er wieder. Er erzählte mir, er hätte einmal Gelegenheit gehabt, über diese Unfälle mit Armand Charlet zu sprechen, jenem inzwischen verstorbenen Bergführer von Chamonix, der in der Zeit zwischen den Weltkriegen als der Größte seines Berufs in den Alpen angesehen wurde. Charlet sagte ihm, er habe in seiner langen

Laufbahn ungefähr vierzig ernsthafte Unfälle gehabt, so daß Jaccoux bisher eigentlich noch gut davongekommen war.
Wenn man die Risiken bedenkt, verdienen die Bergführer von Chamonix eigentlich nicht viel an einer Tour. Das Bergführen ist in Frankreich ein staatlich geregelter Beruf. Die Bergführer werden in Chamonix an der *Ecole Nationale de Ski et d'Alpinisme* ausgebildet, und die Anforderungen sind sehr hoch. Man braucht mehrere Jahre, bis man sich das Diplom als Bergführer erarbeitet hat, und von den etwa hundertfünfzig Männern, die sich für die Aufnahme in die Schule zu qualifizieren suchen, werden jährlich nur um die dreißig angenommen, und noch viel weniger durchlaufen die Schule bis zum Ende. Auch die Preise sind geregelt. Sie hatten sich von Jahr zu Jahr erhöht und betrugen nun bei einer durchschnittlichen Tour ungefähr sechzig Dollar pro Tag. Das bedeutete, daß ein Bergführer damals in einer guten Saison drei- bis viertausend Dollar verdienen konnte. Keiner ist in der Lage, vom Bergführerberuf allein zu leben; alle haben Zweit- oder gar Drittbeschäftigungen. Jaccoux ist im Winter Skilehrer, und Colette hat in La Plagne, wo Jaccoux seinem Ski-Job nachgeht, eine Boutique. Sie können so ein angenehmes, aber keineswegs aufwendiges Leben führen, und die Sicherheit ist gleich Null. Wir alle kennen viele Bergsteiger, die Verletzungen davontrugen oder beim Klettern ums Leben kamen. Aber wir kennen auch Bergsteiger und Bergführer in den Sechzigern oder Siebzigern, die bei großartiger Gesundheit und allerbester Stimmung sind – und es sind sehr viele. Nun, da sich Jaccoux den mittleren Jahren näherte, fragte ich ihn, wie er es finde, noch immer als Bergführer tätig zu sein. Ich weiß, daß man ihm wegen seiner großen Intelligenz und seiner persönlichen Fähigkeiten alle möglichen Verwaltungsposten im Zusammenhang mit Bergsteigen und Skifahren angetragen hat. Er könnte also jederzeit, wenn er es wünschte, etwas anderes tun. Er meinte indessen, er sei von seiner Arbeit so begeistert wie eh und je. Das einzige Problem ist die physische Kraft. Noch hat er seine Geschicklichkeit und sein Zutrauen zu den Bergen, doch nicht mehr die Ausdauer wie vor zwanzig Jahren, als er über Tage hinweg extreme Kletterpartien machte.
Wie jeder schöne Fleck auf der Welt haben die französischen Alpen in den letzten Jahren viel mehr Touristen angezogen als

damals, da ich 1963 in Chamonix zu klettern anfing. Viele von diesen neuen Gästen sind junge Amerikaner. Es gibt Amerikaner in Nepal und an den Flanken des Kilimandscharo – vermutlich mehr, als Hemingway sich jemals hätte träumen lassen. Heute ist das Montblanc-Massiv von Bergsteigern überlaufen, und wenn auch bei weitem die meisten Europäer sind, so sind doch auch sehr viele Amerikaner gekommen, um die klassischen Klettertouren von Chamonix zu machen. Einer der besten dieser jungen amerikanischen Bergsteiger war Gary Hemming, dessen Geschichte in diesem Buch erzählt wird. Die Amerikaner brachten die einfallsreiche und ausgeklügelte Bergsteigerausrüstung mit sich, die in den letzten Jahren in den Vereinigten Staaten entworfen und hergestellt wurde. Yvon Chouinards 'Realized Ultimate Reality Piton' begegnete ich zum ersten Mal recht weit entfernt von der Sierra Nevada, nämlich in Chamonix, was mich wiederum dazu brachte, den Bericht über Yvon Chouinard zu schreiben, der im folgenden Kapitel zu lesen ist.
Der rasch wachsende Zustrom von Abenteuerreisenden machte Jaccoux' dritte Beschäftigung möglich. Wir waren zusammen nach Nepal getreckt, und 1969 beschlossen Jaccoux, Michèle und ich aus einer Laune heraus, auf dem Landweg von Chamonix nach Pakistan zu fahren; davon wird in der zweiten Hälfte dieses Buches erzählt. Jaccoux kam zu der Ansicht, diese Art Leben gefiele ihm, und so begann er, Reisen in ausgefallene Winkel dieser Erde für Abenteuertouristen zu organisieren. Seine Arbeit als Bergführer in Chamonix vermittelte ihm nicht nur Erfahrungen im Blick auf das Erklettern von Felsen, sondern auch im Führen von Neulingen an Orte, von denen diese nicht sicher wissen, ob sie allein dorthin gelangen könnten. Bei einer solchen Tour begleitete ich Jaccoux, um den Kilimandscharo zu besteigen (leider erreichte ich den Gipfel nicht ganz).
Das Bergführerdasein in den Alpen bietet ungeheure Freiheit und Ungebundenheit. Wenn Jaccoux sich seine Klettertouren aussucht, kann er noch jahre- oder jahrzehntelang weiter führen, wenn er will. Manchmal machen wir im Spaß Pläne für unseren Ruhestand, an irgendeinem Ort der südfranzösischen Küste, mit verschiedenen Familien. Da wird es Musik geben und viele Bücher, eine Menge Wein und Sonne, und die firnbedeckten Berge von Chamonix werden uns dann sehr fern erscheinen.

2 Besuch bei Yvon Chouinard

Fanatische Kletterer behaupten, ihr Star Yvon Chouinard, der neununddreißig Jahre zählt und in Ventura, Kalifornien, nicht weit von Los Angeles entfernt lebt, könne keinen alpinen Ausrüstungsgegenstand zur Hand nehmen, ohne automatisch Verbesserungsmöglichkeiten zu erwägen. So oft, so lange und wie auch immer möglich ist Chouinard geklettert – seit seinem sechzehnten Altersjahr. Heute gilt er als einer der größten aktiven Bergsteiger der Welt. Was man als Extremrouten zu bezeichnen pflegt, hat er in Kanada, den USA, in Mexiko und Patagonien begangen, oft genug als Erster. Fünfzehnmal war er in England und auf dem Kontinent, und er kennt Neuseeland, den Himalaya Pakistans und den Mount Kenya (wo ein paar Lokalführer seine Karabiner zu Ohrringen umfunktionierten). Eine Aufzeichnung seiner Erstbegehungen würde endlos; immerhin sei die vom Oktober 1964 erwähnt. Zusammen mit den Kaliforniern Thomas Frost, Royal Robbins und Chuck Pratt erstieg er die Nordamerika-Wand des El Capitan in Yosemite-Nationalpark. Das Chauvinistische des Namens wird gleich entschärft, wenn man weiß, daß in der Wandmitte schwarzer Diorit einen Fleck mit den ungefähren Umrissen Nordamerikas bildet. Zehn Tage klebten die Kletterer in der Wand, wobei sie neun Nächte in Hängematten biwakierten. Seither sind noch schwierigere Routen im Yosemitegebiet gemacht worden, doch galt 1964 die Chouinard-Führe weltweit als das Schwierigste im Fels. Über neunzig Kilo Lebensmittel und rund siebenundfünfzig Liter Wasser hißten die vier Männer die neunhundert absolut senkrechten Meter hinauf.

Zusätzlich erwarb sich Chouinard den Namen eines virtuosen Konstrukteurs von bergsteigerischen Ausrüstungsgegenständen. Allein oder in Zusammenarbeit mit Frost, der von 1966 bis 1975 sein Geschäftspartner war und sich dann zurückzog, hat Chouinard praktisch alle beim Klettern verwendeten Hilfsmittel systematisch neu entworfen. Seine Firma, die *Great Pacific Iron Works,* ist mittlerweile zum größten Unternehmen für Bergsteiger-Ausrüstungen der Welt geworden, und der Umsatz stieg bald einmal auf über zwei Millionen Dollar pro Jahr, technische Ausrüstung und Bekleidung zusammengenommen.

Die Verbesserungen an technischen Hilfsmitteln, die Chouinard und Frost verwirklichten, gingen gewöhnlich auf Schwierigkeiten zurück, denen die beiden bei der Anwendung von bereits vorhandenem Material begegnet waren. Zahl und Vielfalt der Verbesserungen sind ebenso erstaunlich wie das Verzeichnis ihrer Touren. Als Beispiel diene der Chouinard-Frost-Eispickel und der Superhaken RURP (Realized Ultimate Reality Piton). Die Idee zum Pickel entstand 1968, als Chouinard die französische Schule des Kletterns im Eis lernen wollte.
Eisklettern setzt Steigeisen voraus. 1908 entwickelte Oscar Eckenstein ein Steigeisen mit zehn Zacken, das breite Zustimmung fand und 1931 vom italienischen Bergführer und Schmied Laurent Grivel verbessert wurde. Er fügte zwei Frontalzacken hinzu, was das Klettern im steilen Eis ohne Stufen ermöglichte. Man kickt die aus der Waagrechten leicht abwärts gebogenen Zacken energisch ins Eis, links, rechts, links, rechts, und steigt so wie über eine Treppe. Der eingeschlagene Pickel gibt zusätzlich Gleichgewicht und Halt.
Chouinard fand bald heraus, wie leicht sich ein eingeschlagener Pickel wieder löst. Für die Zeitschrift *Ascent* des Sierra-Klubs schrieb er 1968: «Die meisten modernen Pickel haben groteske Formen angenommen – mit ausgefallenen Griffen, seltsamen Schaufeln, extremen Spitzen und anderen Abnormitäten, die sie eher als Mord- denn als Eiswerkzeuge geeignet erscheinen lassen. Ich könnte eine ganze Abhandlung darüber schreiben. Es versuche einmal einer, sich an einem Durchschnittspickel, den er überm Kopf eingehauen hat, hochzuziehen! Die Steighilfe wird höchstwahrscheinlich ausbrechen und ihn ins Auge treffen. Ich mußte zuerst einen eigenen Pickel entwickeln, um damit im Eis richtig klettern zu können.»
Tatsächlich hatte sich Chouinard alle möglichen Arten von Pickeln geborgt, die er in ganz Chamonix überhaupt auftreiben konnte, um herauszufinden, welche sich am besten bewährten und warum. Anschließend entwarf er sein eigenes Modell. Frost als Flugzeugtechniker der Universität Stanford verfertigte die technische Zeichnung. Der Chouinard-Frost-Pickel hat seither alle modernen Pickel mitprägen helfen. Chouinards erste Klemmkeile waren ursprünglich Aluminiummuttern aus dem Flugzeugbau. Er benutzte sie 1960 im Teton-Gebirge, wurde aber erst ein

Jahrzehnt später zu ihrem begeisterten Befürworter. Zuerst schrieb er in einem Brief: «Ich finde Schraubenmuttern beim Klettern mit künstlichen Hilfsmitteln dort recht nützlich, wo der Fels sehr schlecht ist. Unter normalen Umständen würde ich jedoch einen Haken nicht durch eine Mutter ersetzen. Ich bin mit Fanatikern wie Robbins geklettert, die nur noch Muttern benützen wollen, stellte aber fest, daß hierbei doppelt so viel Zeit benötigt wird wie mit konventionellen Haken». Bald einmal merkte auch Chouinard, daß konventionelle Haken den Fels kaputtmachen. Im Yosemite-Gebirge ist es üblich, Haken wieder herauszuschlagen, was bei empfindlichen Felsrissen dazu führt, daß sie wie die Ränder von Postmarken aussehen.
Die Idee zu seinem Superhaken, dem RURP, entstand 1960 bei einem mißglückten Versuch an der Westwand des Kat Pinnacle im Yosemite-Park. Der Fels dort war so kompakt, daß die bisher üblichen Haken nicht einzudringen vermochten. Der RURP nun sieht wie eine leicht verdickte Rasierklinge aus Chromnickelstahl aus und sitzt in den haarfeinen Rissen, für die er geschaffen wurde, so fest, daß er – korrekt geschlagen – sogar Stürze halten kann. Der Ausrüstungskatalog warnt immerhin: «Die Verwendung des RURP setzt viel Übung in der Kletterschule voraus.» Normalerweise verkauft Chouinard gegen dreitausend Stück pro Jahr; er glaubt aber, daß manche von ihnen zum Souvenir entfremdet werden. In den letzten Jahren hat Chouinard gegen die Verwendung von Haken getan, was er nur konnte. Er befürwortete den Gebrauch von Klemmkeilen aus Metall, die mit Reepschnur oder Bändern aus Kunststoff verbunden in Risse gezwängt, aber nicht gehämmert werden, um so am eingeklinkten Karabiner das Seil zu halten. Im Gegensatz zu den üblichen Haken lassen sich die Keile leicht entfernen. Chouinard wurde zum Apostel des «sauberen» Kletterns, und könnte er befehlen, dürfte ein Felskletterer nur selten noch einen Haken einschlagen, geschweige diesen stecken lassen. «Ich war immer der Meinung, Felsklettern sei ein völlig harmloser Sport, der niemandem schadet. Nun muß ich feststellen, daß es dem Fels schweren Schaden zufügen kann.» Haarrisse, in denen kaum die Klinge eines RURP Platz gefunden hatte, waren nun so aufgeschlagen, daß Normalhaken verwendet werden mußten, und bald entstanden neue Risse. Der Fels wurde einfach in Stücke geschlagen.

Als Chouinard und Frost ihre Klettertechnik umstellten, begannen sie mit der Herstellung formverschiedener Keile. Der aktuelle Katalog der «Großen Pazifischen Eisenwerke» zeigt vierzehn abgewandelte Formen des Sechsecks, das so in alle möglichen Felswinkel geklemmt werden kann. Ferner werden sechzehn Keile aufgeführt, welche die Form der Pyramide varriieren, fünf Größen von röhrenförmigen Keilen, fünf Arten winziger ankerförmiger Gebilde als Ersatz für den RURP-Haken und zur Schonung von haarfeinen Rissen. Chouinard schätzt den Bedarf eines ernstzunehmenden Kletterers bei einer mittelschwierigen Kletterei mit künstlichen Hilfsmitteln auf ungefähr zwanzig verschiedene Keile und auf etwa sechzig Keile bei einer schwierigen Begehung. Es konnte nicht ausbleiben, daß junge Kletterer Chouinard der Hypokrisie bezichtigten, habe er doch für alle seine schwierigen Begehungen Haken verwendet; nun empfehle er ihnen eine eigenartige und noch unbewährte Technik. Als Antwort darauf kletterte Chouinard 1973 mit Bruce Carson aus Washington, der zwei Jahre später auf einer Expedition in Indien starb, über die Nasen-Route auf den El Capitan und benützte dabei nur Keile und keine Haken. Die Route gehört zu den schwierigsten Klettereien im Yosemite, und da sie den beiden ohne Zwischenfall gelang, ließ die Skepsis der Jungen nach.

Der Chouinard-Katalog aus dem Jahre 1972 hat unter Bergsteigern Sammlerwert. Er kostete einen Dollar, zehntausend Stück wurden gedruckt und verkauft. Das Titelblatt zeigt eine chinesische Zeichnung aus dem sechzehnten Jahrhundert von Wen Chia, genannt «Landschaft im Geiste der Verse von Tu Fu». Im Heft verteilt finden sich überall Zitate namhafter Geister. Seite eins zeigt eine herrliche Aufnahme der Ostwand von Moose's Tooth, eines Berges in Alaska. Darüber steht der Satz Einsteins: «Die Perfektion der Mittel und die Konfusion der Ziele scheint unser Hauptproblem zu sein.» Um einer Konfusion der Mittel vorzubeugen, schrieb der bekannte Sierra-Führer und Alpinist Doug Robinson eine ausgezeichnete vierzehnseitige Einführung in die Technik des Kletterns mit «sauberen» Mitteln. Die Verwendung von Klemmkeilen – hieß es im Text – setzt eine engere Beziehung zum Fels voraus als das Einhämmern von Haken. Oft müssen zwei und mehr Keile miteinander verwendet werden, um

Sicherheit zu gewährleisten, und ebenso häufig kommt es vor, daß erst die Kombination mehrerer solcher Keilsysteme genügt. All das und noch mehr wurde im Katalog gründlich besprochen, ohne daß darüber die Preise der einzelnen Ausrüstungsgegenstände vergessen worden wären. Und da der ganze Katalog einem Buch glich, ist er denn auch als solches besprochen worden. In der Ausgabe 1973 des Jahrbuches des Amerikanischen Alpenklubs frägt der Bergsteiger und Photograph Galen Rowell: «Was hat denn ein Gewerbekatalog unter den Buchbesprechungen zu suchen?» Er gibt gleich selber die Antwort: «Er enthält eine umfassendere Orientierung über Ethik und Stil des modernen Kletterns als jede andere Publikation in unserer Sprache.»
Seit drei Jahrzehnten war ich nun Bergsteiger und hier und in Europa immer wieder auf den Namen Chouinard gestoßen, ohne den Mann selber zu treffen. So beschloß ich, zu ihm nach Kalifornien zu reisen. Am Telefon versprach er, mich am Ventura County Airport abzuholen. «Kommen Sie gleich zu uns. Wir haben ja ständig Besuch und leben am Strand, und zwar nicht schlecht.» Ein zackiger, kurzgewachsener Mann in Wollhemd und Bluejeans hieß mich willkommen. Wie viele der weltbesten Kletterer ist Chouinard eher klein, einsfünfundsechzig etwa. (Die Sherpas in Nepal sind im Durchschnitt noch kleiner.) Auch ist er außerordentlich kräftig und hat überaus sehnige Hände und Finger, die im Verhältnis zur Körpergröße überentwickelt sind. Sein braunes Gesicht ist breit und offen.
Ein ziemlich ausgefahrener Wagen brachte uns in zwanzig Minuten zu einem weißgetünchten Strandhaus aus Holz. Gerade noch knappe elf Meter trennten Hintertür und Ozean. Ehefrau und Mutter Malinda hat hier ein Gatter gebastelt, um den dreijährigen Sohn Fletcher vom Meer abzuhalten, wenn er Vater zum Wasser nachlaufen will. Vor zehn Jahren hatten sich die Eltern beim Klettern kennengelernt, und vor sieben Jahren heirateten sie. Jeden Morgen nach Sonnenaufgang studiert Chouinard die Wellen, denn sein Strand zählt zu den besten Kaliforniens für den Sport des Surfens. Rollen die Wellen vielversprechend, schlüpft Chouinard in seine schwarze Gummihaut und wählt eines der durchscheinend hellen Surfbretter, die er im Deckengebälk des Wohnzimmers aufbewahrt. Die Bretter haben Kiele wie Haiflossen und eine Sicherheitsleine, die das Brett mit dem Bein

des Reiters verbindet, um den Verlust bei einem Sturz ins Wasser zu verhindern. Als ich dort war, zogen am Morgen Grauwale weit in der Bai draußen gegen Süden und schossen ihre Wasserfontänen hinter den Surfern in die Höhe. Ab und zu läutete das Telephon im Wohnraum, und Malinda mußte Freunden im Landesinnern über den Wellengang Auskunft geben.

Chouinard kocht gern, wahrscheinlich weil er das von seinen vielen Expeditionen her so gewohnt ist. Gleich nach meiner Ankunft bereitete er einen Fisch nach Japanerart zu. Nach dem ausgezeichneten Dinner bat ich Chouinard, mir aus seinem Leben zu erzählen und insbesondere davon, wie er die Berge entdeckt habe.

«Ich wurde am 9. November 1938 in Lewiston im Staat Maine geboren. Meine Eltern sind Kanadier französischer Abstammung. Wir lebten in Lisbon, Maine, einer Stadt, deren Bevölkerung je zur Hälfte aus Kanadiern französischer Abstammung und Yankees besteht. Bis zu meinem siebenten Lebensjahr sprach ich nur Französisch. In diesem Jahr zog mein Vater, der Sanitär-Installateur war, mit der Familie – ich habe zwei ältere Schwestern und einen älteren Bruder – nach Burbank in der Nähe von Los Angeles. Vater leidet an Asthma und versprach sich vom Klima Kaliforniens Heilung. Ich wurde in die öffentliche Schule gesteckt, obwohl ich nicht Englisch sprechen konnte. Diese Zeit wurde für mich zu einem Trauma. Ich kann die Puertorikaner und Mexikaner, die dieselbe Erfahrung durchstehen müssen, deshalb gut verstehen. Nach einer Woche kam ich in die Kirchgemeindeschule. Hier war's etwas besser. Die Lehrer nahmen sich mehr Zeit für mich. Dennoch wurde ich zum Eigenbrödler. Die ganze Freizeit verbrachte ich in der Hügellandschaft von Hollywood. Bevor andere Kinder überhaupt die Straße überqueren dürfen, radelte ich meilenweit, um in Privatteichen zu fischen. Mein Traumberuf hieß Trapper, Fährtensucher, und ich verschlang jedes Trapper-Buch, das ich in die Hände kriegen konnte. Vielleicht war meine französisch-kanadische Herkunft daran schuld. Ich verbrachte meine ganze Zeit im Freien oder las von Abenteuern unter freiem Himmel. An die High School gewöhnte ich mich nicht, und Freunde hatte ich kaum welche. Dafür um so mehr Komplexe. Ich konnte nicht tanzen, denn vor Mädchen fürchtete ich mich. Schließlich wurde ich Mitglied des kalifornischen Falkenklubs. Wir erkundeten Falkennester, stellten Fallen und lieferten die Tiere ans Jagdinspektorat. Natürlich waren Erwachsene im Klub, die uns anlehrten und beaufsichtigten, hauptsächlich Robert Klimes, der Lehrer war. Der Mann aber, der uns zuerst etwas Klettern beibrachte, hieß Don Prentice. Wir hatten uns bisher handgriffweise an Seilen zu den Falkennestern hinuntergelassen, doch Don lehrte uns abseilen, was uns hell begeisterte. Abseilen wurde die wichtigste Beschäftigung in unserem Leben. Wir übten stundenlang. Als blinde Passagiere benützten wir Frachtzüge von Burbank nach Chatsworth, am andern Ende des San Fernando-Tales. An den dortigen Steigungen fuhren die Züge langsam, was uns das Abspringen ermöglichte. Bei Chatsworth stehen hohe Klippen, ideal zum Abseilen. Wir probierten, mit immer weniger ‹Hupfern› hinunterzugelangen. Wir rüsteten uns mit Lederschutz aus, mit Lederachseln, -hosen und -handschuhen, um die Reibungshitze zu ertragen, wenn wir eine dreißig Meter hohe Wand mit nur ein bis zwei ‹Hupfern› zu bewältigen versuchten.»

«Da habt ihr aber Glück gehabt, daß keiner abgestürzt ist!» warf ich dazwischen.

«Einmal hab' ich fast mein Leben verloren», fuhr Chouinard fort. «Mit Ken Weeks, meinem älteren Kletterkameraden, bin ich mal auf Präriefalken-Jagd gegangen. Dort fand sich ein hundertvierzig Meter hoher Überhang. Ich knüpfte drei Seile aneinander. Die hinabhängende Seilhälfte war so schwer, daß ich sie kaum durch die Abseilschlinge zu ziehen vermochte. Als ich während des Abseilens bei der ersten Verknotungsstelle ankam, kriegte ich den Knoten nicht durch den Karabiner. Meinen Armen fehlte einfach die Kraft, das hängende Seil hochzuziehen. So blieb ich einfach hängen. Allmählich kam der Moment, da ich das Hängen nicht mehr aushielt. Ich wollte auf zehn zählen und dann einfach loslassen. Ich begann zu zählen und bei acht glitt der Knoten durch, schwupp und ganz von selbst. Ich seilte mich ganz ab und wand mich auf dem Boden, weil mein Körper völlig verkrampft war. Weeks, der mich gesichert hatte und meinen Abstieg nicht sehen konnte, fand mich und sagte, ich sei dreieinhalb Stunden lang hängengeblieben. So nah am Tod bin ich selten mehr vorbeigegangen. Das war natürlich das Ende der Abseilerei. Zehnmal lieber kletterte ich nun runter, als mich abzuseilen. Mit sechzehn erlebte ich, wie ein Kerl vom Sierraklub eine Wand bei Chatsworth hinaufkletterte, die wir nur vom Abseilen her kannten. Ich traute meinen Augen kaum. Don Prentice führte uns anschließend ins eigentliche Klettern ein, und bald gelangten wir von unten herauf zu den Falkennestern, statt von oben herab.»

Ich fragte Chouinard, ob es denn in der ersten Hälfte der fünfziger Jahre in Kalifornien viele Kletterer gegeben habe.

«Nein. Nur eine Handvoll. Damals trugen alle noch Tennisschuhe. Noch gab's keine Kletterschuhe, und jeder kannte jeden. Ich wurde Mitglied der Klettersektion des Sierraklubs Los Angeles, zusammen mit Royal Robbins, Bob Kamps, Mark Powell und T. M. Herbert. Eine zweite starke Klettergruppe bildete sich in San Francisco mit Al Steck, einem der besten Kletterer Amerikas, Chuck Pratt und Warren Harding, ferner mit Leuten, die in Europa geklettert und mit der technischen Entwicklung Schritt gehalten hatten. Die Gruppe aus San Francisco kletterte im Yosemite-Tal, wir am Tahquitz Rock bei Palm Springs, einem Fels von fast 400 Meter Höhe.»

An diesem Punkt wurde das Gespräch durch Fletcher, Chouinards kleinen Sohn, unterbrochen, der eben gehen lernte. Er versuchte, vom einen Ende des Sofas im Wohnzimmer zum anderen zu krabbeln, doch zwischen zwei Kissen geriet er in Schwierigkeiten und purzelte zu Boden, worauf er recht perplex dreinschaute. «Fletcher, du bist ein Dummerchen», sagte Chouinard. Der Junge erhob sich wieder auf die noch unsicheren Beine und kroch erneut auf das Sofa, derweil sein Vater zu erzählen fortfuhr.

«Als ich zur High School ging, stellte ich einen Ford, Jahrgang 1940, wieder instand. Unterricht in Auto-Mechanik war ziemlich das Einzige, dem ich Interesse entgegenbrachte. Unter Menschen fühlte ich mich unglücklich. Während der Mechanikstunde legte ich mich auf mein Rollerbrett und schlüpfte unter meinen Ford. Noch erinnere ich mich meines Hochgefühls, wenn ich in größter Hitze mit meinem Uraltmodell an all den kochenden Oldsmobiles und Cadillacs vorbei durch die Wüste fuhr. In jenem Sommer fuhr ich zum Wind River-Massiv in Wyoming und zu meiner ersten Bergtour. Ich hatte mich mit Don Prentice und einigen anderen verabredet. Wir nahmen uns den Gannett Peak vor, den höchsten Berg in Wyoming. Führer gab es keinen, und wir wußten nicht einmal sicher, welches denn der Gannett war. Als wir den beträchtlich über 4200 Meter hohen Gipfel endlich ausgemacht hatten, wurden wir über die Anstiegsroute uneinig. Ich wollte eine Wand hinaufsteigen, die anderen dagegen Couloirs. So trennten wir uns, und ich machte die Wand alleine. Nie hätte ich geträumt, daß Berge so hoch sein können. Es war einfach unglaublich. Alles schaute ganz nah gelegen aus, und doch war ich Stunden über Stunden unterwegs. Wie ich später herausgefunden habe, ist mir damals eine Erstbegehung gelungen, aber ich weiß tatsächlich nicht mehr wo, irgendwo auf der Westseite des Berges. Ich erinnere mich an einige kitzlige Passagen, ich wußte ja nicht, worauf ich mich da eingelassen hatte. Ich hatte feste Turnschuhe an, ohne eigentliches Profil, und damit erreichte ich die Firnfelder unterm Gipfel, Firnfelder über Abgründen von Tausenden von Metern. Natürlich kam auch noch ein Gewitter. Ich geriet in Panik, aber irgendwie kam ich wieder sicher hinunter.»

Milde ausgedrückt ist es recht ungewöhnlich, wenn einer auf seiner ersten Bergtour auch noch eine Erstbegehung macht. «Sie müssen ja von allem Anfang an ein Talent gewesen sein», sagte ich.

«Gewiß», erwiderte Chouinard. «Ich war sechzehn, hatte aber sechzehn Jahre lang kaum etwas anderes getan als Fahrrad zu fahren und auf Bäume zu klettern. Klettern war für mich so natürlich wie Gehen. So fuhr ich denn von den Wind River Mountains sofort zu den Teton-Bergen und meiner zweiten Tour. Ich fand niemanden, der mich hätte begleiten wollen. Die einzigen Kletterer jener Zeit waren College-Studenten. Kalifornische Kletterer gingen selten außer Landes, so wenig wie die Kletterer aus Colorado. Die einzigen, die wirklich in den Staaten herumkamen, waren Universitätsstudenten aus Dartmouth, Harvard oder Yale. Sie hatten daheim im Osten ihre Kletter-Klubs und fuhren jeden Sommer zum Klettern nach Westen. Wie auch immer, ich fand in den Tetons keinen Seilgefährten. Zünftige Kletterer wollten sich mit mir Anfänger nicht abgeben. Mit Not konnte ich mich einer Gruppe Harvardleuten anschließen, die den Templeton Crack, den großen Riß am Symmetry Spire machen wollten. Schlüsselstelle ist ein Kamin. Früh im Jahr – es

war erst Juni – ist der Kamin voll schleimiger Flechten, eine unpassendere Route hätte nicht gewählt werden können. Immerhin, wir kamen aufwärts, ich angeseilt in der Mitte. Wir gelangten zur Schlüsselstelle. Der Führer stieg ein und rutschte runter, stieg wieder ein und glitt wieder zurück. Darauf versuchte es der Seilzweite, auch vergebens. Nun war die Reihe notgedrungen an mir. Wir seilten um, und ich erhielt die Haken. So sah ich zum ersten Mal Haken. Ich spielte den Routinier und kam rauf – das war meine zweite Besteigung. Natürlich hatte ich viel Glück. Man kann dabei eine Menge Fehler machen. Die nächsten Jahre ging ich dann regelmäßig für drei Monate in die Teton-Berge.»
Nach der Schulentlassung arbeitete Chouinard für seinen Bruder Gerald, der als Privatdetektiv für Howard Hughes amtierte. Einer der Aufträge bestand darin, eine Jacht während sechzehn Stunden pro Tag zu bewachen, und dies monatelang. Hughes wollte die Jacht kaufen, sie vor dem Kauf aber inspizieren. Dazu mußte das Boot keimfrei sein. Die Chouinard-Brüder hatten deshalb darüber zu wachen, daß kein eventueller Keimträger an Bord gelangen konnte. Nebenher besuchte Chouinard im San Fernando-Tal ein College und studierte zwei Jahre lang Geographie. Zu dieser Zeit hatte er sein Kletterrevier bis zu den Kanadischen Rockies ausgedehnt, wohin er mit Ken Weeks zu reisen pflegte. «Während dieser Jahre war ich sehr arm, fast bargeldlos, genau wie die Kameraden, mit welchen ich kletterte. Kaum je reichte es zu einer anständigen Mahlzeit. Der Kanadische Alpenklub hatte ein großes Basislager, wo die Bergsteiger bei der Heimreise gewöhnlich viel Proviant zurückließen. So warteten wir, bis wir jeweils Ladungen von Kartoffeln, Rüben, Mehl und dergleichen die zwanzig Kilometer zu unserem Lager karren konnten. Wir aßen Stachelschweine, Eichhörnchen und Waldhühner. Im Teton-Nationalpark leerten wir einmal nicht mehr gebrauchte betonierte Abfallverbrennungsöfen und ließen uns drinnen für einen Sommer häuslich nieder.»
Nach kurzer Pause fuhr Chouinard weiter: «Während eines dieser Teton-Sommer stürzte ich ab, das einzige Mal, wo ich mich wirklich verletzte. Mit Bob Kamps versuchte ich die Erstbegehung eines Zapfens, der Crooked Thumb (Gekrümmter Daumen) genannt wurde. Die ganze Wand war überhängend. Mit Seilzug und Steigbügeln hatte ich eben eines der Dächer über-

wunden. Anschließend kam ein nur leicht überhängendes Wändchen. Ein prüfender Blick, und ich entschied mich fürs freie Klettern. Ein solcher Entscheid ist endgültig, denn einmal eingeklettert braucht man beide Hände zum Festhalten und kann keinen Sicherungshaken mehr schlagen. Ich gelangte bis ungefähr einen Meter unter die abschließende Leiste. Meine Arme schmerzten. Ich hielt mich mit letzter Kraftreserve, sah den losen Griff, wußte, daß er locker war. Aber wenn ein loser Griff in der richtigen Zugrichtung belastet wird, hält er oft. Ich versuchte es, und der Griff brach aus. Ich stürzte etwa fünfunddreißig Meter. Glücklicherweise war's nur ein Neunmillimeter-Seil. Die Elastizität fing den Schlag etwas ab; ich brach keinen Knochen, holte mir aber Quetschungen und einen knochentiefen Riß im Bein. Ich hing mitten in der Luft, gefährlich genug, wäre es nicht auf gleicher Höhe mit unserem letzten Stand gewesen. Ich begann zu schaukeln, bis ich Griff fassen konnte. Es war unglaubliches Schwein, ein Wunder. Kamps seilte sich herunter, und ich mußte ihn zu mir herziehen, so groß war der Überhang. Es war spät am Tag, und es wurde kalt, bis unter den Gefrierpunkt. Direkt hinunter konnten wir nicht, denn auch unter uns war die Wand noch überhängend. Ich trug Shorts, hatte ich mir doch gedacht, wir würden die Wand in einem Tag schaffen. Glücklicherweise entdeckten wir eine Leiste zum Hangeln, die um eine Kante herum zu einem Horizontalband führte. Gegen siebzig Meter konnten wir es entlangkriechen und gelangten so aus der Wand heraus. Auf der andern Seite des Berges stiegen wir fast 2000 Meter durch die Nacht ins Tal, über Firnfelder zuerst, dann durch Latschen und Buschwerk, alles ziemlich übel mit meinem Bein. Wir tasteten uns mit den Füßen bergab; sie ersetzten die Augen. So erfühlte ich den Pfad unten im Tal mehr als daß ich ihn sah. Die Spannung wich, und ich begann normal zu gehen, bis mein verletztes Bein an einen Baumstrunk stieß. Mein Gott, der Schmerz! Schluchzend brach ich zusammen. Anderntags ging ich zum Arzt, der eine Stunde lang Föhrennadeln, Sämereien und weiß was aus der Wunde grübelte.

Es war eine ganz böse Erfahrung für mich. Drei Jahre waren nötig, um innerlich darüber hinwegzukommen, drei volle Jahre, während denen ich Sommer und Winter unablässig kletterte. Ich reiste von Berg zu Berg und kletterte, kletterte, kletterte. Dieser Sturz hat mich tatsächlich tief beeindruckt. Einer der Gründe mag darin zu finden sein, daß ich danach nicht sofort wieder klettern konnte. Mein Bein brauchte zur Heilung über einen Monat. Ein weiterer Grund lag in der Entscheidung, die ich vor dem Sturz getroffen hatte. Ich hatte zu mir gesagt: ‹Los, das kannst du.› Es wäre besser gewesen, wenn mich ein Stein getroffen hätte oder wenn mir etwas zugestoßen wäre, für das ich nichts konnte. Später verlor ich in jeder ähnlichen Situation – bei knappen Griffen, Überhängen, Wänden allgemein – die Selbstbeherrschung. Meine Beine begannen zu zittern, und das war etwas, das ich früher nie gekannt hatte, führte ich doch als Erster manchmal sehr, sehr gewagte Seillängen, über dreißig Meter Länge. Nun konnte ich es nicht mehr. Erst nach vollen drei Jahren gelang mir Ähnliches wieder.»

Ich fragte Chouinard, wie er denn damals seinen Lebensunterhalt verdient hätte. «Ach, ich verdingte mich als Führer und nahm Gelegenheitsarbeiten wie Heu ernten an». Zu dieser Zeit lieh sich Chouinard 825 Dollar und 35 Cents in bar von seinen Eltern, um eine Schmiede-Preßform zur Herstellung eigener Karabiner zu kaufen. «Man stelle sich vor: Da steht diese große, aufwendige Fabrik in Los Angeles, und es kommt ein achtzehnjähriger kleiner Kerl anmarschiert samt Bargeld und kauft eine Maschine. Die wußten erst gar nicht, was sie mit Bargeld anfangen sollten. Bargeld entsprach nicht ihrem System. Sie lachten, weil ich den hohen Betrag bis auf die 35 Cents genau bei mir hatte. Kurz, ich erstand die Maschine. Bisher hatte ich alle Ausrüstungsgegenstände von Hand selber gearbeitet, denn alles kam damals noch aus Europa und war teuer. Auch war ich der Auffassung, besseres Zeugs herstellen zu können.» Der Chouinard-Karabiner aus Aluminium ist seither fünf Mal verbessert worden.

Anschließend wandte sich Chouinards Interesse den Haken zu, welche bis in die vierziger Jahre aus weichem Eisen hergestellt wurden, das sich der Form der Felsrisse gut anpaßte. Der Nachteil bestand in der schnellen Abnützung, so daß auf langen Touren Dutzende dieser Haken mitgeschleppt werden mußten. 1946 entwarf John Salathé einen grundsätzlich anderen Haken. John war Schmied in Palo Alto, Kalifornien, und wurde 1901 in

der Schweiz geboren. Als Mittvierziger begann er nach einer Folge mystischer Visionen mit Klettern. Chouinard hatte zu Salathé ein recht freundschaftliches Verhältnis. So erzählte er nun: «Salathé war ein recht spinniger Schweizer Sektierer, der seine Tage dazu benützte, die Bibel höchst persönlich auszulegen. Er litt an Verfolgungswahn und an einer vermeintlich geheimnisvoll in seinem Innern wuchernden Krankheit. In diesen Tagen der Krise erschien ihm ein Engel und bedeutete ihm, Vegetarier zu werden. ‹John, schau die Kühe auf der Weide, was essen denn die?› John antwortete: ‹Nun, die essen Gras.› Da sagte der Engel: ‹Stimmt, John. Jetzt sieh dir die Pferde dort drüben an, was essen die?› ‹Auch sie essen Gras.› ‹Wieder richtig beobachtet, John. Sie essen Gras und bleiben gesund dabei und arbeiten den ganzen Tag. Nun schau dich selber an, John. Du bist ja fast am Sterben!› So wurde Salathé von Stund an Rohköstler und sehr, sehr gesund. Andere Engel suchten ihn auf und verkündeten das Heil der Berge. Ich verstand mich mit Salathé wirklich gut. Er wußte, daß ich als Schmied Haken herstellte, was uns viel Gesprächsstoff gab. Zu den anderen jungen Bergsteigern fand er kaum Zugang. Bei der Erstbegehung der North America Wand 1964 beobachtete er unser Vorrücken. Robbins, Pratt, Frost und ich waren nur Punkte, drei- bis vierhundert Meter überm Boden. Eine ganze Anzahl Kletterer verfolgte uns mit Feldstechern und Fernrohren. Oben in der Wand konnten wir uns kaum orientieren. Weder Risse noch Kamine sieht man von unten. Ein paar Zuschauer kannten Salathé und sagten zu ihm: ‹Willst du den Feldstecher, John?› ‹Nein, ich kann sie auch so sehen›, gab er zur Antwort, und dann habe er den genauen Verlauf unserer Route vorhergesagt, von Punkt zu Punkt, ohne daß wir es selber schon gewußt hätten! Von bloßem Auge erkannte er mühelos den möglichen Routenverlauf. Nachher beglückwünschte er uns und fragte, was wir gegessen hätten. Ich erwähnte nur die Nüsse, die Datteln, den Käse und die Eier – die Salami verheimlichte ich. ‹Aha›, meinte Salathé, ‹deshalb die tolle Leistung: Rohkost!›»
Nach seiner Bekehrung zur Rohkost wurde Salathé Mitglied der Sektion San Francisco des Sierraklubs und kletterte Routen, die zu den damals schwierigsten in den USA gehörten. Eine der außerordentlichsten führte auf den Lost Arrow Spire in der Nähe

des Yosemite-Wasserfalls. Dieser Felsturm steht wohl für sich allein da, sein Gipfel ist aber nur etwa dreißig Meter von der benachbarten Felsenklippe entfernt. Er galt als unbesteigbar. Salathé unternahm zwei Versuche, und der zweite führte ihn bis etwa achtzehn Meter unter den Gipfel. Er war überzeugt, ganz hinauf klettern zu können, doch eine Vierer-Seilschaft kam ihm zuvor, indem sie von der benachbarten Klippe aus ein Seil um den Gipfel warf und mit dessen Hilfe hinaufstieg. Es wurde eine Art Seilbahn zwischen Gipfel und Klippe erstellt, die dann den Rückzug zur Klippe ermöglichte. Bei den Kletterern galt dieses dubiose Manöver als Beweis für die Unersteigbarkeit des Felsturms.

Salathé und sein Gefährte, der Zimmermann Anton Nelson, gaben aber nicht auf, trainierten monatelang und versuchten, möglichst lange ohne Trinkwasser auszukommen, bis sie es mit einem halben Liter pro Tag aushalten konnten. Am 30. August 1947 wurde eingestiegen. Hundertdrei Stunden später standen die zwei auf dem Gipfel, nach fünf Tagen und vier Biwaks auf baren Felsbändchen. Wenn schon Klettereien mit zwei, drei Biwaks vorgekommen wären, hätte man diesen Erfolg lediglich um eine Stufe größer beurteilt. Aber damals war eben noch niemand in den USA über eine Ein-Biwak-Tour hinausgekommen. Es war, als hätte jemand die Meile in zwei Minuten durchlaufen, es schien unglaublich. Salathé war damals immerhin schon fast fünfzig.

Zur technischen Ausrüstung der beiden gehörten achtzehn von Salathés Hand geschmiedete Felshaken. Das Metall der besten dieser Haken stammte von der Vorderradachse eines Ford-A-Modells und war eine Legierung aus Chrom, Vanadium und Stahl. Sie bewährten sich dermaßen, daß sie die ganze Hakenherstellung revolutionierten. Sie stellten das genaue Gegenteil eines europäischen Hakens dar: sie waren nicht verformbar, was ihre ständige Wiederverwendung ermöglichte. Wichtiger noch war ihre größere Bruchsicherheit. Ich fragte Chouinard, ob es denn wieder ein Engel gewesen sei, der Salathé geheißen habe, aus den Achsen eines Ford-Modells Haken zu schmieden.

«Nein», lautete die Antwort, «er verdankte die Erfindung seiner Erfahrung als Schmied. Als ich 1957 mein Bergausrüstungsgeschäft aufzog, kletterte Salathé kaum mehr, und seine Haken waren schlicht unerhältlich. Keiner im Lande stellte Haken her. So kaufte ich mir selber Amboß, Hämmer, Zangen und eine Kohlenesse, dazu ein paar Lehrbücher, um eigene Haken aus einer Chrom-Molybdän-Stahl-Legierung zu schmieden. Da die ganze Ausrüstung transportabel war, machte ich jeweils die Haken an Ort und Stelle und verkaufte sie direkt an die Kletterer. Zur selben Zeit begann ich zu surfen und reiste also ständig die Küste Kaliforniens entlang, Haken hämmernd und Karabiner feilend, denn auch mit deren Herstellung hatte ich dank eines transportablen Schraubstocks angefangen.»

«Konnten Sie sich so Ihren Lebensunterhalt verdienen?»

«Ja», sagte Chouinard, «zu jener Zeit gab's schon genug Kletterer. In den Klettergärten hatte ich direkten Absatz, und im Winter stellte ich Haken und Karabiner auf Vorrat her. Kletternd und verkaufend fuhr ich durch die Rockies. Zwei Haken pro Stunde vermochte ich herzustellen. Jahrelang arbeitete ich bis zu acht Stunden am Tag an der Esse. Schwere Arbeit. Der Haken kostete eineinhalb Dollar. Zuerst stieß der Preis auf Ablehnung, kosteten die europäischen Haken doch nur um dreißig Cents herum. So dauerte es ein paar Jahre, bis die Leute meine Qualität schätzen lernten. Heute werden fast alle Haken, die aus Europa inbegriffen, aus einer Edelstahllegierung hergestellt.»

«Das klingt nicht unbedingt nach einem lukrativen Geschäft», warf ich ein.

«Nein», antwortete Chouinard, «ich hätte nie gedacht, daß daraus meine Existenz werden würde. Noch war ich mir damals über meine Zukunft im unklaren. Ich liebte das Reisen und hätte nie im Traum gedacht, daß sich mit Ausrüstungsgegenständen fürs Klettern ein Geschäft machen ließe, obwohl ich sicher war, daß Klettern populär werden würde. Im übrigen hatte ich schon erlebt, wie der Tauchsport über ein paar erste Fanatiker hinaus zum Vergnügen von so vielen wurde, daß nach der Einführung technischer Ausrüstungsgegenstände Millionen damit verdient werden konnten. Ich wußte, mit dem Klettern würde es ähnlich gehen, obwohl dieser Sport eher die in sich Gekehrten, die Sonderlinge anzuziehen pflegt. Es wurde ja dann auch prompt zur Mode. Mancher stieg ein, aber auch gleich wieder aus: dem Kletterer fehlt es eben an Zuschauern, an Publikum, das so

manche Athleten zur Leistung anspornt oder ihm die Leistung überhaupt erst ermöglicht. So als Kletterer am Ende des Seiles ist man doch recht einsam, was viele schnell zur Aufgabe bringt.»
Chouinard wurde im Winter 1962 zur Armee aufgeboten, sonst wäre er als «fliegender Hakenschmied» wohl noch jahrelang Küste auf und Küste ab, bergauf und bergab unterwegs gewesen. Sein Dienst dauerte zwei Jahre, dreizehn Monate Korea inbegriffen. Im Herbst vor dem Einrücken kletterte Chouinard in einem berühmten Klettergarten im Staate New York, bei New Paltz. «Ich verkaufte ein Auto voll Haken dort, für den Gegenwert von über dreihundert Dollar, was damals für mich sehr viel Geld bedeutete. Danach wollte ich gleich nach Kalifornien zurück. Ich übernahm einen Wagen, den ich quer durch die Staaten zu seinem Käufer in New Mexico bringen sollte. Wie ich angewiesen worden war, ließ ich das Auto nach jeder Panne flicken und nahm die quittierten Rechnungen mit. In Boulder, Colorado, traf ich Chuck Pratt, worauf wir zusammen die Reise fortsetzten. Als wir endlich New Mexico erreichten, hatten wir gemeinsam gerade noch dreißig Cents, mit denen wir drei Zuckerstengel kauften. Bei der Ablieferung des Wagens warf uns der Käufer vor, wir hätten sein Auto zuschanden gefahren und lehnte jede Zahlung ab. Er ließ die Polizei kommen, die uns genau fünf Minuten Zeit einräumte, die Stadt zu verlassen. Ich hatte mein ganzes Geld verloren, und so setzte ich mich auf einen Bordstein und haderte mit dem Schicksal.»
Per Autostopp gelangten die beiden nach Grants in New Mexico, wo sie zusammen mit ihrem Fahrer von der Polizei für drei Tage ins Gefängnis geworfen wurden. Ihr Auto hätte verdächtig ausgesehen. Inzwischen war's Winter geworden. Die zwei landeten und strandeten schließlich in Gallup. «Wir kamen einfach nicht aus Gallup heraus», erzählte Chouinard. «Es war zum Verzweifeln: alle Frachtzüge der Eisenbahn nach Santa Fe hatten verschlossene Waggons, um die blinden Passagiere abzuhalten. Endlich kam ein Frachtzug mit Autos, und wir entdeckten einen Wagen mit offenen Türen. Wir stiegen ein und legten uns zum Schlafen auf den Boden. So kamen wir nach Winslow in Arizona, wo uns der Lichtschein einer Stablampe weckte. Eisenbahnpolizei. Es war ihm aufgefallen, daß die Fenster dieses einen Wagen beschlagen waren, also mußte ja wohl einer drinnen sein. Ein

Richter erklärte uns, daß er uns gleich springen ließe, wenn wir uns schuldig bekennen würden, ansonsten wir einen Monat oder länger bis zur nächsten Verhandlung sitzen müßten. So bekannten wir uns schuldig, worauf wir trotzdem für achtzehn Tage ins Gefängnis wanderten. Zum Frühstück erhielten wir Roggenbrot, abends eine Schale Grütze und eine Schale Bohnen mit Brot. Pratt konnte Grütze nicht ausstehen, weshalb ich sie mit ihm gegen mein Brot tauschte. Nach achtzehn Tagen war er zwölf Kilo leichter. Ein paar Tage lang mußte ich bei der Kehrichtabfuhr helfen. Meine Kollegen waren Indianer. – Ja, das war eine Reise. Das Schlußbouquet: kaum waren wir zu Hause, wurden wir zum Kriegsdienst eingezogen.»
Chouinard wurde zur Grundschulung nach Fort Ord in Kalifornien geschickt. Danach kam er nach Huntsville in Alabama, wo er in der mechanischen Wartung von Lenkraketen unterrichtet wurde. In Fort Ord wurde ihm ein Drei-Tage-Urlaub versprochen, wenn er beim Turnen der beste der rund zweihundert Leute seiner Kompanie wäre. Er verabscheute den Militärdienst derart, daß er tatsächlich am besten abschloß. Vor der Abfahrt nach Korea sagte ihm ein Exilkoreaner, er wäre der Bruder des besten Kletterers dort, und er, Chouinard, solle ihn unbedingt aufsuchen. Das erwies sich als nahezu unmöglich.
Die Truppe in Korea erhielt nur selten Urlaub übers Wochenende; die Soldaten hatten in den Lagern zu bleiben, theoretisch wenigstens. «Um Zeit zum Klettern zu erhalten», erzählte Chouinard, «mußte ich erst mal richtig Schwierigkeiten machen. Ich unternahm mehrmals recht lange Hungerstreiks und machte in Befehlsverweigerung. Absichtlich führte ich mich als Halbverrückter auf – bis sie mich endlich in Ruhe ließen. Ich trieb's jeweils bis ganz knapp zum Moment, wo sie mich in den Arrest geschmissen hätten. Aber auch so wurde ich für die Kompanie zur Belastung, und eines Tages hieß mich der Kommandant zum Teufel zu gehen. Er verlegte mich zu Hilfsdienstleuten, die den Raketenunterhalt zu besorgen hatten. Meine Aufgabe bestand darin, einen Generator morgens anzulassen und abends wieder abzudrehen. In der Zwischenzeit ging ich klettern. In der Nähe Seouls hat's Stöcke und Türme aus prächtigem Granit. Nachdem ich mit koreanischen Kletterern Kontakt aufgenommen hatte, hielten sie für mich einen Zivilanzug bereit, und ich ließ mir die

Kletterausrüstung von zuhause kommen. Die Kletterführen in Korea waren von Japanern während der Okkupation angelegt worden. Den Koreanern ging's nur um die Wiederholung der Japanerrouten. Einer der Kerle hatte dieselbe Route fünfundsiebzig Mal geklettert. Auf meine Frage nach dem Sinn dieser Übung antwortete er, daß dies eben seine Lieblingsroute sei. Warum er nichts Neues versuche? Wozu denn, lautete die Antwort, wir haben so viele nette Führen, wozu denn noch neue? Es waren aber noch so viele Erstbegehungen zu machen, daß wir schließlich damit anfingen. Da endlich kapierten die Koreaner die Idee. Wir machten hochqualifizierte Routen, sogar Biwak-Routen, und bald kannte mich jedermann in den Bergen. Ich fühlte mich wie ins Zivilleben zurückversetzt. So wurde Korea für mich doch noch zu einem wirklich netten Erlebnis.»
Nach seinem Rücktransport in die Vereinigten Staaten wurde Chouinard nach Presidio bei San Francisco kommandiert. Douglas Tompkins, ein Bergfreund, hatte in der Nähe sein Verkaufsgeschäft für Klettergerät. Jeden Morgen erschien er per Motorrad im Lager, um Chouinards Feldweibel übers Telephon anzuschnauzen: «Hier spricht Major X. Wo zum Teufel steckt denn dieser verdammte Chouinard? Ich will ihn hier in der Bibliothek haben, und zwar in zehn Minuten, verstanden?», worauf der Feldweibel rief: «Chouinard, Tempo Teufel zur Bibliothek. Major X will Sie haben!» Worauf dann Chouinard und Tompkins mit dem Motorrad zum Klettern fuhren.
Im Juli 1964 wurde Chouinard entlassen und ging sofort ins Yosemite-Tal, um mit Chuck Pratt und Warren Harding die Erstbegehung der Südwand des Mount Watkins zu machen. Im Herbst wandte er sich wieder der Herstellung von Klettermaterial zu. «Ich gab meinen ersten Versandhausprospekt heraus. Er bestand aus einer vervielfältigten Preisliste von einer Seite. Unten an der Seite stand zu lesen: ‹Erwarten Sie keinen prompten Versand während der Monate Mai bis September›.»
Bis 1965 war Chouinards Laden im Hinterhof des elterlichen Hauses in Burbank. Dann mietete er für sechzig Dollar eine alte Wellblechbude am Ort. Während der Surf-Saison ging mit der Fahrerei von der Bude zum Strand und zurück viel Zeit verloren. So zog er nach einem Jahr nach Ventura und stellte seinen kleinen Laden neben eine Ausweichstelle der Bahn und ein

verfallendes Schlachthaus. Heute bedeckt das «Große Pazifische Eisenwerk» das ganze Areal der Ausweichstelle und des Schlachthofes. Der Umzug nach Ventura brachte auch die Partnerschaft mit Frost aus Orange County, mit dem Chouinard im Yosemite-Tal geklettert war. «Die Metallwarenfabrikation wurde allmählich etwas anspruchsvoller», sagte Chouinard. «Der wachsenden Nachfrage vermochte ich mit der Fabrikation von Hand nicht mehr nachzukommen. Also Maschinenfabrikation. Hier erwies sich Frost, der Ingenieurerfahrung aus dem Flugzeugbau hatte, als nützlich.»

Chouinard und Frost begannen mit zwei, drei Arbeitern, heute sind es zweiunddreißig. Zu Beginn waren die Arbeiter gewöhnlich vorbeireisende Kletterer. «Oft stellten wir Kletterer aus England an, die ein paar Dollar verdienen wollten. Wir hatten eine recht lockere Organisation und haben sie eigentlich noch immer», sagte Chouinard. Der außergewöhnlichste der britischen Kletterer war Donald Whillans. Bücher sind über ihn geschrieben worden. Er wurde 1933 in Salford in England geboren und begann mit Klettern nach dem Krieg. Früher war dieser Sport in England den oberen Gesellschaftsschichten vorbehalten gewesen. Nach dem Krieg entdeckten Arbeiter im Klettern einen Fluchtweg aus dem eintönigen Alltag. Man nannte sie «die harten Männer». Whillans als Sanitärinstallateur wurde zum typischen «harten Mann». Er ist von kurzem, kompaktem Wuchs, wie ein Tank. Joe Brown, der erste der «harten Männer», schrieb in seiner Autobiographie «Die harten Jahre», Whillans Ruf als zäher Bursche habe sich in den Kreisen der Kletterer wie ein Lauffeuer verbreitet. «Ob es nun zutrifft oder nicht, dieser Ruf wirkte heilsam für alle. Als beispielsweise in den frühen fünfziger Jahren ganze Horden von Kletterern in der Wall End-Scheune zu Langdale kampierten, sorgte Whillans für Ruhe, indem er rief: ‹Fertig das Geschwätz und schlafen!› Ein unwilliges Geschrei erhob sich: ‹Wer zum Teufel glaubst denn du zu sein, um uns das zu befehlen?› Whillans antwortete mit peitschenharter Stimme: ‹Whillans!›, worauf sich sofort großes Schweigen unter den Rauhbeinen ausbreitete.»

Chouinard erzählte mir eine Whillans-Anekdote, die ich damals noch nicht kannte. Whillans und er hätten sich eines Nachmittags in einem Gasthaus in den Alpen getroffen. Auf der Terrasse

saßen zwei kräftiggebaute europäische Bergsteiger mit zwei hübschen Mädchen. Zum Zeitvertreib hoben die Bergsteiger die Sonnenschirme aus den schweren Zementsockeln und fügten diese zu einer Art Hantel zusammen. Unter den bewundernden Blicken der beiden Hübschen wurde diese mehrmals gestemmt. Von der Bar aus hatte Whillans dem Spektakel abschätzig zugesehen. Endlich knallte er sein Bierglas hin, sagte: «So!» und marschierte auf die Terrasse hinaus, wo er die Hantel zu stemmen begann, einmal, zweimal, x-mal. Chouinard hatte den Eindruck, Whillans würde den ganzen Nachmittag nicht mehr aufhören und ging in die Bar zurück. Die europäischen Bergsteiger verschwanden samt Damen in eine andere Gaststätte.
Whillans beschränkt sich heute auf Vortragstourneen und spricht hauptsächlich vor Arbeiter-Sportklubs. Chouinard verkauft so etwas wie das «Whillans-Sitz-Geschirr», welches bei einem Sturz den Schock des Ruckes auf den ganzen Oberkörper gleichmäßig verteilt. Heute tragen die meisten Kletterer ein Brustgeschirr, um bei einem Sturz nicht in Gürtelhöhe vom Seil fast entzweigeschnitten oder freihängend durch die Einschnürung der Körpermitte in kurzer Zeit erdrosselt zu werden.
Nachdem sich Whillans während mehrerer Monate in verschiedenen Abteilungen des Chouinardschen Sportgeschäftes versucht hatte, fand Chouinard, daß es eigentlich ohne den Freund besser ginge. Whillans rächte sich für diesen Affront dadurch, daß er Chouinard in seiner Autobiographie («Porträt eines Kletterers») mit keinem Wort erwähnte, obwohl die beiden eine ganze Weile miteinander geklettert waren. Das sind eben die Risiken, die man eingeht, wenn man sich mit Leuten abgibt, die Autobiographien schreiben. Chouinards Geschäft in Ventura setzte im ersten Jahr 1966 ein paar Tausend Dollar um, die dann während der folgenden fünf Jahre alljährlich verdoppelt wurden, was Chouinard veranlaßte, sich anderswo nach Arbeitern umzusehen. 1971 kam der erste Mann aus Korea, dem mit der Zeit fünf andere folgten, dazu noch ein Werkzeugmacher aus Argentinien mit einigen Mexikanern. Malinda Chouinard arbeitet ebenfalls im Geschäft, zusammen mit Vincent Stanley, dem Neffen Chouinards, der Verkaufsmanager ist. Stanley ist für den berühmten Satz im Versand-Katalog von 1976 verantwortlich, der in 35 000 Exemplaren gedruckt wurde. Der Satz lautete wie folgt: «Die runde

Form (der Gletscherbrillen mit Ultraviolettfilter) ist geschmackvoll und verleiht Ihnen das Aussehen einer großen Fliege.»
Das Arbeitsklima in den «Großen Pazifischen Eisenwerken» ist familiär. Viele der Arbeiter leben am Strand, in der Nähe der Chouinards. Als ich Ventura besuchte, hatte Kenneth Deprez als jüngster Arbeiter gerade seine ersten Wochen hinter sich. Er war dreiunddreißig Jahre alt und Wirtschaftsdiplomand der Universität von Stanford. Vorher war Deprez Generaldirektor bei Camp 7 gewesen, einer Gesellschaft, die bekannte Schlafsäcke und Daunenjacken vertrieb. Deprez hatte nun die Aufgabe, moderne Buchhaltung und Geschäftsmethoden in den bisher recht locker organisierten Betrieb einzuführen. Deprez schaffte einen Computer an, um die zwei Millionen Dollar Jahresumsatz und die vielen Inventarisierungsprobleme in den Griff zu kriegen, und hatte nun das Gefühl, daß alles schön von selbst laufe.
Wenn sich jemand wie ich gern mit Kletterausrüstung beschäftigt, so ist ein Gang durch Chouinards Betrieb ein reines Vergnügen. Da gibt es ein Detailgeschäft, wo alle Chouinard-Frost-Erzeugnisse ausgestellt sind und gekauft werden können. Ferner gehört eine kleine Bibliothek dazu sowie ein Hakenmuseum, in dem Original-Salathé-Haken, erste handgeschmiedete Chouinard-Haken und ein primitiver RURP zu sehen sind. Weiter sind Stangen voller bunter Daunenjacken zu sehen, Zelte hängen von der Decke herunter, Schlafsäcke von den Wänden, und außerdem werden Kletterschuhe und Seile und Körbe voller Haken und Keile präsentiert. Chouinard schätzt den Wert der Ausrüstung eines Kletterers auf zweihundertfünfzig Dollar. Das teuerste Einzelstück ist das Seil. So ein Nylonseil ist gegen fünfundvierzig Meter lang, hat einen Durchmesser von neun bis zwölf Millimeter und kostet zwischen achtzig und hundertzwanzig Dollar. Es wiegt durchschnittlich etwa drei Kilo. Moderne Seile dehnen sich bei Belastung und reißen bei einem Sturz nicht; dagegen können scharfe Felskanten sie entzweischeuern. Nach einem schweren Sturz sollte man das Seil ersetzen, ebenfalls nach etwa hundert Kletterstunden. Schuhe, mit denen man auf Fels und Eis klettern kann, kosten zwischen siebzig und hundert Dollar, sind also das zweitteuerste der Ausrüstung. Ein Paar wiegt gegen drei Kilo. Schuhe nur zum Felsklettern sind leichter und billiger. Chouinard hat selber für einen Schuhmacher einen

Bergschuh entworfen, den Shoenard, und er hält den Huf der Bergziege für den überhaupt besten Kletterschuh. Der Huf hat außen einen harten Hornring und innen ein weiches Haftpolster. Fände er heraus, wie dies mit Gummi, Leder oder Plastik nachgeahmt werden könnte, würde er ins Schuhgeschäft einsteigen. Zusätzlich zu Seil und Schuhen benötigt der ernsthafte Kletterer gegen zwanzig Keile, Haken, eine Anzahl Seilschlingen, Karabiner, Steigbügel und Steigklemmen, letztere allerdings nur auf sehr schwierigen Routen. Ein Steinschlaghelm sollte ebenfalls nicht vergessen werden, schützt er den Schädel doch auch bei einem Sturz. Der technologische Kram bringt Chouinard Gewinn, doch in seinen Augen wird die ideale Kletterei allein, in Shorts und barfuß ausgeführt.
Hinter dem Detailgeschäft befindet sich die Fabrik. Die tragbare Esse steht auch noch dort, allerdings unbenützt, denn Stempelmaschinen und Pressen besorgen die Arbeit: ein Metallblock wird eingeschoben, und unten kommen die Haken raus. Arbeiter waren mit der Montage von Eispickelgriffen und Karabinerverschlüssen beschäftigt. In einer Ecke stand eine mehrere Meter hohe Holzwand mit Tritten und Spalten in allen Formen. Hier wurde gezeigt, wie die Kletterausrüstung eingesetzt wird. Als ich davorstand, war die Wand gespickt voller Klemmkeile an bunten Schlingen. Ein kluger Kletterer sollte seine Keile je nach Größe färben, um sich gleich zurechtzufinden. Auf meinem Rundgang frage ich Chouinard nach der Bergausrüstungsindustrie.
«Ein kurioses Geschäft», antwortete Chouinard, «ursprünglich lag der Gewinn etwa bei zwanzig, dreißig Prozent. Nun sind wir bei vierzig Prozent angelangt, aber erst nach Jahren. Würden unsere Karabiner zum Beispiel für das Segeln gebraucht, könnten wir sie zu fünfzehn Dollar je Stück verkaufen, für den Kletterer dagegen kosten sie etwas mehr als dreieinhalb Dollar. Hier liegt kein Gewinn mehr drin. Am meisten habe ich einmal mit zweieinhalb Prozent Nettogewinn pro Jahr herausgewirtschaftet. Das ist ziemlich schlecht. Meistens sind es nur anderthalb Prozent für die Metallartikel. Deshalb habe ich auch wenig Konkurrenz. Denn wer zum Teufel möchte schon in ein Geschäft einsteigen, wo derjenige, der den Markt mehr oder weniger beherrscht, nur eineinhalb Prozent Gewinn erzielt?»
Chouinard schüttelte seinen Kopf und fuhr fort: «Die Textilab-

teilung rettet eigentlich meine Metallwaren. Die Formen, nach denen wir unsere Haken schmieden, kosten Tausende, so daß ich oft fünf bis zehn Jahre auf ihre Amortisation warten muß. Was wir brauchen, ist die altbewährte Mode für Wanderer und Kletterer, die immer beliebt bleibt, beispielsweise diese Wander-Shorts aus Kord. Früher wurden Arbeiter-Überkleider daraus hergestellt. Nur noch ein paar wenige pensionierte alte Männer wissen, wie man die Maschine für diesen Kordstoff richtig einstellt. Der Stoff nützt sich kaum ab, man kann ihn Ewigkeiten tragen. Das ist die Qualität, die ich haben will; teuer, aber dauerhaft. Das Geschäft mit Artikeln für Wanderer und Kletterer läßt sich mit dem Skiausrüstungsgeschäft nicht vergleichen. Ein Paar Skischuhe lassen sich für vierzehn oder fünfzehn Dollar herstellen und für mehr als hundert Dollar verkaufen. Unser Geschäft dagegen ist ethisch in Ordnung, sehr in Ordnung; die Käufer erhalten wirklich den Gegenwert für ihr Geld, und ich lebe ein angenehmes Leben. Ich hab' zwar kein Geld auf der Bank, aber ein gutes Auskommen, was mir durchaus genügt.»

Während meines Besuches in Ventura entschloß sich Chouinard eines Tages, zur High Sierra und zum June-See hinaufzufahren, die in der Nähe des Yosemite-Tals liegen. Ein neues Steigeisenmodell und eine überleichte Skibindung aus Kunststoff sollten geprüft werden. Ich wurde fürs Hochgebirge ausgerüstet, und Chouinard sagte, das wäre nun sein erster freier Tag seit sechs Wochen. «Das ist eine neue mit synthetischem Material gefüllte Jacke, die ich ausprobieren will, und ein überleichter Schlafsack, den ich ins Verkaufsprogramm aufnehme. Die Jacke sieht ja recht windig aus, aber Sie können sie mal testen.» Das tat ich denn auch und stellte fest, daß sie überhaupt keinen Kälteschutz bot. Der Schlafsack dagegen erwies sich als prima. Der Dritte im Bunde war Kenneth St. Oegger, über fünfzig und ein eifriger Eiskletterer. Nach einer Fahrt von acht schönen Stunden erreichten wir den June-See und das Haus von James Collins, eines großen, freundlichen Bergsteigers vom lokalen Bergrettungsdienst. Sein Haus war geräumig und bequem und James den ständigen Besuch von Kletterern gewohnt. Collins kannte die Berge und wußte, wo sich steiles Wassereis zum Klettern finden ließ. Am nächsten Morgen stieß auch Doug Robinson zu uns, Berufsbergführer und Verfasser von Artikeln für Chouinards

Kataloge. Robinson war etwas über dreißig, und hatte zusammen mit Chouinard schon die meisten schwierigen Eisklettereien in der Sierra unternommen.
Es wurde ein sehr kalter Tag; der Wind blies Schneewolken von den Gipfeln. Nach dem Frühstück ging's in Collins' Lastwagen bergauf. Zu viert drückten wir uns in der Kabine zusammen, und Robinson nahm in seiner schweren Winterausrüstung auf der Ladebrücke Platz. Wir hielten in der Nähe des Passes, der hinüber ins Yosemite-Tal führt, auf einer Höhe von etwa 3500 Metern. Der Wind blies orkanartig mit Geschwindigkeiten von über hundert Stundenkilometern. Bei solchem Wind ist es mir nicht möglich, auch noch steiles Eis zu klettern, weshalb ich denn etwas weiter unten an der Straße auf einem Plätzchen, das Aussicht bot, Schutz suchte. Die vier stiegen in einen Canyon hinab, von dessen Grund ein schmaler Eisstreifen wieder heraufführte. Chouinard als Seilerster hatte einen Pickel und einen Eishammer. Zuerst schlug er den Eishammer ein, dann die Frontzacken des einen Steigeisens, schließlich diejenigen des anderen. Hierauf rammte er den Pickel ein und entlastete vorsichtig einen Fuß, um ihn etwas höher oben wieder einzuschlagen. So gewann er unaufhaltsam Höhe. Das Eis war dunkelblau und fast senkrecht. Wäre die Stelle schwieriger gewesen, hätte Chouinard eine Eisschraube zur Sicherung eindrehen müssen, so aber stieg er einfach weiter. Ich beobachtete das Ganze mit einer gewissen Furcht, wußte ich doch, daß bei einem Sturz hier kein Halten wäre. Aber bei Chouinards Können wirkte alles wie Gehen auf einem Pfad. Oben angekommen, ließ er zusätzlich ein Seil hinunter, um den anderen den Anstieg zu erleichtern. Frierend zog ich mich in die Lastwagenkabine zurück. Später beobachtete ich, wie Robinson die Eiswand im Alleingang erstieg, dann kamen alle zurück. Nun wäre mir ein Mittagsmahl in einem warmen Raum gerade recht gewesen, aber Chouinard dachte an nichts weniger als an das. «Am liebsten klettere ich im Winter in Schottland», war sein Kommentar, «dort herrscht alle Tage Schlechtwetter, was ein jeder weiß und eben trotzdem klettern geht. Dein Haar gefriert, und du kommst nach Hause wie ein Eiszapfen. Überall aber bist du nur ein paar Kilometer von einer Gastwirtschaft entfernt. Du kletterst mit einem Fuß auf Eis und dem anderen auf Fels. Das ist's, was ich wirklich liebe.»

3 Den talseitigen Ski belasten

Ich begann mit dem Skilaufen als Kind von etwa zehn Jahren, Ende der dreißiger. In Rochester im Staat New York gab es – und gibt es noch immer – strenge, kalte Winter, und Wintersport, vor allem Eislaufen, war äußerst beliebt. Ich merkte bald, daß ich schwache Knöchel hatte, und so war Schlittschuhlaufen nichts für mich. Deshalb stieg ich um auf Skier. Mit Hilfe einer Pfadfinder-Broschüre versuchte eine kleine Gruppe von uns Jungen, sich selbst das Skifahren beizubringen, und zwar auf einem breiten Abhang im Ellison-Park, in dessen Nähe wir wohnten. Lifts waren für uns etwas Unbekanntes, und unsere Ausrüstung war derart, daß der älteste, noch zu entdeckende Benützer von Skiern – der Ski wurde in Hoting in Schweden entdeckt und ist etwa viertausendfünfhundert Jahre alt – sich unter uns in vertrauter Umgebung gefühlt hätte. («Ski» ist das norwegische Wort für Schneeschuh, und der Ski von Hoting gleicht im wesentlichen einem Schneeschuh. Es gibt aber skandinavische Skier, die über zweitausend Jahre alt sind und nach oben gebogene Spitzen haben, ähnlich den modernen Modellen.) Wir hatten Holzskier – meist aus Hickory – mit einer Rille an der Unterseite, die über die ganze Länge der Skier lief; diese Rille, die in der Mitte jeder Skispur eine kleine Erhöhung hinterließ, sollte angeblich die Skier stabiler machen. Damals galt die Regel, daß Skier – gleichgültig wie groß oder klein das Können des Fahrers war – so lang sein sollten wie seine Körpergröße plus eine Armlänge. Manche der technisch begabteren unter uns befestigten an den Seiten ihrer Skier Metallstreifen; das schützte das Holz vor Abnützung und half zugleich, auf eisigem Untergrund die Abfahrt zu kontrollieren, weil man sie ins Eis eindrükken konnte. Das Wachsen dieser Holzskier war ein Ritual, das beinahe an alchimistische Praktiken erinnerte. Es gab Wachs jeder Farbe und Varietät, und es mußte in Schichten aufgetragen werden, je nachdem, wie die Schneeverhältnisse es verlangten – wenn der Schnee etwa naß war oder pappig. (Ich erinnere mich, daß ich als erstes Wachs das Bohnerwachs meiner Mutter verwendete – mit mäßigem Erfolg.) Wir verbrachten Stunden damit, im Souterrain Wachs aufzutragen oder abzukratzen.

Während dieser Jahre wurde die Befestigung der Skier an den Füßen ein wenig weiterentwickelt. Zuerst war es ein System von Lederriemen, das den Stiefel mehr oder weniger am Ski festband. Man schob die Stiefelspitze in eine offene Stahlklammer, schnallte die Riemen darüber und hoffte das beste. Irgendwann Anfang der dreißiger Jahre wurde die Kabelbindung eingeführt. Die Klammer für die Stiefelspitze blieb, aber in den Stiefelabsatz wurde rundum eine Vertiefung gemacht, in die das mit einer Federung versehene Stahlkabel zu liegen kam. Für die Kabel gab es drei oder vier mögliche Spannungen, je nachdem, wie sie eingestellt waren. (Vorn an der Bindung befand sich eine Einrichtung, mit dessen Hilfe man das Kabel verschieden einstellen konnte. Wollte man es straffer haben, zog man es mit einem Hebel an.) Bei der Kabeleinstellung konnte man sich zwischen zwei unangenehmen Extremen entscheiden: entweder befestigte man den Ski so locker, daß er bei der geringsten Bewegung vom Fuß fiel, oder man zurrte ihn so fest, daß er überhaupt nicht mehr loskam und es bei einem Sturz unweigerlich zu einem wirren Knäuel von Beinen und Skiern kam. Es ist ein Wunder, daß keiner von uns mit dieser Mechanik je ein Bein oder einen Knöchel brach; sie war jedenfalls gefährlich. Doch Kinder verletzen sich bei Skistürzen selten. Unsere Skistiefel waren eigentlich Wanderstiefel mit veränderten Sohlen. Der Fabrikant machte sie vorn viereckig, damit sie in die Metallklammer paßten, und hinten war die Einkerbung für das Kabel. Die Sache funktionierte indes auch mit gewöhnlichen Wanderschuhen und sogar mit Turnschuhen. Die Skistöcke wurden aus leichtem Bambus hergestellt, und sie hatten etwas über dem unteren Ende große Rädchen aus Leder. Besondere Skikleidung war für uns etwas Unbekanntes.

Was wir an Ski-Unterweisung der Pfadfinder-Broschüre entnehmen konnten, entsprach dem, was heute als der Arlberg-Stil bekannt ist. Diese Methode des Skifahrens wurde von Hannes Schneider entwickelt, der aus Stuben am Arlberg stammte. Sein Vater wollte, daß er Käser werden sollte, aber 1907 begann Schneider, den Gästen des Hotels Post in St. Anton das Skifahren beizubringen, und dort arbeitete er seine Methode im einzelnen aus. Bald gewann er Skirennen, und nach dem Ersten Weltkrieg war der Arlberg-Stil im Grunde die Standardtechnik des europäischen Skilaufs. Ein paar Schüler Schneiders wanderten nach Amerika aus, und Schneider selbst kam auf der Flucht vor den Nazis 1939 nach North Conway in New Hampshire. (Er starb 1955.) Vor nicht langer Zeit stand in der *New York Times* ein Interview, das Michael Strauß, der Ski-Berichterstatter dieser Zeitung, mit Herbert Schneider, Hannes' Sohn, in North Conway hatte. Herbert brachte dort seinem sechsjährigen Sohn Hannes Skilaufen bei – im Arlberg-Stil natürlich. Schneider erinnerte sich, daß ihm sein Vater die ersten Skier geschenkt hatte, als er fünf war. «Es waren Holzskier ohne Stahlkanten mit einer Huitfeld-Bindung, das heißt mit einer Metallklammer für die Stiefelspitzen und Lederriemen mit Schnallen, die die Stiefel befestigten», sagte Schneider. Fritz Huitfeld, ein Norweger, hatte diese Art von Bindungen 1894 eingeführt. «‹Herbert›, sagte mein Vater zu mir, ‹mit dieser modernen Skiausrüstung kannst du die Welt erobern.›»

Die Arlberg-Technik beginnt mit dem Schneepflug, wobei man mit den beiden Skiern vorn einen Winkel bildet. Die Spitzen sind nahe beieinander, hinten besteht ein Zwischenraum von über einem Meter; die Innenkanten der Skier sind seitlich in den Schnee gedrückt. Der Schneepflug dient dazu, die Geschwindigkeit zu vermindern oder auch anzuhalten, wenn es nicht Platz genug gibt, die Skier zur Seite zu wenden. Als nächstes lernt man den Schneepflugbogen, bei dem die Skier in der Schneepflugstellung bleiben, aber das Gewicht auf den einen oder anderen Ski verlagert wird, je nachdem, in welche Richtung man fahren möchte. Im Grund handelt es sich um einen Bogen, bei dem das Schneepflugbremsen durchgehalten wird. Als nächsten Schritt hört man auf zu bremsen – mindestens für einen Augenblick –, und der Ski wird schneller: er macht einen Bogen. Das ist der eigentliche «Quantensprung» beim Skilaufen-Lernen. Als erstes Manöver dieser Art lernt man nach der Arlberg-Technik den Stemmbogen. Wenn man bei der diagonalen Durchquerung eines Abhangs die Richtung ändern will, «stemmt» man den Bergski, das heißt, man schiebt seinen hinteren Teil gegen den Hang, und verlagert gleichzeitig sein Gewicht dorthin, so daß eine Wendung entsteht. Wenn man beim Hin- und Herkreuzen auf einem steilen Abhang das Gefühl verliert, die Skier seien außer Kontrolle geraten, dann fängt man an, ein echter Skiläufer zu

werden. Das Nonplusultra der Arlberg-Technik ist der Christiania (Christiania ist ein früherer Name für Oslo), der heute gewöhnlich Parallelbogen genannt wird. Hier gleitet der Läufer mit parallelen Skiern durch den Schnee und tanzt sozusagen in Tangoschwüngen mit Hilfe der Verlagerung des Körpergewichts und oft auch der Skistöcke den Hang hinunter.
Viel von diesen Dingen wurde in der Pfadfinder-Broschüre erklärt, aber da wir zum einen niemanden hatten, der uns die ziemlich geheimnisvollen Zeichnungen der Bewegungsabläufe erklärte, und zum anderen der Abhang im Ellison-Park kaum über fünfzehn Grad Gefälle hatte, brachte es keiner von uns sehr viel weiter als bis zum Schneepflugbogen. Ein typischer Nachmittag begann mit ein paar Schneepflugabfahrten den Hügel hinab, auf die jeweils ein langer Aufstieg folgte – wir hatten ja keinen Schlepplift. (Das erste Patent für einen Ski-Schlepplift ging 1932 an den Schweizer Ingenieur Gerhard Müller. Er verwendete dazu ein Hanfseil und einige alte Motorradteile. Der erste Schlepplift in Nordamerika wurde 1932 in den Laurentians in Kanada installiert, und der erste in den Vereinigten Staaten entstand 1934 in Woodstock in Vermont. Seine Energie stammte aus einem aufgebockten Ford Modell T; für einen Dollar pro Tag zog er Skifahrer an einem Seil hundertfünfzig Meter hinauf.) Jedenfalls ließen wir, wenn wir nach unserem Schneepflügen nicht so recht wußten, was tun, die Skier einfach den Hang hinunter sausen, mitten hinein in einen Schneehaufen am unteren Ende, der uns stoppte. Bei derartigen Übungen blieb es mehrere Jahre, und danach konnte ich mit aller Offenheit sagen, daß ich nicht die geringste Ahnung vom Skilaufen hatte.
Anfang der vierziger Jahre machte ich noch ein paar unbefriedigende Streifzüge mit meiner rudimentären Pfadfinder-Arlberg-Technik; dann gab ich das Skilaufen für etwa fünfundzwanzig Jahre auf. Es war zu frustrierend. Danach begann ich – wie bereits geschildert – Klettertouren mit einem Bergführer zu unternehmen, vor allem im Sommer in den französischen Alpen. In Chamonix lernte ich im Lauf der Jahre eine große Zahl der besten alpinen Skiläufer Europas kennen: Abfahrtsläufer, Angehörige verschiedener Olympia-Mannschaften und Bergführer, die im Winter Skilehrer waren. Zu den bedeutenderen unter ihnen gehört Sylvain Saudan, ein Schweizer Bergführer, heute

ungefähr vierzig Jahre alt, der durch seine Pioniertaten auf einem Gebiet, das die Franzosen «Ski extrême» nennen, weltweit bekannt wurde. Ende der sechziger Jahre kam Saudan auf die Idee, über ein paar der schwierigsten Schnee- und Eis-Kletterrouten in den Alpen abzufahren, und brachte damit diese Form des Skilaufs in Schwung. Inzwischen hat er seine Aktivitäten auf Nordamerika ausgeweitet; im Juni 1972 fuhr er über die Nordwestflanke des Mount McKinley in Alaska ab, des höchsten Berges in Nordamerika. (Saudan kam nicht ganz bis zum Gipfel des McKinley, aber da an jenem Tag dort oben ein Sturm von hundertfünfzig Stundenkilometern wehte, sei es ihm vergeben.) Unlängst fuhr er vom über 6000 Meter hohen Gipfel des Nunkun in Kaschmir ab. Saudan, der heute von Herstellern verschiedener Skiausrüstungsstücke gefördert wird, hält Vorträge über diese Abfahrten und illustriert sie mit atemberaubenden Filmen.

Als ich zum ersten Mal mit ihm zusammentraf, in einem Kaffeehaus in Chamonix, hatte er diese Unternehmungen gerade angefangen. Er war ein reizender, bescheidener Bursche und wie viele der besten Skiläufer kurz und gedrungen. Ein Freund sagte einmal: «Sylvain hat keinen Hals.» Der Grund, den er mir für seine Abfahrten angab, war einfach: er fand Spaß daran. Seine nächsten Pläne umgab er immer mit einem gewissen Geheimnis, vor allem weil inzwischen andere Skiläufer seinem Beispiel folgten und steile Alpenhänge hinunterzufahren begannen; er legte keinen Wert darauf, eine Schar von Konkurrenten um sich herumwuseln zu sehen. Leute, die mit Saudan fuhren, stellen fest, er habe eine Art «Scheibenwischer-Methode»; er ziehe seine Bogen in tiefem Schnee, was ihm die Möglichkeit gebe, seine Abfahrt durch eine Folge von engen Schwüngen zu kontrollieren, auch wenn der Hang ein Gefälle von über sechzig Grad habe. Bei einer typischen schweren Abfahrt macht Saudan etwa zweitausend Kehren. Alle Skiläufer erzählten mir in einem fort, ich würde mir einen ganz wichtigen Teil der Bergwelt entgehen lassen, wenn ich nicht richtig skilaufen lernte – die Schönheit der Alpen im Winter übertreffe alle Vorstellungen, wenn man sie bisher nur im Sommer gesehen habe. Ich antwortete stets, ich würde in einem der nächsten Jahre kommen und skilaufen lernen, doch schob ich – vielleicht beeinflußt von der Erinnerung an den Ellison-Park – die Skilektionen immer wieder auf.

Vor ein paar Wintern hatte ich dann etwas freie Zeit, und so beschloß ich endlich, wieder mit dem Skilaufen zu beginnen. Die französischen Alpen, wohin ich fuhr, sind mit Wintersportorten geradezu übersät. Sie zerfallen in zwei Grundkategorien: die «klassischen» Skigebiete wie Chamonix, Megève und das Val-d'Isère, und die neueren Gebiete, von den Franzosen «balcons» genannt, Sonnenbalkone. (Val-d'Isère war in der Zeit vor Beginn der dreißiger Jahre ein friedliches Bergdorf, das gelegentlich von Skiläufern auf einer alpinen Tour als Wegstation aufgesucht wurde, vor allem – wie noch heute – im Frühjahr. Die Saison für Skitouren in den Alpen beginnt im Februar und dauert bis Ende Mai.) Der Vorzug der klassischen alten Orte besteht darin, daß sie mehr bieten als Skilaufen; sie haben noch etwas von der Atmosphäre echten Dorflebens bewahrt, auch wenn inzwischen fast alles von Skiläufern zugedeckt ist. Der Nachteil ist, daß nicht alle Pisten zentral gelegen sind. In Chamonix etwa muß der Skiläufer Auto oder Bus benützen, um zu den verschiedenen Skigebieten oberhalb oder unterhalb im Tal zu gelangen. Die neueren Wintersportorte – der älteste ist Courchevel, das in den vierziger und fünfziger Jahren entstand – liegen gewöhnlich in den Vorbergen oder auf natürlichen Balkonen oder Terrassen der Hochalpen. Sie wurden auf früherem Weideland erbaut und entstanden sozusagen aus dem Nichts. Da sie etwas Neues waren, boten sie sich für unkonventionelle Architekturexperimente an. Die meisten bestehen aus eng miteinander verbundenen Bauten, die fast so etwas wie einheitliche Architekturblöcke bilden und sich den Linien des Geländes anpassen. In Les Arcs, einem neueren Balkon-Wintersportort, gibt es ein Hotel, das so sehr in den Berghang hineingebaut ist, daß die Leute das Dach als Skipiste benützen.

Ein erfahrener Skiläufer, der in die Alpen kommt, möchte sicherlich einen der klassischen Orte aufsuchen und wirklichen Hochgebirgs-Skilauf genießen, häufig auf Gletschern. Aber für einen unerfahrenen oder mittelmäßigen Läufer entsprechen die Balkon-Orte durchaus den Ansprüchen. Einfache Hänge gibt es da im Überfluß, dazu auch einige schwierigere, und zu den Skiliften hat man vom Hotelzimmer aus keine zwanzig Meter. Der bekannte amerikanische Ski-Schriftsteller Harvey Edwards, der die letzten zwölf Jahre in Chamonix lebte und sich für die neuen Balkon-Orte nicht begeistern kann, weil ihm dort das Dorfleben fehlt, gab in einem Artikel in der *Mountain Gazette,* einer dem Skilauf und Bergsteigen gewidmeten Monatsschrift jedoch zu, daß «Skilaufen in den Balkon-Wintersportorten sicherlich ein bequemerer Sport ist.» Er fährt fort: «Alles ist großartig organisiert. Die Lifte liegen ganz nahe, die Hänge sind gut präpariert, es gibt Ski-Unterricht nach Stundenplan. Die Balkon-Wintersportorte sind große, auf Leistung getrimmte Maschinen.» Und eben das – so fügt er hinzu – sei einer der Vorwürfe, die er gegen sie erhebe. Im Hinblick darauf, daß ich Skifahren lernen wollte, schien mir indessen ein solcher Ort genau das richtige.

Es gibt viele dieser Balkon-Wintersportorte, aber mir fiel die Wahl nicht schwer. Sie fiel auf La Plagne, über dem Tal der Isère gelegen, hundertdreißig Kilometer südöstlich von Genf. Abgesehen von dem Gedanken an die Bequemlichkeit entschloß ich mich auch deshalb für La Plagne, weil viele meiner besten Klettergefährten dort Skilehrer waren. Die Skischule in La Plagne wurde seit ihrer Gründung im Jahr 1962 von Pierre Leroux, einem gebürtigen Pariser, geleitet; er ist einer der wenigen Bergführer in Chamonix, die von außerhalb des Tales stammen und von der Gemeinschaft der anderen wegen seiner alpinistischen Leistungen akzeptiert werden. Leroux gehörte unter anderem zur französischen Nepalexpedition von 1955, die als erste den Makalu bestieg, und 1962 war er bei der auf den Jannu, ebenfalls in Nepal. (Der Makalu ist mit rund 8475 Metern der fünfthöchste Berg der Welt; der Jannu, obschon fast neunhundert Meter niederer, gilt aber als schwieriger.) Leroux, heute in den Fünfzigern, ist ein urbaner, sorgfältig gekleideter Herr, der eher wie ein typischer, leicht sportlicher französischer Geschäftsmann aussieht als wie ein Bergführer und Skilehrer. Dieser Eindruck vergeht freilich rasch, wenn man ihn klettern oder skilaufen sieht. Als er nach La Plagne kam, sammelte er eine Reihe von Skilehrern um sich, unter denen verschiedene Bergführer waren, darunter auch Jaccoux. Bevor ich beschloß, nach La Plagne zu reisen, schrieb ich Jaccoux, ob sich die Ölknappheit dort ausgewirkt habe und ob es überhaupt Schnee gebe. Doch Öl hatten die Franzosen im Augenblick eine Menge. (Als ich ankam, gab es mehrere Sendungen im französischen Staatsrund-

funk, die die «politique arabe» mit ihren Erdölquoten priesen. Als ich abreiste dagegen, war der Franc-Kurs jäh gesunken und der Rohölpreis auf mehr als das Doppelte gestiegen, was eine Erhöhung der Benzinpreise um zwanzig bis dreißig Prozent bedeutete. Keiner schien zu wissen, was in der Zukunft bevorstand. Die Wintersportorte machten noch Rekordgeschäfte, und man hatte das Gefühl, die Leute wollten sich noch einmal richtig amüsieren, bevor ihnen der Boden unter den Füßen wegrutschen würde.) An Schnee aber schien es eine gewisse Knappheit zu geben, vor allem zu Beginn der Saison. Dieser Mangel war schon in verschiedenen Jahren eingetreten und gehörte vielleicht zu den Begleiterscheinungen des Treibhaus-Effekts – dem Abfangen von Strahlung durch eine immer verschmutztere Atmosphäre. Jaccoux versicherte mir jedoch, für meine Zwecke gebe es mehr als genug Schnee. Die Reklameprospekte von La Plagne bieten sogar eine Art Versicherung gegen Schneemangel an:
«Si c'est blanc, vous payez.
Si c'est vert, on vous paye.»
(Wenn es weiß ist, bezahlen Sie.
Wenn es grün ist, bezahlen wir.)
Sind irgendwann während des Aufenthalts eines Gastes mindestens zwanzig der neununddreißig in La Plagne zur Verfügung stehenden Lifte außer Betrieb, weil es nicht genug Schnee gibt, bezahlt der Ort die Rechnung des Gastes für jeden «ski-freien» Tag. Bis jetzt allerdings konnte noch keiner einsammeln gehen.
Alle Besucher von La Plagne erreichen den Wintersportort, der drei Teile hat, über eine kurvenreiche Gebirgsstraße. Sie führt von dem kleinen savoyischen Dorf Aime im Tal zum unteren Ortsteil, La Plagne selbst, das 1970 Meter hoch gelegen ist. Zwei Satellitenorte in 2100 Meter Höhe sind mit dem unteren Ortsteil durch eine Straße und eine Seilbahn verbunden. (Inzwischen wurde ein dritter Satellitenort in Betrieb genommen.) Ungefähr sechs Kilometer vom unteren Ortsteil ist der Eingang zu einem alten Bleibergwerk. Dieses Bergwerk und die Landwirtschaft waren die einzigen Erwerbsquellen der Savoyer in dieser Gegend, bevor man 1961 mit der Errichtung der Skiorte begann. Die Folge war, daß die jungen Leute abwanderten, um anderswo Arbeit zu finden. Beklagt man also einerseits die Zerstörung unberührter Alpengegenden und die damit verbundenen ökolo-

gischen Schäden, muß man andererseits auch diese wirtschaftliche Wirklichkeit der Berggemeinden in Rechnung stellen. Der Skilauf hat diese Täler lebendig erhalten.

La Plagne ist nicht besonders bekannt für seine Après-Ski-Vergnügen. Unter den Balkon-Orten genießt Courchevel, etwa sechzig Kilometer entfernt, in bezug auf das Nachtleben den größten Ruf, und wie ich bald merkte, ist es in La Plagne sehr selten, daß man abgesehen von ein paar abgehärteten jungen Leuten nach zehn Uhr abends noch jemanden antreffen kann. Dagegen sind die Läden während der Saison – von Dezember bis Ostern – bis acht Uhr offen, sieben Tage in der Woche. An meinem Ankunftstag etwa um sieben Uhr abends wanderten Jaccoux und ich zum Emile-Allais-Skiservice. (Allais, ein großer französischer Skirennläufer der späten dreißiger Jahre, führte eine der ersten Nachfolgetechniken des «Arlberg-Stils» ein.) Ich wollte eine bescheidene, für die vor mir liegende Aufgabe passende Ausrüstung leihen.

In seinem Film «The Sleeper» erwacht Woody Allen in Metallfolie gewickelt nach zweihundertjährigem Schlaf und sieht sich einer technologisch unbegreiflichen Landschaft gegenüber. Ich hatte das gleiche Empfinden wie er. Nicht nur die Fahrtechniken hatten sich, seit ich die Sache zum ersten Mal probierte, vollkommen geändert: auch die Holzskier und Lederstiefel meiner Kinderzeit waren verschwunden. Statt ihrer gab es «Chez Allais» ein gänzlich unverständliches Chaos von Plastik, Glasfiber und Metall. Die Grundformen schienen vertraut, aber sie hatten zu ihren Vorläufern etwa dieselbe Beziehung wie ein gestriegeltes Paraderoß zu den zottigen vorgeschichtlichen Pferden Zentralasiens. Mit beträchtlicher Nachhilfe durch eine Enzyklopädie des Skilaufens wurde ich nach und nach fähig, mir eine Vorstellung davon zusammenzustückeln, was mit der Skiausrüstung in den letzten fünfundzwanzig Jahren passiert war. Bis zur Mitte der fünfziger Jahre wurden die meisten Skier noch aus Hickory oder Esche gemacht. Eine Reihe von Flugzeugingenieuren – besonders zu erwähnen ist dabei Howard Head aus Baltimore, der damals als Ingenieur bei der Glenn L. Martin Aircraft Company tätig war – hatten zur Herstellung von Skiern ernsthaft mit modernen, leichtgewichtigen Metallen in Verbindung mit Holz experimentiert. Head brachte 1950, nach dreijährigen Versuchen, sein

erstes Modell, eine Art von Sandwichski, auf den Markt. Ober- und Unterseite deckte eine schwarze Plastikhülle, darunter befanden sich zwei Schichten Aluminium um einen hölzernen Kern. Diese Skier waren leichter und widerstandsfähiger als ihre Vorbilder aus Holz, und überdies ließen sie sich leichter manövrieren. Gegen 1960 war das Metall Plastikmaterial gewichen, vor allem Glasfiber, die man in verschiedenen Elastizitätsgraden herstellen kann. Fast alle Skier haben heute eine Gleitfläche aus Polyäthylen; wie die Enzyklopädie sagt, hat dieses Material die Eigenschaft, daß es nirgends kleben bleibt, «vor allem nicht an Schnee» – und so ist es für die Gleitfläche ideal. Eine solche Fläche zu wachsen ist etwas, das die meisten Skiläufer unter normalen Umständen als Wahnsinn betrachten würden. (Rennläufer wachsen auch heute noch.) Auch die alte Theorie über die Länge der Skier hat sich radikal verändert. Mit dem Aufkommen von Plastikskiern entwickelte man den «ski évolutif», wie die Franzosen sagen, oder die Methode der abgestuften Länge, wie es in den Vereinigten Staaten heißt. Der Anfänger lernt auf sehr kurzen Skiern fahren – ein Erwachsener beginnt mit 130 bis 160 Zentimetern Länge. Der längste Standardski, der hergestellt wird, mißt 220 Zentimeter, ein typischer Sportski für einen normalen Erwachsenen männlichen Geschlechts ist 200 bis 210 Zentimeter lang. Der Vorteil der kurzen Skier für den Anfänger ist darin zu sehen, daß man sie sehr leicht bewegen kann und sich fast so fühlt, als hätte man Schuhe an den Füßen. Der Nachteil war damals noch, daß sie sich in tiefem Schnee oder auf eisigem Untergrund nicht besonders gut bewährten und daher für den alpinen Skilauf als ungeeignet galten. Außerdem kann es, wenn sich der Anfänger auf seinen kurzen Skiern heimisch fühlt, fast unmöglich werden, ihn an die nächste Länge zu gewöhnen, die ihm unweigerlich fremd vorkommt. Um zu meiner Geschichte zurückzukehren: Jaccoux schlug vor, ich sollte mit 160 Zentimeter langen Skiern anfangen, und so lieh ich mir ein Paar leuchtend rote «Rossignols» – eine französische Standardmarke.
Als nächstes kamen die Stiefel. Die Veränderung bei den Stiefeln während der letzten fünfundzwanzig Jahre war fast total. Heutzutage werden Stiefel fast ganz aus Plastik gemacht; viele schließt man vorn mit Schnallen, aber manche haben auch einen rückwärtigen Verschluß mit Scharnieren. Die alte Sitte, dicke Wollsok-

ken zu tragen, machte einem Innenpolster aus Plastikschaum oder Wachs Platz, die in Blasen in die Schuhe injiziert werden, wenn man sie kauft. Der erhitzte Schaum oder das Wachs kühlen dann ab und verfestigen sich um den Fuß herum. (Eine Isolierschicht schützt den Fuß davor, bei diesem Vorgang Brandblasen zu bekommen.) Die Stiefel sitzen danach so perfekt, daß man im Grunde barfuß fahren könnte, aber die meisten Leute tragen dünne Socken. Die Stiefelfarben sind höchst phantasievoll: grelle Gelb-, Blau- und Orange-Töne herrschen vor. Die meisten modernen Stiefel reichen bis gut über die Knöchel, und diese neue Länge und die neue Bindung werfen eine interessante Sicherheitsfrage auf. Alle modernen Bindungen sind Sicherheitsbindungen. Man schiebt die Stiefelspitze in eine Art Metallklammer und drückt mit dem Absatz nach unten, worauf ein gefederter Verschluß einrastet. Der vordere Teil der Bindung besteht aus einem drehbaren Kopf, so daß jeder starke Stoß auf den Ski, gleichgültig aus welcher Richtung, auf die Feder wirkt und die Bindung automatisch aufspringt. Dies hatte die paradoxe Folge, daß praktisch alle ernsthafteren Unfälle – darunter Knochenbrüche – heute bei geringer Geschwindigkeit passieren, denn ein Skiläufer kann auch ohne einen heftigen Stoß, der die Bindung lösen würde, ein Bein so verdrehen, daß es bricht, oder ein Knie ausrenken. (Ich spreche hier nicht von den Unfällen der Rennläufer, sondern von denen, die normale Wintersportler haben können.) Wegen der hohen Stiefel gibt es auch kaum noch Knöchelverletzungen – man bricht sich bloß das Bein. Auf meiner Reise traf ich einen amerikanischen Arzt, der Spezialist für Ski-Unfälle war. Wir diskutierten über das Für und Wider, sich auf die altmodische Weise den Knöchel oder aber ein Bein zu brechen. Ein Knöchelbruch, sagte er, brauche sechs bis sieben Wochen für die Heilung; er könne indessen das Gelenk für eine spätere Arthritis anfällig machen. Ein Beinbruch brauche mehrere Monate, bis er ausgeheilt sei, und im allgemeinen werde das Bein wieder vollständig hergestellt. Allerdings seien Brüche durch Ski-Unfälle heute wegen der hohen Stiefel besonders kompliziert. Ich fragte ihn, was er persönlich vorziehen würde, und er antwortete: «Keins von beiden.» Und als nachträglichen Einfall setzte er hinzu: «Wenn Skilaufen ein Beruf und kein Sport wäre, hätte man es wohl als zu gefährlich verboten.»

«Chez Allais» standen etwa fünfhundert bizarr aussehende Paar Stiefel zur Auswahl. Schließlich sagte Jaccoux, er werde mir ein altes Paar Plastikstiefel leihen, knöchelhoch, lederfarben und groß genug für bequeme, dicke Wollsocken. Das einzige Stück meiner Skiausrüstung, das ich wirklich selbst besaß, waren Gabardine-Skihosen, die über die Stiefel fielen und mit Stegen festgehalten wurden. Ich glaube, nur wenige Jahrzehnte zuvor waren sie sehr modern. Seit ein paar Jahren trug man Wolle-Nylon-Stretchhosen und Nylon-Parkas. Die frühen Exemplare dieser Parkas waren zwar recht elegant, hatten aber eine bemerkenswerte und unerwartete Eigenheit: sie waren so glatt, daß jemand, der oben auf einem mäßig steilen Hang hinfiel, die besten Chancen hatte, die ganze Strecke bis hinunter zu rutschen. Gegenwärtig stellt man die Parkas aus Material mit rauher Oberfläche her, damit sie rutschfest sind. So ausgerüstet – leichte Aluminiumstöcke kamen noch zu den Skiern – sollte ich mich am nächsten Morgen zu einer diagnostischen Übung bei Jaccoux in der Skischule einfinden.

Als ich am späten Vormittag des anderen Tages ankam, meine Skier geschultert, bemerkte ich nicht nur Jaccoux, sondern auch den aus Saint-Gervais stammenden Bergführer Yannick Martenet, einen alten Freund, der für seinen etwas beißenden Älplerhumor bekannt war. Martenet kündigte an, er werde mit uns kommen, denn er habe schon ein paar Tage lang nicht mehr richtig gelacht. Er und Jaccoux schnallten ihre Skier an und bewegten sich in Richtung auf einen Zwischenlift, den man Paternoster nannte. Ich machte meine Rossignols fest und merkte zu meiner Bestürzung, daß sie im Schnee festsaßen. Die verdammten Dinger wollten einfach nicht gleiten. Sie widerstanden jedem Versuch, sie vorwärts oder rückwärts zu bewegen. Zum Glück kam mir ein anderer Skilehrer, der mich beobachtet hatte, zu Hilfe. Von ihm erfuhr ich, daß Metall- oder Plastikskier, ob mit Polyäthylen-Oberfläche oder nicht, eine Eigenschaft haben, die ich als Physiker eigentlich hätte im voraus wissen müssen: sie dürfen erst auf den Schnee gebracht werden, wenn sie mindestens fünfzehn Minuten abgekühlt wurden, nachdem man sie aus einem warmen Raum geholt hat – in diesem Fall aus dem Ski-Raum des Hotels. Sonst brachten die warmen Skier den Schnee um sie herum zum Schmelzen, und der gefror sofort

zu Eis. Dieses Eis bildete unregelmäßige Klumpen, die unten an den Skiern festpappten, so daß diese nicht gleiten konnten. Ich brauchte etwa fünf Minuten, um das Zeug abzukratzen. Danach eräugte ich verschwommen Jaccoux und Martenet, die in einiger Entfernung dastanden und rauchten. Was unsere alten Holzskier auch für Mängel gehabt haben mögen – ein Problem wie dieses gaben sie nie auf.
Später erfuhr ich, daß es zwei Wege zum Paternoster gab – einen sanften Abhang, der von den Hotels abwärts führte, und eine «Abkürzung». Jaccoux und Martenet hatten die Abkürzung genommen, die zuerst über ebenen Schnee ging und dann nach etwa hundert Metern plötzlich zum Lift hin abfiel. Ich weiß nicht, wie steil der Abhang wirklich war, aber mir kam er vor wie der steilste, in dem ich mich je ohne Krampen, Eispickel und Seil befunden hatte. «La voilà», meinte Jaccoux, auf die Liftstation deutend und damit sagend, daß ich irgendwie da hinunterkommen sollte. Ein guter Skiläufer kann jeden Hang im Schneepflug bewältigen, aber ich war mir ganz sicher, daß ich hier niemals geradewegs hinabpflügen konnte. So fuhr ich also mehr oder weniger horizontal los, in der Hoffnung, mir würde mit dem langsamen Verlust an Höhe irgend etwas einfallen. Kurz danach fuhr ich in einen Schneehaufen, fiel hin und rutschte ein paar Meter. Der Sturz hatte die günstige Folge, daß meine Skier jetzt in die entgegengesetzte Richtung zeigten; ich konnte also wieder eine Horizontalspur ziehen. Ich überlegte, daß ich mit sechs bis sieben derartigen Manövern nahezu unten sein würde. Nach dem nächsten Durchgang, Sturz und Rutschen, schrie Jaccoux von oben, ich solle lieber anhalten, wo ich sei. Er und Martenet sausten herunter, und Jaccoux verkündete: «Jérémy, franchement, ta position est épouvantable.» Der französische Fachausdruck für die Skistellung ist «position», und ein «film d'épouvante» ist einer von der Sorte mit Boris Karloff und Bela Lugosi. Dann zeigte mir Jaccoux, wie man eine solche Fahrt quer zum Hang macht. Die beiden Skier sollten parallel zueinander stehen, «le ski amont» (der Bergski) ganz leicht vorgeschoben gegenüber dem «ski aval» (dem Talski). Der Schlüssel zum Ganzen bestand darin – und dieser Satz sollte während der kommenden neun Tage mindestens sechshundertmal wiederholt werden –, daß «le poids est sur le ski aval», was heißt, daß man den Talski belasten

soll. Die Kontrolle über die «trace directe en traversée», wie die Franzosen das Fahren quer zum Hang nennen, hängt davon ab, daß man das Gewicht auf den Talski verlegt. Außerdem, so sagte Jaccoux, würde ich mich zurücklehnen – der häufigste Fehler der Ski-Anfänger. Ich sollte meine Knie beugen, bis ich spürte, daß die Rückseite meiner Skistiefel gegen die Rückseite meiner Beine drückte. (Manche modernen Skistiefel sind nach vorn geneigt, damit die Knie in der richtigen Stellung festgehalten werden.) Überdies sollte, dem Selbstschutzinstinkt zuwiderlaufend, der Oberkörper vom Abhang weg geneigt werden; man muß sich fast hinauslehnen und ins Tal hinunterschauen. Das verstärkt den Druck auf den Talski und damit die Kontrolle. Ich versuchte weiter, mich an den Berg zu lehnen. Das entlastete den Talski, ich verlor die Kontrolle und rutschte seitwärts den Abhang hinunter. Zum Halten am Ende der Querbahn sollte ich auf Jaccoux' Vorschlag versuchen, mich bergauf zu wenden. Das schien wenigstens das Problem zu lösen, wie ich quer über den Abhang kommen und ohne Sturz halten könnte; es blieb nur die Frage, wie ich die Skier in die andere Richtung brachte, um die nächste «trace directe» zu beginnen. Jaccoux war der Meinung, ich hätte im Augenblick genug Stoff, um mich darauf zu konzentrieren, auch ohne daß ich Bogen versuchte; sie würden später kommen. Also schlug er mir vor, eine «conversion» zu machen, eine Wende. Dabei steht man mit fest in den Schnee gestemmten Stöcken. Dann hebt man den Talski, der bis dahin parallel zum Bergski quer zum Hang gewesen war. Die Skispitze wird ganz aus dem Schnee gehoben, das hintere Ende bleibt fest im Schnee. Dann dreht man den Ski so, daß er wieder parallel zum andern liegt, aber mit in die entgegengesetzte Richtung zeigender Spitze. Dann legt man alles Gewicht auf den Talski und schwingt in einer einzigen Bewegung den Bergski in die gewünschte Richtung. Er wird damit Talski und der dazu gehörige Stock wird unterhalb von ihm plaziert. Beide Skier zeigen jetzt in dieselbe Richtung und haben sich um ganze 180 Grad gedreht. Alle zusammen machten wir eine Reihe von «conversions», und nach vielem Durcheinander und Verhaken von Skiern und Stöcken erfaßte ich wenigstens die Anfangsgründe dieser Methode. Durch Wenden und quer zum Hang Fahren gelang es mir schließlich, beim Paternoster anzukommen, ohne wieder hinzufallen. Als ich be-

merkte, mir scheine die ganze Sache eine recht technische Angelegenheit zu sein, sagte er mir, das sei sie auch. Alpiner Skilauf ist seiner Meinung nach technisch sehr viel komplizierter als Bergsteigen, und ein nur normal begabter Mensch braucht mindestens vier volle Winter mit alpinem Skilauf, damit er «convenable», also annehmbar, wird.
Der Paternoster war ein typischer Teller-Schlepplift – eine Konstruktion, bei der eine Metallstange von einem Leitdraht herabhängt; am hinteren Ende des Stabes befindet sich eine knopfförmige Scheibe. Man setzt sich rittlings auf den Stab, hält sich mit einer Hand daran fest und lehnt das Hinterteil an die Scheibe – was der Einrichtung den volkstümlichen Namen «tire-fesse» gab; das bedeutet, daß man mit dem unteren Teil des Rückens bergauf gehievt wird. Martenet ging an Bord, und ich war etwas überrascht, als ich sah, wie er plötzlich hochgehoben wurde, mit beiden Skiern über der Erde. Das ist anscheinend allgemeiner Brauch bei den längeren «tire-fesses» oder «téléskis» – der Lift war mehr als anderthalb Kilometer lang –; man muß sich also gut festhalten und vergewissern, daß sich die Skier nicht überkreuzen. Denn wenn man nach einem solchen Luftsprung mit gekreuzten Skiern landet, riskiert man einen bösen Sturz. Bei manchen dieser Schlepplifte wird man im Verlauf der Fahrt mehrmals in die Luft gehoben – immer wenn das Gelände jäh ansteigt –, und es ist besser, wenn man sich darauf gefaßt macht. Kurz vor der Ankunft oben war ein Schild mit der Anweisung, sich dreißig Meter weiter loszumachen: man senkt den Metallstab und läßt die Scheibe zwischen den Beinen durchrutschen. Und dann kann man losgehen.
Wir schlängelten uns die breite Piste hinunter, immer wieder «trace directe» und «conversion», gelegentlich auch ein Schneepflug, während andere Skiläufer von allen Seiten wie Vögel dahinglitten. Die Piste brachte uns zurück nach La Plagne, und ich war erfreut, daß ich hinuntergekommen war – zwar sehr langsam, aber in einem Stück und ohne allzuviele Stürze. Jaccoux war mit einem anderen Klienten verabredet, aber bevor er mich verließ, ließ er die Bemerkung fallen, ich könnte einige Fortschritte machen, wenn ich die nächste Woche täglich etwa vierzig bis fünfzig Kilometer auf Skiern zurücklegte. Dann machte er einen Vorschlag, der meine Stimmung sehr dämpfte: «Bei

deinem Kenntnisstand solltest du dich zum Gruppenunterricht melden, in einen ‹cours collectif›. Das ist der einzige Weg, richtig zu lernen, und außerdem ist die Atmosphäre in den Kursen ‹très sympathique›.» Es gibt nichts, was ich weniger mag, als Sportunterricht in Gruppen. Der Gedanke erinnert mich an die trübsten Seiten von Pfadfinderwanderungen, Turnstunden in der Schule und Sommerlager. Ich sagte ihm, ich würde es mir sorgfältig überlegen; in Wirklichkeit hatte ich die Absicht, selbst wenn das alle möglichen gebrochenen Beine bedeutete, keiner Gruppe von Skischülern je näher zu kommen als auf mehrere Kilometer. Damit endete mein erster Skitag.
Der nächste Tag war ein Sonntag, ein herrlicher Tag. Warme Sonne glitzerte auf den Bergen. Mein erster Gedanke war, den Tag lesend auf der Terrasse vor dem Hotel zu verbringen. Wie die Hotels in allen Balkon-Wintersportorten haben auch die in La Plagne Terrassen, die sich nach draußen in den Schnee erstrecken; man kann sogar vor den Hotels und Läden von einer Terrasse zur andern mit den Skiern fahren. Aber da ich die Skiausrüstung geliehen hatte, dachte ich, ich sollte mich mindestens für eine Stunde auf Skiern hinauswagen. Als ich an der Skischule vorbeikam, hörte ich eine vertraute Stimme nach mir rufen. Sie gehörte zu J. L. Bernezat, allgemein bekannt als Bernouze. Bernouzes Frau Odette, die Skilehrerin und eine der besten Bergsteigerinnen Frankreichs ist, heißt infolgedessen Bernouzette. Als ich Bernezat kennenlernte, war er hauptberuflicher Bergführer im Sommer und im Winter Skilehrer in La Plagne. In den letzten zehn Jahren jedoch hatte er sechs Monate jährlich in der Sahara gewohnt, zusammen mit Odette und ihren Kamelen, wo er Trecks, Bergtouren und Landroverausflüge in die Wüste für alle möglichen Reisegesellschaften organisierte. Seine Frau und er liefen jetzt nur noch zu ihrem Vergnügen Ski oder kletterten in den Bergen, und zufällig war er an diesem Tag von Grenoble, wo er sein Inlandbüro hatte, hier heraufgekommen, um sich ein wenig auf Skiern zu bewegen. Er schlug vor, wir sollten so etwa eine Stunde miteinander skilaufen. Ich erklärte ihm, ich sei sehr schlecht und würde ihm den Tag verderben, aber er meinte, da er sechs Monate lang nicht mehr auf Skiern gestanden habe, wisse er nicht bestimmt, ob er überhaupt noch einen Bogen zustande bringe. Also hopsten wir auf einen nahen

Schlepplift und ließen uns einen verhältnismäßig einfachen Hang hochziehen. Überflüssig zu sagen, daß Bernezat nicht vergessen hatte, wie man einen Bogen zuwege bringt, und er sagte mir ein paar der Instruktionen des Vortages wieder und wieder, mit demselben Rat am Ende: Ich sollte mich zu einem Skikurs anmelden. Langsam begann es mir zu dämmern.
Gewöhnlich gab es sonntags keinen Gruppenunterricht in La Plagne. Ich beschloß also, den Rest des Nachmittags dazu zu verwenden, mir die Sache näher anzusehen. Rasch machte ich einige Entdeckungen. Als erstes fand ich heraus, daß die Kurse sehr vernünftig im Preis waren. Das Honorar – das vom Nationalen Skilehrerverband festgelegt ist – betrug damals fünfundfünfzig Franc für eine Karte mit sechs Tickets, also etwas über zwei Dollar pro Ticket. Jedes Ticket berechtigte zu einer Lektion. Als ich in La Plagne war, gab es Unterricht von 9.45 Uhr bis 11.45 Uhr vormittags und von 2.15 Uhr bis 4.15 Uhr nachmittags; die Stunde kostete also keinen Dollar. Es gab sieben Ausbildungsstufen, vom «Cours accueil» für Leute, die noch nie auf Skiern standen, bis zum «Cours 1». Außerdem wird eine Spezialausbildung für Abfahrtslauftechnik und ähnliches geboten. Diese Aufteilung ist überall in Frankreich dieselbe, so daß der Schüler, der einen bestimmten Ausbildungsgrad erreicht hat, ohne weiteres in dieselbe Stufe in jedem Wintersportort eintreten kann. Sie bedeutet aber auch, daß die Fähigkeiten eines Skiläufers genau bestimmt werden können, bevor er wirklichen alpinen Querfeldein-Skilauf unternimmt – mehrere Tage dauernde Touren in Gletschergelände etwa –, bei denen es absolut notwendig ist, daß alle Läufer technisch das meistern, was die Franzosen «tous terrains, toutes neiges» (jedes Gelände bei jedweder Schneequalität) nennen. Jaccoux, mit dem ich später am Tag darüber sprach, sagte mir, daß nur geprüfte Bergführer, die gleichzeitig Skilehrer sind, das gesetzliche Recht haben, Gletschertouren zu führen, und daß er nur Skiläufer zu Querfeldein-Gletscherfahrten akzeptiere, die bis zum «Cours 3» vorgedrungen waren. Er erzählte mir auch, daß die Lehrer von Skikursen alle zwei Wochen bezahlt werden, wenn das für Karten und Tickets eingegangene Geld zusammengezählt und dann nach einer vom Verband festgelegten Formel auf alle Lehrer der betreffenden Schule aufgeteilt ist. Das bedeutet, daß es im Interesse jedes Lehrers

liegt, sicherzustellen, daß die Schule als Ganzes gut geführt wird, und es bedeutet, daß jeder, gleichgültig welchen sportlichen Ruhm er genießt, daran interessiert ist, Schüler jeder Ausbildungsstufe zu unterrichten. Jaccoux war Präsident des *Syndicat des Guides de France* – des französischen Bergführer-Verbandes – und im ganzen Land als Bergführer und Skiläufer bekannt. Trotzdem hatte er in der Woche, bevor ich in La Plagne ankam, in einem «Cours 6» – dem zweitniedrigsten – Unterricht gegeben und er sagte mir, am Ende der Woche hätten seine Schüler einfache eintägige Bergtouren unternommen. Als ich ihn fragte, in welchen Kurs ich eintreten sollte, wenn ich mich überhaupt dazu entschließe, antwortete er: «Cours 6.» Als der Tag zur Neige ging, hatte ich meinen Entschluß gefaßt, meine Karte mit sechs Tickets gekauft und gefragt, wer mein Lehrer sein würde. «Régis Villien», sagte man mir. «Un jeune, très sympathique» (ein Junger, sehr sympathisch).

Am andern Morgen ging ich, nach dem ich meine Skier «abgekühlt» hatte, einen kleinen, verschneiten Berg hinauf, wo sich die Kursteilnehmer versammeln sollten. In gleichmäßigen Abständen staken Skistöcke im Schnee; jeder trug oben ein rundes Plakat mit der Zahl für den «Cours», der sich hier treffen würde. Nichts hinderte einen, in einen Kurs jedweden Leistungsstandes einzutreten, aber ein paar Minuten Beobachtung erlauben dem Lehrer, Leute auszuscheiden, die ihre Fähigkeiten überschätzt haben. In den unteren Klassen kann es während der lebhaften Zeiten in der Saison, also in den Schulferien, bis zu zwanzig Teilnehmer geben; da mein Besuch aber in den Januar fiel, zwischen die Ferien, waren die Kurse nicht überfüllt. Am Ende waren es acht, die bei unserem Stock standen. Da gab es ein Ehepaar aus Paris und zwei Mädchen, die mit einem Skiklub ebenfalls aus Paris gekommen waren; die übrigen waren Ausländer. Bis zum Ende der Woche aber war aus uns fast so etwas wie eine Familie geworden. Wir wußten ziemlich viel voneinander, und wenn wir mit einer anderen Gruppe zusammentrafen, bemühten wir uns immer zur Ehre der eigenen gute Leistungen vorzuweisen. Nichts zeigt so gut die Anfälligkeit des Menschen und seinen Gemütszustand auf, wie ein paar längelange Stürze in den Schnee – und wir alle hatten da reichlich Beispiele zu bieten. Ich habe noch nie an einer psychotherapeutischen Gruppensitzung teilgenommen, aber ich wäre nicht überrascht, wenn dort eine ähnliche Atmosphäre herrschte. Nach ein paar anfänglichen Ungeschicklichkeiten versuchte jeder, den anderen zu helfen; wir alle brauchten jede Hilfe, die wir bekommen konnten, und keiner war darüber erhaben, um Hilfe zu bitten.

Wie die französischen Lycées beginnen auch die Skikurse pünktlich, und um neun Uhr vierzig traten die Lehrer aus der Skischule; sie trugen eine Art Uniform mit einem Stoffschild auf der Jacke, das sie als Lehrer auswies. Ein junger Mann löste sich aus der Gruppe und glitt dahin, wo wir beisammen standen. Es war Régis. Irgend etwas an ihm war so, daß man ihn gleich mochte. Er hatte eine Menge Haare auf dem Kopf und ein ansteckendes Lachen. Nachdem er unsere Tickets in Empfang genommen hatte, sah er nach, ob keiner übriggebliebene Eisreste an der Skiunterseite hatte, und führte uns dann zu «Le Baby», dem leichtesten Schlepplift in La Plagne, der uns um stolze dreizehn Meter höher beförderte. Dort fanden wir uns wieder umgeben von «Babys» – ganz kleinen Kindern mit Mini-Plastikskiern, die meisten mit verkleinerten Ausgaben von Rennläufer-Startnummern; als Hinweis, daß auch sie Schüler waren, trugen sie ein Rehkitz als Abzeichen. Anführer einer dieser Liliputaner-Gruppen war Henri Pollet, ein stattlicher Bergführer aus Chamonix, der wie ein ernsthafter, schulmeisterlicher Gulliver aussah.

Nach der Ankunft oben und als wir uns aufgestellt hatten, fragte uns Régis etwas, das uns zuerst merkwürdig vorkam: Ob wir hinfallen könnten? Die meisten von uns hatten das Gefühl, sie seien schon so oft gefallen, daß sie sich für eine Fach-Klasse «Hinfallen» qualifizieren könnten, aber niemals war mir in den Sinn gekommen, es könnte eine «richtige» Art hinzufallen geben. Régis erklärte uns, keiner liebe es zwar zu fallen, aber es könnten Situationen entstehen, in denen es besser sei, sich geplant hinfallen zu lassen als etwa gegen einen Baum zu fahren. Er stieß sich ab, setzte sich auf seine Skier nieder, um so nahe wie möglich an den Schnee zu kommen, lehnte sich zurück, das Kinn an die Brust gedrückt, damit er den Kopf nicht verletzte, und genau als er den Schnee berührte, streckte er sich flach auf dem Rücken aus, die Arme zum Abfangen des Aufschlages benützend. Bei einem echten Sturz hätte sich seine Sicherheitsbindung gelöst; er bat uns, darauf zu achten, daß die dünnen elastischen

Schlingen an unseren Bindungen sicher an unseren Unterschenkeln befestigt waren. Diese Einrichtung hält die Skier davon ab, allein weiterzusausen, wenn die Bindung aufgesprungen ist. Es gibt nichts Gefährlicheres für Skifahrer auf einer Piste als ein losgerissener Ski, der von oben kommt. Dieses schwere, spitze, rasch sich bewegende Ding kann ernste Verletzungen zufügen. Als Nächstes zeigte uns Régis natürlich, wie wir wieder auf die Beine kamen. Die Skier werden nach unten geschwungen und parallel quer zu Fall-Linie gestellt – das ist die Linie des steilsten Gefälles dieses Abhangs an einem gegebenen Punkt. Wenn nötig mit Hilfe der Stöcke kann man sich dann am Ende aufrichten. Daraufhin fielen wir alle hin und standen wieder auf, mehrmals hintereinander.
Darauf ließ uns Régis jeweils einzeln den Berg hinunterfahren, nachdem er selbst den Abhang hinuntergeglitten war, und studierte unsere Haltung. Hier begannen sich die verschiedenen persönlichen Eigenarten in der Gruppe zu zeigen. Die Ängstlichen bewegten sich im Schneckentempo nach unten, krampfhaft in Schneepflugstellung, als ginge es ums liebe Leben. Ein junger Pariser mit Namen Hubert sagte freundlich, er neige dazu, etwas «cassecou» – halsbrecherisch – zu fahren, und was ihn am Skilauf eigentlich interessiere, sei die Geschwindigkeit; Halten und Wenden seien für ihn nebensächliche Schwierigkeiten. Worauf er mit einem furchterregenden Sprung loslegte, den Hang kerzengerade hinunterflog und krachend stürzte – eine Vorführung, die täglich ein paar Dutzendmal die ganze Woche über wiederholt werden sollte. Jedesmal pflegte er mit dem Schwur aus dem Schnee aufzustehen, er werde nie wieder unkontrolliert skilaufen. Nachdem wir alle abgefahren und wieder hinaufgestiegen waren, setzte uns Régis wieder in Bewegung: wir sollten «Alle hinter dem Anführer» spielen, also zu acht hintereinander Schneepflug-Bogen fahren. Das war so ungefähr der Gipfel meiner vorhandenen Technik; alles übrige würde im wesentlichen neu für mich sein. Und Régis gab uns tatsächlich noch vor dem Mittagessen zwei neue Übungen auf. Die erste war ein Schneepflug, aber von einer ganz anderen Sorte, als ich ihn je erlebt hatte. Régis fuhr unten an den Hang und steckte seine zwei Stöcke in den Schnee wie ein Slalomtor – nicht weit voneinander. Wir mußten geradeaus hinunterfahren, mit paralle-

len Skiern und ohne die Geschwindigkeit zu drosseln (in Schußfahrt) durch das Tor hindurch und dann mit einem Schneepflug halten. Von den Newtonschen Bewegungsgesetzen gehört wohl das zum Erfahrungsschatz der meisten Skiläufer, wonach eine, wenn auch kleine Beschleunigung, wird sie nur lange genug angewandt, eine Geschwindigkeit beliebiger Größe produzieren kann. Der Baby-Hang war ziemlich flach, aber auch ziemlich lang, so daß man nach einer Schußfahrt zu Régis' Tor ein respektables Tempo erreicht hatte, und mindestens ich mußte gegen die Versuchung ankämpfen, nicht ein bißchen zu «schneepflügen», bevor ich unten ankam. Schließlich lernte ich, die Knie so weit zu beugen, daß die Skier fest eingedrückt waren und der Schneepflug als Bremseinrichtung bei größerem Tempo dienen konnte. Die letzte Übung des Morgens war ein erster Versuch, mit Geländehöckern fertig zu werden. Viele solche Unebenheiten – besonders wenn sie hintereinander auftreten – werden durch Umfahren oder durch gleichzeitiges Über- und Umfahren bewältigt, aber da unsere Bogentechnik noch in einem sehr primitiven Stadium war, wollte Régis, daß wir übten, über einen kräftigen Höcker ohne Sturz und Panik hinwegzukommen.
Genau einen solchen Höcker gab es am Baby-Hang. Man sagte uns, wir sollten unser Gewicht nach vorn verlagern und die Knie ganz tief beugen. Der schlimmste Fehler ist, wenn man sich im Augenblick des Stoßes nach hinten lehnt. Dann fahren einem die Skier nach vorn davon, und man setzt sich ziemlich hart nieder. Einer hinter dem anderen fuhren wir im Schuß den Hang hinunter, lehnten uns nach Leibeskräften nach vorn und sprangen manchmal wohl einen Meter hoch nach der Höckerkuppe. Das verursachte ein leicht einschüchterndes, aber nicht unangenehmes Gefühl. In den französischen Wintersportorten wird die Mittagessenspause ernst genommen, auch aus anderen als den offensichtlichen Gründen. Es ist sehr wichtig, das Skilaufen nicht zu übertreiben, denn Ermüdung ist der schlimmste Feind des Skiläufers. In der Enzyklopädie des Skilaufens steht: «Ein ermüdeter Skiläufer fährt nicht gut. Deshalb sollte man es vermeiden, ‹noch ein einziges, letztes Mal› abzufahren. Skiläufer sagen aus Aberglauben nie: ‹Fahren wir noch ein letztes Mal runter.› (Es könnte wirklich das letzte Mal für eine Weile werden.) Dieser Aberglaube wird durch Tatsachen wohlbegründet. Wenn man

müde ist und sich trotzdem versucht fühlt, grade noch einmal abzufahren, bestätigt man ihn möglicherweise aufs neue: indem man einen Unfall baut.»

Ich traf mich mit Jaccoux zum Mittagessen und wollte diese Gelegenheit ergreifen, um ihn zu fragen, wie man in Frankreich Skilehrer wird. Es stellte sich heraus, daß das eine komplizierte Sache ist – so etwa wie die Stationen, die man durchlaufen muß, damit man Bergführer wird –, und wie jener Ausbildungsgang wird auch dieser vom Staat überwacht. Mindestens sechs Jahre Ausbildung braucht man, bis man ein voll lizenzierter französischer Skilehrer wird. Der erste Schritt, den der Kandidat gewöhnlich mit achtzehn macht und der wie alle anderen Stationen Männern wie Frauen zugänglich ist, besteht in einer Prüfung der Skiläuferfähigkeiten. Man kann sie in verschiedenen Zentren in Frankreich ablegen; sie umfaßt auch alle technischen Aspekte des Skilaufs und ist sehr hart. Jeder, der durchkommt, wird «capacitaire» genannt und hat das Recht, etwas Skiunterricht zu geben, aber der «capacitaire» erhält nur einen kleinen Anteil der Prozente der Skischule. Nach mindestens einer Saison – öfter sind es zwei – geht der Kandidat fünf Wochen lang auf eine Schule in Chamonix, die *Ecole Nationale de Ski et d'Alpinisme,* bei manchen bekannt als die Schnee-Sorbonne. Ziel ist das Erreichen der nächsten Stufe, «auxiliaire» zu werden. Ein interessanter Einblick in das, was während dieser fünf Wochen geschieht, bot ein Artikel in der *Mountain Gazette* von Dick Dorworth, einem bekannten amerikanischen Skiläufer und Bergsteiger. Dorworth durchlief die Schule 1970, weil er, wie er schreibt, seinen «Lebensunterhalt als Skilehrer und -trainer verdiente. Es war also vernünftig, alle Zeugnisse, Beglaubigungen, Kenntnisse und Erfahrungen zu erwerben, die man auf diesem Gebiet bekommen konnte.» Er fährt fort: «Ein Zeugnis der Nationalen Französischen Skischule würde mir die Möglichkeit verschaffen, wenn ich wollte, auch in Frankreich zu wohnen und zu arbeiten. Außerdem war ich neugierig. Es wurde behauptet, die Franzosen hätten die beste nationale Organisation des Ski-Unterrichts, die besten Unterrichtstechniken und die besten Lehrer dazu. In jenen Jahren brachten sie jedenfalls ein paar sehr starke Rennläufer hervor. Ich wollte herausfinden, wie die Franzosen es mit ihrem Skilaufen anstellten.»

Dann schildert Dorworth die Arbeitsbedingungen, die er vorfand: «Mein Zimmergenosse war Richard Meeker, ein Grundstücksmakler aus Aspen. Wir hatten ein gründlich durchorganisiertes Leben. Um 7.30 Uhr erklang eine laute Glocke – wie übrigens für alles –, und es war Zeit zum Aufstehen.
Um 8 Uhr gab es Frühstück mit Kaffee, Brot, Butter und Marmelade im Speisesaal.
Um 8.40 brachten uns Busse zu einem der verschiedenen Skigebiete um Chamonix, wo wir bis 12.30 Uhr Ski liefen und die französischen Lehrmethoden lernten. Dann kehrten wir zum Mittagessen in die Schule zurück.
Um 13.30 ging es wieder mit dem Bus meist in ein anderes Gebiet als das vom Morgen. Wir liefen Ski, diskutierten, übten und demonstrierten Technik bis 4 Uhr, wo wir in die Busse stiegen und zur Schule zurückfuhren.
Um 5.30 Uhr jeden Abend gab es Vorlesungen über Lawinen, Erste Hilfe, Wetter, Hochgebirgsskilauf, Führen in den Bergen, Biwakieren, Rettungsaktionen und Ausrüstung, wobei mit großem Nachdruck darauf hingewiesen wurde, wie wichtig Vernunft in allen Situationen ist.»
Dorworth fügte noch hinzu: «Der Stundenplan am Samstag war derselbe, nur daß wir nach dem Mittagessen eine Arbeit schrieben.»
Im Verlauf des Kurses hatten die Zöglinge vier Slalomrennen und eines, das gleichzeitig Abfahrts- und Riesenslalomlauf war, zu absolvieren. Ein Instruktor – meist ein ehemaliger Angehöriger der französischen Nationalmannschaft – setzte zu Beginn den Zeitmaßstab fest, das heißt, er fuhr die Strecke als erster, und die Schüler mußten drei der fünf Rennen annähernd in seiner Zeit hinter sich bringen. Gelang das nicht, fielen sie durch. Dorworth schreibt: «Ich stand lange da und sah zum Gervasutti-Couloir, den Sylvain Saudan – ich hatte ihn in dieser Woche kennengelernt – hinabfuhr. Ich war beeindruckt.» Das ist verständlich, wenn man in einem viel benutzten alpinen Reiseführer die Schilderung des Couloirs liest: «Der Couloir ist sehr steil – 45 Grad im unteren Teil und unterhalb einer Wand von Firnzacken auf 55 Grad ansteigend ... Die Kletterstrecke ist Stein- und Eisschlag stark ausgesetzt und kann am besten nachts oder bei kaltem Wetter durchstiegen werden.» Nach fünf Wochen gab es laut

Dorworth «mehrere Tage lang Prüfungen – Skilauf, Erste Hilfe, Unterrichtsmethoden, Technik, und zwar mündlich, schriftlich und praktisch.» Die Läufer wurden in fünf Kategorien eingestuft: très bien, bien, assez bien, passé – und durchgefallen. Von den hundertfünf Kandidaten «bekam einer ‹très bien›, vier erhielten ‹bien›, zwanzig waren ‹assez bien› und vierunddreißig erhielten ‹passé›». Vierundvierzig fielen durch. Dorworth bekam ein «bien». Nach drei Jahren Arbeit als «auxiliaire» kann der Skilehrer noch einmal nach Chamonix kommen und versuchen, den höchsten Grad zu erreichen, den «national». Die Maßstäbe dafür sind noch strenger. Außerdem muß jeder Skilehrer («moniteur») alle fünf Jahre nach seiner Qualifikation für jede dieser Stufen eine Kontrollprüfung machen. Je höher er auf der Leiter aufsteigt, um so höher ist der Prozentsatz der Gesamteinkünfte der Schule, den er erhält.

Abgesehen von der Tatsache, daß dieses System lizenzierte Skilehrer von ganz großem Kaliber hervorbringt, hatte Dorworth auch den Eindruck, daß in der Art, wie in Frankreich Skilauf gelehrt wird und wie in den Vereinigten Staaten, ein entscheidender Unterschied besteht. Seit 1960 gibt es übrigens eine *Association of Professional Ski Instructors of America,* die Lehrern Zeugnisse ausstellt. Ich bin nicht in der Lage festzustellen, wie sich ihre Anforderungen mit der Strenge der französischen Regelung vergleichen lassen. Jedenfalls schreibt Dorworth: «Neben den Dingen, die Technik, Methodologie oder Fragen der Haltung angehen, lernte ich einen wichtigen Unterschied kennen, wo in Frankreich und wo in Amerika der Hauptakzent beim Skiunterricht gesetzt wird. In Amerika geht es darum, dem Schüler ein bestimmtes Manöver genau zu erklären, es zu demonstrieren und so lange üben zu lassen, bis er es beherrscht ... In Frankreich dagegen geht die überwiegende Einstellung dahin, daß der Schüler schneller und besser lernt, wenn man den Hauptnachdruck auf das Skilaufen selbst legt, bei einem Minimum an Erklärungen und Demonstrationen. Der Schüler in Frankreich wird ermuntert, gezwungen oder verlockt, daß er seinen Körper ebenso trainiert wie sein Gehirn. Diese Methode leuchtet mir sehr ein.» Noch einmal, ich bin nicht in der Lage, irgendwelche Vergleiche anzustellen, aber in unserem Unterricht überraschte mich die Tatsache, daß Régis uns ständig dazu

herausforderte, noch etwas mehr zu tun – häufig mehr, als wir uns zuerst zugetraut hatten. Wie Dorworth andeutete, lernten wir dadurch skilaufen, daß wir gedrängt wurden, Dutzende von Kilometern auf Skiern zurückzulegen. Eine Woche in einer französischen Skischule ist tatsächlich eine ganze Skiwoche. Nach den Kursen bleibt ziemlich wenig Zeit übrig.
Gegen Ende der Woche fragte ich Régis, wie er Skilehrer wurde. Seine Geschichte war ziemlich typisch. (Die von Jaccoux ist es nicht, denn er begann zu klettern und Ski zu laufen, als er gegen zwanzig war, und stieg vom Gymnasiallehrer für Literatur zum professionellen Bergführer und Skilehrer um, als er schon in den Dreißigern war.) Régis, inzwischen siebenundzwanzigjährig, wurde in Aime, im Tal unterhalb von La Plagne, geboren. Mit vier fing er an, Ski zu laufen. Zu jener Zeit war das siebzig Kilometer entfernte Val-d'Isère der einzige Wintersportort in diesem Gebiet – abgesehen von einem kleinen Lift über einem Dorf bei Aime. Régis lernte mehr oder weniger von selbst skilaufen, und mit siebzehn bekam er eine Stelle als «pisteur» im neu geschaffenen Wintersportort La Plagne. Die «pisteurs» sind für die Instandhaltung der Pisten verantwortlich. In jeder Morgenfrühe fahren sie alle Pisten ab, um sicherzugehen, daß es dort keine Lawinengefahr gibt. Sie setzen auch Warnungszeichen vor irgendwelchen Gefahren – schlechtem Schnee oder tiefen Rinnen – und verbringen den übrigen Tag beim Rettungsdienst. Jeden Abend, kurz nachdem die Lifte für das Publikum geschlossen wurden, fährt eine Mannschaft von «pisteurs» die den Tag über offenen Pisten ab, um festzustellen, ob kein Skiläufer wegen einer Verletzung liegen blieb oder sich verirrt hat, was recht gut möglich ist, wenn man bedenkt, daß es in La Plagne über hundertfünfzig Kilometer Skiwege gibt, von denen viele ein Dorf mit dem anderen verbinden. Nach der vollständigen Entwicklung des Gebietes in einigen Jahren werden viele der Balkon-Wintersportorte durch Skilifte und Wege miteinander verbunden sein, so daß man mit Skiern etwa von La Plagne nach Les Arcs und wieder zurück gelangen kann. Régis sagte mir, richtig Ski zu laufen habe er erst durch seine Erfahrung als «pisteur» gelernt, denn da war er gezwungen, tagtäglich nach draußen zu gehen, oft unter den denkbar schlechtesten Schnee- und Wetterverhältnissen. Nach drei Jahren dieser Tätigkeit bestand Régis die Prüfung

als «capacitaire» und dann als «auxiliaire». Bald wird er genug Erfahrung haben für den Versuch, sich als «national» zu qualifizieren. Den Sommer über bildet er sich zum Berufsbergführer aus. Die «moniteurs» von La Plagne bilden eine Skimannschaft, die mit Moniteurs-Mannschaften anderer französischer Wintersportorte Wettbewerbe austrägt. Die Mannschaft von La Plagne ist eine der stärksten. Zu ihr gehören Armand Bérard, der nach Meinung der Leute am Ort vermutlich jeden aus der gegenwärtigen französischen Nationalmannschaft aus dem Rennen werfen könnte. Régis fährt Slalom für die La Plagne-Mannschaft, und nach Aussage von Leuten, mit denen ich sprach, ist er in dieser Disziplin sehr stark und wird immer noch besser. In den zwei Wochen vor meiner Ankunft war er dazu bestimmt worden, Slalomläufer zu trainieren. (Sowohl die Chilenen wie die Argentinier hatten Gruppen junger Skiläufer zum Training nach La Plagne geschickt, und während ich dort war, sah ich sie oft die verschiedenen Hänge hinabfliegen.) Es war reiner Zufall – ein Glücksfall, wie wir alle dachten –, daß Régis in der Woche, als wir dazu gehörten, für unseren Kurs 6 abdelegiert worden war. Am ersten Tag nach dem Mittagessen kamen wir wieder zusammen, und Régis führte uns über die Abkürzung zum Paternoster. An dem steilen Hang, der zum Lift hinuntergeht, führte er uns in die Technik ein, die Herz und Seele des modernen Skilaufs ist, eine Technik, die nur durch das Auftauchen von Plastik- und Metallskiern mit ihrer Robustheit und Gleitfähigkeit möglich geworden war. Die Franzosen nennen es «dérapage», auf deutsch sagt man Seitrutschen. Auch hier beginnt man damit, die Skier im rechten Winkel zur Fall-Linie zu stellen. Und wieder ist der Bergski leicht vorgeschoben, während man den Talski belastet. Aber statt den Talski scharf einzupressen und nach vorn zu bewegen, legt man ihn flach auf, so daß beide Skier parallel flach über den Hang hinabgleiten. Das ist das vertikale Seitrutschen, das man dadurch unter Kontrolle hält, daß man die Knie in Richtung Hang drückt, damit die Skier mit den Kanten einpreßt und das Gleiten stoppt. Die Methode kann verfeinert werden, so daß man sich vorwärts oder rückwärts bewegen kann, wie die Verhältnisse es verlangen. Wie wichtig es ist, das zu lernen, kann gar nicht genug betont werden. Mit einem Mal bekommt der Schüler eine Methode geliefert, die ihn befähigt, mit allem

Möglichen fertig zu werden. Je steiler der Hang, um so leichter ist es, hinabzurutschen, und das völlig kontrolliert. Im Zweifelsfall verwende man also das Seitrutschen oder Sideslipping, und Schneepflug für immer ade! Es braucht einiges an Anstrengung, bis man die Kontrolle gelernt hat und wie man mit den Kanten umgeht. Aber ich glaube, es ist richtig zu sagen, daß wir alle in der Gruppe ein plötzliches Gefühl der Befreiung empfanden. Skilaufen sah nicht mehr aus wie ein gefährlicher Sport, sondern wie etwas, das wir sicher und mit echter Befriedigung tun konnten. Wir waren zuerst sogar dem Seitrutschen so hingegeben, daß Régis alle Hände voll zu tun hatte, bis wir unsere Skier wieder in Fall-Linie nach unten richteten und losfuhren. Mit dem Seitrutschen beginnen alle modernen Wendemanöver. Ein Vorwärts-Seitrutschen wird in ein Parallel-Seitrutschen bergauf verwandelt, und so weiter. Wenn man einen guten modernen Skiläufer genau beobachtet, wie er einen Hang hinunterfährt, bemerkt man, daß er durch die Bewegung seiner Knie und seines Oberkörpers mit den Skiern die Fall-Linie hin und her überkreuzt. Höcker werden überwunden, indem man von ihrer Spitze abgleitet, einen Skistock einstemmt und wendet. Das dadurch verursachte Geräusch ist ein sanftes Zischen der Skier auf dem Schnee. Ein schönes Geräusch. Am Abend war ich in so gehobener Stimmung, daß ich Jaccoux mitteilte, ich hätte das Gefühl, ich sei «le roi du dérapage» geworden. Er antwortete, wenn das nur wahr wäre, könnte ich überall skilaufen.
In den nächsten fünf Tagen machten wir uns an immer steilere Abhänge und höhere Lifte. Am zweiten nahm uns Régis auf den Biollet, einen der höchsten Lifte in La Plagne, von dem wir Ausblick auf die ganze Montblanc-Kette hatten, die an die fünfzig Kilometer nördlich liegt. Während wir abfuhren – seitrutschend und traversierend – gab uns Régis einige Hinweise auf die Verkehrsregeln. Nach französischem Recht – und das lag Urteilen bei Gerichtsprozessen zugrunde – ist der am weitesten talab befindliche Skiläufer bei einem Zusammenstoß unschuldig. Man ist für alle weiter unten befindlichen Skiläufer verantwortlich. Als Régis uns dies erzählte, kam von oben ein Skiläufer, stieß Régis' Skier weg und landete unbeschädigt ein paar Meter weiter unten. Régis war nach dem Gesetz unschuldig, aber etwas überrascht. Einmal zeigte uns Régis die abgesteckte Kilometerstrecke

in La Plagne – eine Piste bis zu 60 Grad Neigung, auf der ein Skiläufer über einen Kilometer gestoppt werden kann, um festzustellen, ob er den gegenwärtigen Weltrekord von 172,76 Stundenkilometern, gehalten von dem jungen Italiener Alessandro Casse, zu brechen vermag. Als ich dort war, war der Inhaber des La-Plagne-Rekords Armand Bérard mit 150,5 Stundenkilometern. Régis fragte, ob einer von uns es versuchen wollte, aber es gab keine Bewerber. An manchen Tagen war der Schnee vollkommen, und die Sonne schien. An anderen Tagen regnete und schneite es durcheinander. Aber wie auch das Wetter war, wir liefen Ski. Schwerer, nasser Schnee ist sehr mühsam zum Skilaufen, und Régis sagte, das sei ein Schnee, «qui ne pardonne pas» (der nichts verzeihe). So mußte man korrekt laufen, oder man riskierte einen Sturz. Einmal führte er uns von der Piste weg zu einem kurzen Steilhang, der dick verschneit war. Er zog eine Spur geradewegs nach unten, und wir mußten ihm einer nach dem anderen folgen. Eines von den Pariser Mädchen – eine frühere Schwimmwettkämpferin – kam von der Spur ab und landete bis zum Hals im Schnee. Ich war der nächste und landete ebenfalls im Tiefschnee.
Am frühen Nachmittag unseres letzten Tages, bevor der Kurs begann, beobachtete ich Régis und Armand Bérard beim Slalomtraining. Sie hatten auf einer nahen Höhe ein paar Dutzend Stöcke aufgestellt. Es sah aus, als ob sie von Tor zu Tor tanzten, und ihre Skier schienen den Boden kaum zu berühren. Schneestaub flog auf und glänzte in der Sonne. Als Régis mich beim Zuschauen entdeckte, fuhr er zu mir her und sagte: «Un Slalom.» Und dann sah er zu den schneebedeckten Bergen auf, die La Plagne schützend umgeben, und setzte hinzu: «Il fait beau» – es ist schön.

4 Dramen am Berg

Der Sommer 1971 war in den Alpen einer der schönsten der letzten Jahre – Tag um Tag fast wolkenloses, sonniges Wetter. Er war gleichzeitig einer der schlimmsten – vielleicht der schlimmste überhaupt – im Hinblick auf Bergunfälle. Bis Ende August hatte es allein im Montblanc-Gebiet beim Klettern oder Bergsteigen 77 Tote gegeben und 120 gemeldete Unfälle mit Verletzten. (Es handelte sich dabei wahrscheinlich um Verletzungen, die so ernst waren, daß die Bergwacht zu Hilfe gerufen werden mußte, denn geringere Verletzungen werden gar nicht gemeldet.) Ironischerweise war zum Teil das gute Wetter für diesen Rekordtribut verantwortlich, weil so mehr Menschen als je zuvor in dieser Gegend kletterten. Viele dieser Bergsteiger waren sehr jung und viele fast völlig unerfahren; sie hatten keine Ahnung von den Gefahren, die unvermeidlich zum Klettern im Hochgebirge gehören: plötzliche Wetterumschläge, versteckte Gletscherspalten und bei trockenem Wetter übermäßiger Steinschlag. Gleichsam als Zusammenfassung der traurigen Seite dieser Sommersaison geschah gegen Ende der schönen Jahreszeit ein Unfall, der nicht nur zum Tod zweier unerfahrener Bergsteiger führte (sieben weitere wurden mit Erfrierungen verschiedenen Grades ins Krankenhaus gebracht), sondern auch eine schon früher in Frankreich erhobene Forderung wiederaufleben ließ, nämlich daß es gesetzliche Einschränkungen für Bergsteiger geben sollte und auch dafür, wo sie klettern dürften.
In der letzten Augustwoche kam eine Gruppe von elf jungen Leuten – meist Teenagern – aus einem nahen Sommerlager, wo sie Ferien gemacht hatten, mit einem jungen Betreuer nach Chamonix. Der Betreuer hatte eine gewisse alpine Erfahrung, war aber kein qualifizierter Bergführer, und keiner der jungen Leute war mit den Bergen wirklich vertraut. Anfang der Woche wanderten sie zu einer Schutzhütte hinauf, und am Dienstag machten sie sich daran, die 3542 Meter hohe Aiguille du Tour zu besteigen. Mindestens schien es so, denn nach dem Unfall gab es widersprechende Äußerungen über ihre wirklichen Absichten. Die Aiguille du Tour ist eine der leichtesten Schnee- und Felsklettertouren im Gebiet von Chamonix, aber trotz allem eine, die

Umsicht verlangt. Irgendwie gerieten sie auf den falschen Gipfel, und dann überfiel sie plötzlich ein heftiger Bergsturm. Eine Gruppe mit Erfahrung hätte sich in Bewegung gehalten und auf jeden Fall entsprechende Kleidung und eine Reserveration an Proviant für solche Notfälle bei sich gehabt. Die meisten der jungen Leute hatten bestenfalls leichte Sommerjacken, es gab keinen Notproviant, kein Wasser und keine Ausrüstung, um Schnee zu schmelzen. Starr vor Kälte blieben sie, wo sie waren, und erst am nächsten Morgen waren ein paar Angehörige der Gruppe imstande, zur Schutzhütte zu gelangen, wo es Telefon gab und sich glücklicherweise fünf Bergführer befanden, die die Nacht dort verbracht hatten, weil sie selbst zu einer Klettertour aufbrechen wollten. Mit Hilfe eines Rettungshubschraubers konnten die Bergführer die meisten der Gruppe nach Chamonix zurückbringen, aber zwei Jungen, siebzehn und zweiundzwanzig Jahre alt, waren an Erschöpfung gestorben.

Nach dem Unglück wurde gesagt, eine solche Gruppe hätte mindestens drei oder sogar vier berufsmäßige Bergführer gebraucht. Das hätte die jungen Leute etwa zweihundert Dollar Bergführer-Honorar gekostet, was sie sich allerdings nicht leisten konnten. Aber einer merkte zu Recht an: «Würden Sie einer Gruppe junger Leute ohne jede Erfahrung und Sicherheitsausrüstung erlauben, an einem Autorennen teilzunehmen, einfach weil sie Lust danach haben?»

Dieser und einige der anderen Unfälle während dieses Sommers erinnerten die Leute in Chamonix unweigerlich an die ungewöhnliche Serie von Bergunfällen und Rettungsaktionen, die in den berühmten Klettersaisons von 1965 und 1966 passiert waren. Bei einigen davon spielte das Zusammentreffen von Pech, unvereinbaren Charakteren, Mut und Feigheit, Großmut und Geiz eine Rolle, in ihrem Nebeneinander an die Dramatik eines großen, wenn auch nicht sehr realistischen Romans erinnernd. Im Juni dieser zweiten Klettersaison (1966) sammelte ein berühmter französischer Bergsteiger, Pierre Henry, einige statistische Angaben über Bergunfälle in den französischen Alpen und veröffentlichte sie in *La Montagne,* der Zeitung des französischen Alpenklubs. Diese Statistik konnte sehr genau zusammengebracht werden, denn in Frankreich gehören Rettungsaktionen zum Polizeieinsatz (unter Mithilfe örtlicher Bergführerzentralen und ähnlicher Einrichtungen), und Bergunfälle sind wie Verkehrsunfälle Gegenstand genauer polizeilicher Untersuchung. Jedes Jahr zwischen 1962 und 1965, so berichtete Pierre Henry, gab es zwischen 150 und 180 Unfälle (an denen gelegentlich mehr als eine Person beteiligt war) in den französischen Bergen. Dies erforderte jährlich das Eingreifen von etwa zwölfhundert bis zweitausend Rettern und drei- bis fünfhundert Hubschraubereinsätze. Und jedes Jahr fielen diesen Unfällen etwa sechzig Tote zum Opfer. (Im gleichen Zeitraum gab es in den Schweizer Alpen durchschnittlich achtzig Bergtote im Jahr und in Großbritannien fünfundzwanzig.) In einer Analyse dieser Statistik machte Pierre Henry deutlich, daß in einem Durchschnittsjahr etwa 75 Prozent der Unfälle bei gutem Wetter passieren und etwa 40 Prozent auf reine Abstürze zurückzuführen sind; der Rest ist auf Lawinen, Gletscherspalten, Blitzschlag (der jährlich ein bis zwei Opfer fordert) und ähnliches zurückzuführen. Der Anteil der Unfälle sinkt mit der Schwierigkeit des Geländes, was die Tatsache widerspiegelt, daß nur sehr gute Kletterer schwierige Klettertouren machen können. (Ihre Unfälle sind häufiger schicksalsbedingt als die von Anfängern.) Mindestens 85 Prozent der Unfälle widerfahren Kletterern ohne Bergführer. Pierre Henry schloß daraus, daß die Zahl der Unfälle verhältnismäßig schneller ansteigt als die Zahl der Bergsteiger, die ebenfalls ständig zunimmt. Ein gewisses Ansteigen der Unfallquote war seiner Meinung nach ironischerweise auf die bessere Qualität der Bergrettungsdienste zurückzuführen, was manche Bergsteiger zu einer Haltung verführt, die er so ausdrückte: «Après tout, on viendra me chercher, et cela ne coûtera rien» (Letzten Endes wird man mich suchen und wegholen, und es kostet mich gar nichts). Es gab in der letzten Zeit ein paar anschauliche Beispiele für diese Einstellung.

Im September 1965 fühlte sich die Berggemeinde wie niedergeschmettert durch ein Unglück, welches das Leben zweier der besten Bergsteiger Europas kostete: Marc Martinettis, eines jungen Bergführers aus Chamonix, und Lionel Terrays, der ebenfalls Bergführer aus diesem Ort war und von manchen als der größte Expeditions-Kletterer angesehen wurde, der je lebte. Niemand wird je genau wissen, wie sie ums Leben kamen. Zusammen erkletterten sie eine schwierige «falaise» bei Greno-

ble, und nachdem sie den härtesten Teil geschafft hatten, stürzten sie bei einer relativ leichten Passage nahe dem Gipfel ab. Wenn ein sehr guter Kletterer einen Unfall hat, geschieht das nicht selten, während er sich bei leichten Passagen rasch bewegt. Ich kannte Martinetti nicht, der fünfundzwanzig war, als er starb, aber Terray und seine Familie hatte ich durch Jaccoux kennengelernt, der eine Zeitlang in einem kleinen Chalet auf dem Besitz der Terrays in Chamonix wohnte. Terray gehörte zu den außergewöhnlichsten Menschen, denen ich begegnete. Er erweckte den Eindruck unverwüstlicher körperlicher Kraft, kombiniert mit einer hellsichtigen Intelligenz und großer persönlicher Herzlichkeit. Sein Mut war sprichwörtlich. Beim ersten erfolgreichen Sturm auf den Annapurna im Himalaya im Jahr 1950 rettete Terray – mit dem Risiko, die eigenen Finger und damit seinen Lebensberuf als Bergführer zu verlieren – zweifellos das Leben seiner Kameraden, indem er ihre Glieder massierte und ihnen seine Handschuhe gab. Rein körperlich war er für das Klettern nicht besonders günstig gebaut. Er war schwer und hatte ziemlich kurze Arme. Aber mit vierundvierzig Jahren – so alt war er, als er starb – erzählte er mir, daß er sich mit ständiger Gymnastik beweglich halte: etwas Unerhörtes für einen Bergführer, der einfach durch seinen Beruf fit bleibt. Terrays Erlebnisse in den Bergen, die er in seinem Buch «Les Conquérants de l'Inutile» wunderbar schilderte, brachten ihn so oft auf die dünne Grenzlinie zwischen Leben und Tod, daß er für Alpinisten ein Symbol wurde, wie Jaccoux es in einem Brief an mich ausdrückte, ein Symbol «für den Mythos der Unverletzlichkeit, des Glücks, des großen Kletterers, der nie in den Bergen umkommen würde.»
Terray war das, was die französischen Bergsteiger als «un pur» bezeichnen. Er liebte schlicht und einfach die Berge, und seine Leistungen waren die Folge dieser Liebe; sie erwuchsen nicht aus irgendeinem Wunsch nach persönlicher Berühmtheit oder Beifall. Er gehörte in eine alte Tradition idealistischer Berggänger – eine Tradition, die wie so viele in Gefahr steht, wegen der Versuchungen durch die Publizität von Massenmedien zu verschwinden. Amerikanern mag es merkwürdig erscheinen, daß es für einen Bergsteiger Versuchungen geben könnte, die von Rundfunk, Zeitungen, Zeitschriften und Fernsehen ausgehen. In Amerika sind die Gebirge für die meisten Menschen weit weg,

und was dort geschieht, ist darum von relativ geringem Interesse. In Europa dagegen machen Zehn-, wenn nicht Hunderttausende Bergwanderungen, Kletter- und Skitouren. Und die Zahl wächst noch ständig an. Die großen Gebirgsorte wie Chamonix, Zermatt, Kitzbühel oder Cortina sind den meisten Europäern vertraut, und an einem Ort wie Chamonix, wo die spektakulärsten Klettertouren unternommen werden und die schlimmsten Unglücksfälle passieren, haben viele französische Zeitungen Informanten. *Paris-Match* hält sich sogar den ganzen Sommer über einen Korrespondenten, nur für den Fall, daß etwas passieren sollte. Bei europäischen Zeitungen ist es überdies Mode geworden, sensationelle Bergunternehmen finanziell zu unterstützen. Als Gegenleistung dafür verkauft ein Bergsteiger die Rechte an seiner Geschichte und seinen Fotos, und zweifellos hoffen die Verleger, daß etwas Unerwartetes geschehe. Der nächste bestürzende Bergunfall nach Terrays Tod entwickelte sich aus eben einer solchen, von der Presse geförderten Klettertour. Er trug sich an der Eigernordwand zu.

Die Eigernordwand gilt als die gefährlichste der großen Kletterrouten in den Alpen. Die meisten Aufstiegsrouten zum Eigergipfel führen über relativ leichtes Gletscherterrain, aber die Nordwand, die mehr als achtzehnhundert Meter über der Kleinen Scheidegg im Berner Oberland aufragt, ist ein phantastisches, schwindelerregendes Labyrinth aus Fels, Schnee und Eis. Die Schweizer mit ihrem Instinkt für Fremdenverkehr haben eine Bergbahn gebaut, die ihre Fahrgäste über die Kleine Scheidegg in die herrliche Gebirgslandschaft des Jungfraujochs befördert. Unterwegs hält die Bahn an der sogenannten Eiger-Station, wo der Fahrgast aussteigen und durch einen ziemlich eisigen, beleuchteten Gang zu einem Fenster gehen kann, das in die Nordwand geschlagen wurde. Es liegt etwa nach dem ersten Drittel des Weges über die Nordwand, und der Anblick, der den Besucher empfängt, ist nicht eigentlich darauf berechnet, ihn zur Aufnahme einer Bergsteigerkarriere anzuregen. Er befindet sich hoch über einer vertikalen Fläche aus Fels und Eis, über die ständig Wasser, Schnee und Gestein in die Tiefe fällt, und diese Art Lawinen sind einer der zweifelhaften Reize, wenn man sich in die Wand wagt.

Die Eigernordwand hat eine turbulente Geschichte. 1936 machte

der Kanton Bern nach mehreren verhängnisvollen Unglücksfällen vor allem von deutschen Bergsteigern den Versuch, das Klettern dort zu verbieten. Man fragte sich, wie dieses Verbot durchgesetzt werden sollte, und tatsächlich wurde es auch kurz danach wieder aufgehoben. Ende August 1938 gelang den Deutschen A. Heckmaier und L. Vörg und den Österreichern F. Kasparek und H. Harrer die Erstbesteigung. Erst 1947 erfolgte die zweite durch Terray und den großen französischen Bergsteiger Louis Lachenal. Bis zum März 1966 war die Wand von fünfundfünfzig verschiedenen Seilschaften (insgesamt hundertfünfzig Menschen) durchstiegen worden, und es hatte sechsundzwanzig Tote gegeben. In diesem Jahr 1966 kam einigen Bergsteigern – unter ihnen dem Amerikaner John Harlin – der Gedanke, die Eigernordwand sei reif für eine «Direttissima». Als Direttissima bezeichnet man die Route, die ein Wassertropfen nehmen würde, wenn er vom Gipfel bis zum Fuß eines Berges fällt. Da bei den Alpengipfeln kaum mehr Erstbesteigungen möglich sind, spezialisieren sich Bergsteiger, die sich einen Ruf schaffen möchten darauf, Gipfel die bereits «gestürmt» wurden, auf besonders schwierigen Routen zu ersteigen. Das Höchste in dieser Hinsicht ist die Direttissima.
Harlin, der im März 1966 beim Versuch, an der Eigernordwand die Direttissima zu bezwingen, tödlich abstürzte, war wie Terray ein bemerkenswerter Mensch. Bevor er zu klettern anfing, war er Jet-Pilot bei der Air Force. Er hatte auch ein Studium als Kostümbildner abgeschlossen. Einmal erzählte er mir, er sei einst Motorradrennen in Kalifornien gefahren, aber James Ramsey Ullman bemerkt in seiner Biographie Harlins, «Straight Up», daß dieser nicht abgeneigt war, seinen eigenen Mythos etwas aufzuhübschen, wenn es ihm paßte. Da Motorradrennen in dem Buch nicht vorkommen, mag dies ein Beispiel für Ullmans Ansicht sein. Er meint auch, Harlin habe in seinem Charakter einen Anflug von Gewalttätigkeit gehabt und sogar oft behauptet, er hätte bei einer Straßenrauferei einen Mann umgebracht. Er war verheiratet, und er wie seine Frau unterrichteten den Winter über in der Schweizer Gemeinde Leysin. Wie Terray war er unzählige Male dem Bergtod entronnen. Als er starb, war er einunddreißig. Seine Expedition auf den Eiger wurde von der englischen Zeitung *Telegraph* gefördert, die die Kosten für die

Ausrüstung übernahm und auch die für ein Flugzeug, das Harlin mietete, um die Wand genau zu beobachten, damit er danach seine Route ausarbeiten konnte. Harlin plante den Versuch als eine Art Mini-Himalaya-Expedition. Er wollte an verschiedenen Stellen in der Wand «Camps» einrichten – eigentlich in den Schnee gegrabene Höhlen –, und er hatte sich entschlossen, die Direttissima im Winter zu versuchen, da er hoffte, der Steinschlag werde in dieser Jahreszeit am geringsten sein. Als er mit seiner Gruppe auf der Kleinen Scheidegg anlangte, trafen sie auf eine noch größere Seilschaft von Deutschen, die ein deutscher Verleger unterstützte und von seinem Werbeleiter begleiten ließ; sie wollten ebenfalls die Direttissima angehen. Obwohl die Presse die Klettertour als einen Wettlauf zum Gipfel aufmachte, arbeiteten die beiden Mannschaften letztlich zusammen. Für die Versorgung der Lager befestigten sie an der Felsoberfläche Seile, die sie sowohl für den Abstieg von den Camps wie auch für den Wiederaufstieg benützten. Man klettert an diesen Seilen, indem man an ihnen Metallklammern – «jumars» – befestigt, die in Verbindung mit daran angebrachten Steigbügeln dem Kletterer ein relativ leichtes Auf und Ab ermöglichen. Der große Nachteil dieser Methode besteht darin, daß die «jumars» die Taue abschaben können. Das passierte Harlin; ein durchgeriebenes Seil gab unter seinem Gewicht nach, und er stürzte ab.
Der Tod von Terray und Harlin innerhalb weniger Monate bildete den Hintergrund für die Ereignisse des folgenden Sommers: eine Reihe von Vorfällen, die viele Leute dazu brachten, sich zu fragen, ob nicht für das Bergsteigen eine gesetzliche Regelung getroffen werden sollte, etwa in der Art, wie sie in der Sowjetunion durchgeführt ist. Dort muß ein Bergsteiger so etwas wie eine Lizenz haben, was mit einer «Anfänger-Erlaubnis» beginnt und zu immer höheren Stufen führt. Ein derartiges System verhindert zweifellos viele Unfälle, aber es zerstört auch die freie Entfaltung, die so entscheidend zum Bergsteigen gehört. Das wenigstens wird eingewandt. Im Sommer nach dem Tod Harlins gab es das wohl schlechteste Wetter der jüngsten europäischen Geschichte. Nach ein paar Tagen Sonne folgte eine Woche mit schlimmen Regengüssen in den Tälern und heftigen Schneestürmen in den Bergen. Das Wetter im Gebirge ist auch unter den besten Umständen fast nicht von einem Tag zum

andern vorherzusagen. Damals gab es vor dem Bergführer-Büro in Chamonix zwei Barometer. Das eine war ein modernes, blitzendes Metallinstrument, das außer dem Luftdruck selbst auch noch durch rotes oder grünes Licht anzeigte, ob dieser stieg oder fiel. Es hatte noch verschiedene andere Skalen, deren genaue Bedeutung ich nie ergründen konnte, aber ich glaube, die Luftfeuchtigkeit oder so etwas wurde damit gemessen. Das zweite Barometer war ein antiquiertes Ding in einem Holzkasten, und es muß viele Jahrzehnte alt gewesen sein. Es gab nur den Luftdruck an, der von einer mit Tinte versehenen Nadel auf einem sich bewegenden Papierstreifen aufgezeichnet wurde. Die Nadel hinterließ eine Kurve, so daß man die Ergebnisse zu verschiedenen Zeiten des Tages miteinander vergleichen konnte. Ein aufmerksamer Beobachter konnte gewisse merkwürdige Knicks in der Kurve feststellen, was der Gewohnheit der Bergführer von Chamonix zuzuschreiben war, gegen das Instrument zu klopfen, wenn sie über die Wettersituation nicht gerade glücklich waren. Einmal sprach ich über die Barometer mit dem «doyen» der Chamonix-Bergführer, Armand Couttet, der zweiundachtzig und in blendender Form war. Unser Gespräch wurde durch die Tatsache veranlaßt, daß Chamonix eben eine Periode von fünfzehn aufeinanderfolgenden Regentagen hinter sich hatte; während dieser Zeit hatten die Barometer alles mögliche von «Sehr schön» über «Veränderlich» angezeigt. Als ich ihn um seine Meinung dazu fragte, sagte er: «On n'a plus confiance dans ces choses-là depuis très longtemps» (Man hat schon sehr lange kein Vertrauen mehr zu diesen Dingern da). Nun gibt es in Chamonix auch eine Wetterstation mit einem ausgewachsenen Meteorologen, und zwar im gleichen Gebäude, das auch das Bergführerbüro beherbergt. Sie arbeitet während der Klettersaison, gibt ein paarmal am Tag Wetterbulletins heraus, und die scheinen unheimlich genau zuzutreffen. Aber für einen Bergsteiger, der auf einer schwierigen Tour ist, können ein, zwei Stunden gutes Wetter den Unterschied zwischen Leben und Tod bedeuten, und kein Meteorologe, so fähig er sein mag, ist imstande, die erschreckend raschen Wetterumschläge in den Bergen vorherzusagen. Leider war 1966 der Meteorologe nicht anwesend, und die Bergsteiger mußten sich allein auf die beiden Barometer verlassen.

Als Schluß sollte man aus alledem ziehen, daß es töricht ist, eine schwierige Tour zu beginnen, wenn die Wetterverhältnisse nicht nahezu vollkommen erscheinen. Um die Ereignisse dieses Sommers 1966 zu begreifen, muß man sich allerdings einiges über die psychologischen Gegebenheiten eines Bergsteigers klarmachen. Die meisten Kletterer sind jung und haben nicht viel Geld. Im typischen Fall sind es Studenten, die einen ganzen Winter lang gespart und gekratzt haben, um genug Geld auf die Seite zu bekommen, um eine kurze Kletterzeit in den Alpen zu verbringen – eine Spanne, die bestenfalls sechs bis acht Wochen dauert, denn im Juni liegt für Hochgebirgstouren noch zu viel Schnee und von der ersten Septemberwoche an werden die Tage zu kurz. Viele der jungen Bergsteiger kommen per Anhalter nach Chamonix oder mit Motorrollern, und um Geld zu sparen, schlagen sie auf den nahen Campingplätzen ihre Zelte auf. Für einen Bergsteiger gibt es jedoch nichts Tristeres als in einem kleinen Zelt zu hocken, umgeben von Bergen, und zu warten, bis das Wetter aufklart. Und zu allem Überfluß steht ein junger Bergsteiger, der sich einen Namen machen möchte, unter dem Druck, daß er etwas sehr Schwieriges unternehmen sollte. (Die Bergführer haben sich ihren Ruf schon erworben, und sie können an Tagen mit ungünstigen Wetteraussichten Klienten von bescheidenen Fähigkeiten auf die zahlreichen klassischen Touren rundum im Tal mitnehmen, von denen es leicht ist, bei einem Wetterumschlag den Rückzug anzutreten.) Außerdem hat ein junger Bergsteiger die zahllosen Beispiele vor Augen, wo schwierige Aufstiege auch bei schlechtem Wetter gelangen. Und schließlich gibt es auch, wie Pierre Henry in seinem Bericht über Bergunfälle in den Alpen anmerkt, im Unterbewußtsein des jungen Bergsteigers die Überzeugung, daß ja ein leistungsfähiger Bergrettungsdienst im Tal vorhanden ist. Der Gedanke, man werde gesucht, wenn es zum schlimmsten komme, liegt da nahe und dürfte die bedenkenlose Kühnheit solcher Alpinisten noch steigern.

Anfang der ersten Augustwoche beschlossen drei äußerst tüchtige französische Bergsteiger, darunter ein erstklassiger Bergführer, der zu seinem Vergnügen mitging, über eine der großen Routen auf der italienischen Seite den Montblanc zu besteigen. Vom Wetterdienst des Genfer Flughafens hatten sie zuvor erfahren, daß eine kurze Periode klaren Wetters erwartet werden konnte. Von der französischen Seite aus sehen die Flanken des Montblanc wie ein heiter-heller Gletscherhang aus, und wirklich kann auch jeder mit einem bißchen Erfahrung und reichlich Training, begleitet von einem Führer, den langen Weg zum Gipfel ohne große Schwierigkeit bewältigen. Der Gipfel des Montblanc ist freilich so groß, daß man sich bei schlechtem Wetter sehr leicht verirren kann, und schon aus diesem Grund ist es wichtig, jemanden bei sich zu haben, der den Rückweg nach unten auf jeden Fall findet. Auf der italienischen Seite ist die Sache ganz anders. Vom Aostatal aus ist der Montblanc eine an den Himalaya erinnernde Riesenwand. Es gibt verschiedene Routen hinauf, die ziemlich merkwürdige Namen haben wie La Sentinelle Rouge, La Voie Major, l'Innominata. Zusätzlich zu den technischen Schwierigkeiten dieser Routen – die extrem sind – muß der Bergsteiger darauf gefaßt sein, es mit arktischer Kälte, Winden von über hundertfünfzig Stundenkilometern und den körperlichen Schwierigkeiten des Sauerstoffmangels aufzunehmen. Überdies gibt es auf vielen der Routen bei schlechtem Wetter ganz buchstäblich einen Punkt ohne Wiederkehr. Zum unteren Teil gehört, daß man sich den Weg durch weite Bereiche von Gletscherspalten suchen muß, und wenn die Sicht nicht tadellos ist, besteht keine Hoffnung, den Rückweg zu finden. Es gibt ein Axiom, wonach bei den italienischen Routen über einem bestimmten Punkt der einzige Weg in die Sicherheit über den Gipfel und über die leichte Seite drüben in Frankreich führt. Umkehren kann man nicht.

Die drei Bergsteiger hatten sich entschlossen, La Major zu machen, und sie waren voller Zuversicht, daß sie sie in vierundzwanzig Stunden bewältigen würden – das war die Zeit, für die stabiles Wetter erwartet wurde. Der erste Halt auf ihrer Route war das Schutzbiwak La Fourche. Ich war nie dort, aber man hat mir gesagt, daß es erstklassige Bergsteigerfähigkeiten braucht, um auch nur so weit zu gelangen. Die drei Männer hatten sich so bequem wie möglich in dem kleinen, kalten Biwak eingerichtet, als sie zu ihrem Erstaunen vier andere Bergsteiger beobachteten, die nicht sehr geübt zu sein schienen und auf dem Weg zu ihnen waren. Sie entpuppten sich als vier junge Franzosen, die ankündigten, daß auch sie La Major machen wollten; allerdings hatten sie offensichtlich weder die Ausrüstung noch das Training für eine so schwierige Route. Der Bergführer, der bei der ersten Gruppe war, sagte den Ankömmlingen schlicht und deutlich, sie sollten umkehren. (Von La Fourche *kann* man umkehren.) Wenn ein Bergführer zustimmt, mit einer Gruppe von Bergsteigern zu gehen, ist er nicht nur moralisch, sondern auch gesetzlich für ihre Sicherheit verantwortlich. In diesem Fall jedoch konnte der Führer, da er von den Hinzugekommenen nicht engagiert war, sie nicht zur Rückkehr zwingen. Es entwickelte sich ein Disput, und die erste Gruppe beschloß, um ihre Unabhängigkeit wiederzugewinnen und den Bergführer von jeder Verantwortung für die zweite Mannschaft zu entlasten, so bald wie möglich zum zweiten Biwak weiterzugehen. Als die drei Männer am nächsten Morgen aufbrachen, bemerkten sie zu ihrer Bestürzung, daß die vier anderen ihnen folgten und die Spur, die sie in den Schnee getreten hatten, benützten. Nach kurzer Zeit brach plötzlich ein heftiger Schneesturm über den Montblanc herein. (Es ist eine weitere Eigenart beim Ersteigen von der italienischen Seite her, daß man schlechtes Wetter, wenn es – wie oftmals – von der französischen Seite kommt, nur schwer erkennen kann.) Die drei beschlossen, es sei das beste, im Schutz einer flachen Gletscherspalte ein Notbiwak einzurichten und zum Gipfel weiterzugehen, wenn das Wetter sich aufklären sollte. Bald kamen die vier anderen hinzu, und die nächsten achtundvierzig Stunden verbrachten die sieben Männer Schulter an Schulter zusammengedrängt in der Gletscherspalte bei Temperaturen unter Null. Nach achtundvierzig Stunden gab es noch immer kein Zeichen einer Wetterbesserung, und der Bergführer kam zu dem Entschluß, jetzt müßten sie zum Gipfel durchkommen, wenn sie nicht erfrieren wollten. Sie brachen auf, und nach knapp zwanzig Metern fiel einer der jungen Franzosen erschöpft in den Schnee. Unter weniger hoffnungslosen Bedingungen wäre es vielleicht möglich gewesen, daß ihn die anderen Angehörigen der Gruppe getragen hätten, aber bei dem heftigen Sturm, der eisigen Kälte und dem tiefen Schnee war nichts zu machen. Sein Seilgefährte – die vier jungen Franzosen hatten sich paarweise angeseilt – beschloß tapfer, bei dem zusammengebrochenen Kameraden zu bleiben. Nachdem die anderen fünf ihnen soviel Kleidung und Proviant, wie sie erübrigen konnten, zurückgelassen hatten, kämpften sie sich zum Gipfel hinauf. Dort fiel ein weiterer junger Franzose wegen Erschöpfung aus, und auch sein Seilgefährte entschloß sich, bei ihm zu bleiben. Die drei ursprünglichen Bergsteiger stiegen auf der französischen Seite ab, so rasch sie konnten, um Hilfe herbeizuholen. Unter den denkbar schlimmsten Wetterbedingungen gelang es dem Bergrettungsdienst der französischen Polizei, einen Hubschrauber auf den Gipfel des Montblanc zu fliegen. Dort fand die Mannschaft die beiden jungen Bergsteiger lebend, aber am Ende ihrer Kraft; unterhalb des Gipfels entdeckten sie die beiden anderen – erfroren.

Zehn Tage nach dieser Tragödie erlebte Chamonix die vielleicht schwierigste und dramatischste Bergrettungsaktion in der Geschichte der Alpen. Als sie zu Ende war, hatten sich vierundvierzig französische Gebirgssoldaten, sechs Gebirgspolizisten, acht Bergführer aus Chamonix und zehn freiwillige Bergsteiger daran beteiligt. Siebzig Hubschrauberflüge und fast eineinhalb Kilometer Kletterseil, die zurückgelassen werden mußten, waren notwendig. Das Unternehmen kostete über zehntausend Dollar und das Leben eines der Retter, eines deutschen Bergsteigers, der freiwillig seine Dienste angeboten hatte. Außerdem machte die Rettungsaktion eine der bemerkenswertesten Gestalten des zeitgenössischen Alpinismus bekannt: Gary (Gareth) Hemming, einen Amerikaner, den die europäischen Zeitungen bald den «Alpen-Beatnik» tauften und der zur Symbolfigur der dramatischen und heldenhaften Rettung wurde. Zu allem übrigen erwies sich, daß Hemming einen merkwürdigen Hang zu Unfug hatte, und es war nicht einfach, wie zahllose Interviewer nach der Aktion herausfanden, von ihm klare Antworten über sein Leben und seine Laufbahn zu erhalten. Er war sehr groß und maß etwa zwei Meter. (Nach der Rettung erzählte er einem Journalisten in feierlichem Ernst, er sei ursprünglich nur einen Meter achtzig groß gewesen. Aber während des Pazifikkrieges sei er von den Japanern gefangengenommen und gestreckt worden. Als der Journalist das pflichtgetreu notierte, sagte Hemming, er mache bloß Spaß – in Wahrheit sei er schon bei der Geburt zwei Meter groß gewesen.) Wenn man die verschiedenen Erzählungen nebeneinanderstellt und einige Übertreibungen berücksichtigt, kann man zu behaupten wagen, Hemming sei am 11. März 1934 in Pasadena in Kalifornien geboren worden und habe eine Zeitlang am San Diego State College studiert. Da er jedoch die Reglementierung dort unerträglich fand, ging er nach Frankreich. Soviel ich herausfinden konnte, studierte er einige Zeit an der Universität Grenoble Philosophie und lebte dann später mehr schlecht als recht von den fünf Dollar pro Woche, die ihm seine Mutter schickte. Es ist überflüssig zu sagen, daß dieses Einkommen ihm eine gewisse Sparsamkeit abnötigte; mehrere Winter hindurch wohnte Hemming unter verschiedenen Seinebrücken – für solideres Wohnen und Essen hing er von Pariser Bergsteigerfreunden ab, wenn diese erreichbar waren. Im Sommer residierte er gewöhnlich in einem kleinen Zelt bei Chamonix. Sein Gesicht war auffallend; es hatte etwas von der Schönheit christlicher Heiligendarstellungen und war bekrönt von unglaublich dichtem, langem, dunkelblondem Haar. Es muß nicht nur eine starke Wärmeisolierung, sondern auch fühlbaren Schutz gegen Steinschlag geboten haben. In den Bergen trug er einen dicken roten Pullover und eine oder mehrere alte Hosen, deren vielfarbige Flicken an den «bunten Rock» Josephs erinnerten. Sein Lächeln war wunderbar; man spürte seine innere Kraft und große heitere Gelassenheit.

Das Abenteuer, dessen Held Hemming wurde, begann am Sonntag, dem 14. August 1969. An diesem Tag begannen zwei deutsche Bergsteiger, Heinz Ramisch und Hermann Schridde, den äußerst schwierigen Aufstieg über die Westroute des Dru. Der Dru – eigentlich die Drus, wobei die Petit Dru und die Grand Dru als einziger Berg erscheinen – ist einer der schönsten und eindrucksvollsten Felsobeliske Europas. Er ragt steil über dem Mer de Glace-Gletscher oberhalb von Chamonix in den Himmel. Wahrscheinlich gibt es auf der Welt keine Kletterpfade, die mehr ununterbrochen aufeinanderfolgende Schwierigkeiten bieten wie die am Dru, und jeder große Bergsteiger hat den Ehrgeiz, sie zu überwinden. Es gibt dort keinen leichten Aufstieg. Die übliche Route, die bei Kletterexperten vor dem Krieg große Mode war, ist technisch nicht überaus schwierig, aber sehr lang und ständig durch Steinschlag gefährdet. Heute wird diese Route gewöhnlich von Leuten, die über die ungemein schwierige West- oder Nordflanke aufgestiegen waren, für den Abstieg benützt. Die Westflanke des Dru wurde 1952 zum ersten Mal von einem Franzosen bestiegen, und seither wird diese Route jedes Jahr einige wenige

Male wieder gemacht. An jenem Augustsonntag brachen Ramisch, ein zweiundzwanzigjähriger Student aus Karlsruhe, und Schridde, ein dreißigjähriger Handwerker aus Hannover, die vorher nie miteinander geklettert waren, zur Westflanke auf, nachdem sie erfahren hatten, das Wetter werde mindestens für die nächsten achtundvierzig Stunden voraussichtlich stabil bleiben. Mit ein paar Kameraden, die unten blieben, hatten sie verabredet, sie würden eine rote Parka schwenken als Signal, wenn sie in Schwierigkeiten geraten sollten. Da sie annahmen, die Klettertour würde mindestens zwei Tage dauern, nahmen sie eine Sonderration an Proviant und Biwakausrüstung mit. Am Montagnachmittag hatten sie zwei Drittel der Route hinter sich und befanden sich in einer Höhe von etwa dreitausend Metern. Dort überfiel sie ein heftiger Gewittersturm mit Schnee, Hagel und Blitzschlag. (Der Dru ist wegen seiner Nadelform ein häufiges Ziel für Blitze.) Ihr erster Gedanke war abzusteigen. Sie hatten eben eines der Haupthindernisse dieser Route überwunden, eine neunzig Meter lange vertikale Spalte im Fels, wo zwei Flächen in einem Winkel aufeinandertreffen, doch nun seilten sie sich wieder ab und biwakierten unten am Fuß der Spalte, in der Hoffnung, das Wetter werde sich ändern. Bei Tagesanbruch erwachten sie und stellten fest, daß der ganze untere Teil des Berges von Eis bedeckt war. Und zu diesem Zeitpunkt machten sie, wie sie selbst zugaben, einen Fehler in der Beurteilung der Lage, der ihnen fast das Leben gekostet hätte. Statt weiter abzusteigen, beschlossen sie, nach oben zu klettern und sich über den Gipfel in Sicherheit zu bringen; sie dachten, der obere Teil, den sie nicht sehen konnten, wäre möglicherweise klar. So stiegen sie wieder die Spalte empor. Darüber macht die Westflanken-Route eine merkwürdige Wendung.

Die Flanke wird über eine Reihe von mehr oder weniger parallelen vertikalen Rinnen durchklettert. Wenn man von der einen zur nächsten gelangen will, muß man sich von Zeit zu Zeit seitlich die Flanke entlang weiterbewegen. Das geschieht durch den sogenannten Pendelquergang. Wie der Name besagt, pendelt dabei der erste Bergsteiger mit seinem Seil, das an einem Haken befestigt ist, durch Abstoßen mit den Beinen über die glatte Wandstelle. Der zweite folgt wie bei einem Seilquergang. Ganz klar ist, daß dieses Manöver nur angewandt werden kann, wenn am Ende des Pendelschwunges ein passender Landeplatz vorhanden ist. An dieser Stelle der Westflankenroute war ein Pendelquergang angezeigt. Der Landeplatz war eine kleine Terrasse, etwa hundertachtzig Zentimeter lang und neunzig Zentimeter breit. Die beiden Deutschen führten den Quergang aus und entdeckten zu ihrem Entsetzen, daß der Fels oberhalb der Terrasse nicht trocken und zu erklettern, sondern durch einen dicken Eisüberzug unpassierbar war. Dazu kam, daß Ramisch eine Halsentzündung bekommen hatte, die ihn so schmerzte, daß er nicht mehr schlucken konnte, und sich sein Gefährte bei einem Sturz die Rippen schwer gequetscht hatte. Der einzig mögliche Weg, von der Terrasse wegzukommen, war eine schwierige und äußerst gefährliche Querung über die senkrechte Fläche der Flanke zu einer Stelle, wo Westflanke und Nordflanke zusammenstoßen, und dann über die Nordflanke abzusteigen, die selbst auch sehr schwierig ist. Von ihrer Terrasse wegführend fanden die beiden Deutschen ein paar Seilreste an Haken befestigt, die 1952 von der französischen Gruppe angebracht worden waren, als sie die Westflanke zum ersten Mal durchstieg. Aber da sie vierzehn Jahre hindurch Wind und Wetter ausgesetzt waren, kamen die beiden Bergsteiger zu dem Schluß, sie würden ihr Gewicht nicht mehr aushalten. Nach späteren Berichten waren sie verschiedener Meinung darüber, ob sie weiterzugehen versuchen sollten, und am Ende richteten sie sich auf ihrer kleinen Terrasse ein, dreitausend Meter hoch, und bereiteten ein Biwak vor, in dem sie die nächsten sieben Tage zubringen sollten!

Es war jetzt Dienstag, der 16. August. Die beiden merkten, daß sie in der Falle saßen, und gaben den Gefährten unten das Signal, das um Hilfe bat. Den Sommer über ist Bergrettung in Chamonix nahezu ein Full-time-job, und sie ist so anstrengend und gefährlich, daß sie unter drei Hauptgruppen aufgeteilt wurde: die Bergführer von Chamonix, die für alle Hilfsaktionen bis zum 1. August zuständig sind, die *Ecole Nationale de Ski et Alpinisme* in Chamonix, die Ausbildungsstätte aller Bergführer in Frankreich, die Rettungseinsätze in den ersten beiden Augustwochen durchführt, und die *Ecole de Haute Montagne,* die französische Gebirgstruppen trainiert und die Bergrettung bis zum 1. September übernimmt. Dann kamen wieder die Bergführer an die Reihe. Alle diese Einrichtungen arbeiten mit dem *Peloton Spé-*

cialisé de Haute Montagne zusammen, einer Abteilung der französischen Polizei, die außer speziell ausgebildetem Personal auch mehrere Alouette-III-Hubschrauber und einen Rundfunksender zur Verfügung hat, der die Verbindung mit vielen Schutzhütten der Gegend aufrechterhält. Diese Gruppe ist heute für alle Rettungsaktionen in Chamonix verantwortlich. Da der Unfall in der dritten Augustwoche passierte, fiel nach der alten Ordnung der Dinge die Aufgabe, die Deutschen herauszuholen, an Oberst André Gonnet, den die Gebirgstruppen kommandierenden Offizier. Vom Tal aus war nicht zu erfahren, ob die Deutschen verletzt oder überhaupt noch am Leben waren – das Wetter war jetzt so schlecht, daß man den Dru von Chamonix aus nicht einmal mehr sehen konnte. Als erstes mußte ein Hubschrauber zum Dru losgeschickt werden, um herauszubekommen, wo und wie sie sich befanden. (*Paris-Match* veröffentlichte später einige aufregende Bilder, die die Alouette wie ein einsam verflogenes Insekt ein paar Meter über der Terrasse zeigten, wo die Bergsteiger in der Falle saßen.) Bei gutem Wetter hätte die Rettung vielleicht durch den Hubschrauber erfolgen können; mindestens wäre es möglich gewesen, den beiden Proviant und Hilfsgüter abzuwerfen. Aber so konnte die Hubschraubermannschaft nur die Deutschen ausfindig machen und feststellen, daß sie noch am Leben waren. Da Oberst Gonnet nicht wußte, in welcher körperlichen Verfassung sie sich befanden, mußte er das Schlimmste annehmen. Deshalb entsandte er eine Abteilung von über vierzig Gebirgssoldaten mit eigenen Bergführern an den Fuß des Dru. Der Plan war der, eine starke Bergsteigergruppe über die normale Route zum Gipfel zu schicken und dann von dort ein Stahlseil über die Flanke herabzulassen. An diesem Seil konnten Retter zur Terrasse hinunter und die beiden Bergsteiger nach oben holen. Dieser Plan bedeutete, daß die Soldaten über die Normalroute, die verschneit und vereist war und auf der es heftige Blitzentladungen gab, mit sehr schwerem Gepäck aufsteigen mußten. (Mehrere Soldaten erlitten denn auch leichtere elektrische Verbrennungen während dieses Teils der Operation.) Dazu kam, daß die Terrasse, auf der die Bergsteiger gefangen waren, unter riesengroßen, überhängenden Felsen lag, was zur Folge hatte, daß jedes über die Flanke herabgelassene Seil außerhalb ihrer Reichweite bleiben würde. Am Mittwoch und Donnerstag führte Oberst Gonnet seine Aktion weiter, die von den Zeitungen die «Invasion des Dru» genannt werden sollte. Inzwischen war Chamonix selbst einer Invasion ausgesetzt. Zeitungsleute und Fernseh-Teams aus ganz Europa reisten an, darunter das der O.R.T.F., des französischen staatlichen Rundfunks und Fernsehens, das mit einem eigenen Hubschrauber ausgerüstet war. Jede Zeitung des westlichen Europa brachte Einzelheiten der Bergungsoperation auf der ersten Seite.

Am Donnerstagnachmittag – es war der 18. August – saß Gary Hemming in einem Café in Courmayeur, dem wunderschönen Alpenstädtchen am italienischen Ende des Montblanc-Tunnels. Bei ihm war ein junger deutscher Freund, Lothar Mauch, mit dem er von Chamonix hierher gefahren war. Sie wollten eine Klettertour miteinander machen, aber Hemming las einen Bericht über den Unfall in der Zeitung *Dauphiné Libéré,* die im französischen Department Haute-Savoie herauskommt. Sofort wandte er sich zu Mauch und erklärte, sie müßten nach Chamonix zurück. Hemming war unter allen Bergsteigern einer der besten Kenner der Westflanke des Dru. Viele Male war er dort geklettert, und er hatte sogar eine neue Route gefunden, vor allem aber wußte er, wie man bei jedem Wetter von dort herunterkam. Er hatte das Gefühl, er könne nicht dastehen und zuschauen, wie zwei Menschen allmählich erfroren, wenn er die technischen Fähigkeiten besaß, ihr Leben zu retten. Mauch mußte man nicht sehr zureden, und bald waren die beiden auf dem Rückweg nach Chamonix.

Um drei Uhr an diesem Nachmittag meldete sich Hemming bei Oberst Gonnet. Dem Oberst fiel es offensichtlich nicht ganz leicht, Hemming wiederzuerkennen, denn dieser hatte kurz zuvor seinen Bart abrasiert. Dieser Bart war ein Jahr vorher zum Streitpunkt geworden, als man Hemming eingeladen hatte, mit einer Gruppe ausgewählter Bergsteiger an einem Ausbildungskurs der Ecole Nationale teilzunehmen. Als er auftauchte, wurde ihm gesagt, er könne zu dem Kurs nur zugelassen werden, wenn er sich rasiere und die Haare schneiden lasse, was er ablehnte. Man nahm ihn also nicht an. Einige Zeit nach dem Ende des Kurses rasierte Hemming den Bart ab. Jetzt jedenfalls nahm der Oberst sein Hilfsangebot sehr gern an und stattete als Gegenleistung Hemming mit Sachen aus Heeresbeständen aus, darunter

einem leichten Sende- und Empfangsgerät und einigen Spezialrucksäcken mit Proviant für die beiden Deutschen, wenn sie noch rechtzeitig bei diesen ankämen. Hemming suchte zusätzlich zu Mauch vier sehr gute Bergsteiger aus: einen weiteren Deutschen namens Gehrad, den britischen Dru-Spezialisten Mick Burke, der später am Mount Everest umkam, und zwei französische Bergsteiger. Um sieben Uhr an diesem Abend waren Hemming und seine Mannschaft auf der Zahnradbahn, die zu einer Stelle über dem Mer de Glace führte; es mußte durchquert werden, um die Vorberge des Dru zu erreichen. Um drei Uhr am nächsten Morgen befanden sie sich auf dem Gletscher. (Man hatte Hemming Hubschrauber zum Transport seiner Gruppe an den Fuß des Dru angeboten, aber er fürchtete, der Flug könnte wegen des schlechten Wetters verschoben werden, und er wußte, daß die Deutschen einen fast aussichtslosen Kampf gegen die Zeit führten.) Um zehn Uhr vormittags begannen sie den Aufstieg durch den langen und sehr gefährlichen Couloir du Dru, eine schmale, steile Felsrinne, die zur Westflanke führt und für Steinschlag und Lawinen berüchtigt ist. Um zwei Uhr nachmittags befanden sie sich in der Westflanke; es hatte heftig zu schneien begonnen.
In der Zwischenzeit entwickelte sich in Chamonix eine weitere, etwas bizarre Geschichte, die ebenfalls zum Ganzen gehört. Ein berühmter französischer Bergsteiger und Bergführer aus Chamonix, René Desmaison – auch ein erstklassiger Kenner des Dru – hatte sich auf eigene Faust zur Westflanke aufgemacht, ohne mit irgendeiner der professionellen Rettungsorganisationen im Tal Kontakt aufzunehmen. Beide, Hemming und Desmaison, waren unabhängig voneinander zu dem Schluß gekommen, daß die einzige Möglichkeit, die beiden Deutschen zu retten, darin bestand, der Route zu folgen, die sie selbst benützt hatten, und sie auf eben dieser Route zu Tal zu bringen. Desmaisons Können und Mut sind unbestreitbar – nichts ist gefährlicher als eine Bergung bei schlechtem Wetter –, aber er wurde hart getadelt, weil er eine derartige private Aktion unternahm, ohne sich mit den Behörden im Tal zu beraten. Es kam sogar so weit, daß kurz nach der Rettung die Organisation der Bergführer von Chamonix ihn wegen seines Verhaltens, das als unerträglicher Bruch der Disziplin angesehen wurde, ausschloß.
Merkwürdigerweise wurde Desmaison im Februar 1971 selbst

zum Gegenstand einer dramatischen Hubschrauber-Bergungsaktion. Am zehnten dieses Monats brach er in Begleitung eines vierundzwanzigjährigen Bergführerkollegen, Serge Gousseault, auf, um eine neue Route an der Nordseite der Grandes Jorasses bei Chamonix zu begehen – in einem der schwierigsten Klettergebiete der Alpen. Der Winter hatte ziemlich wenig Schnee gebracht, und die Bedingungen für winterliches Bergsteigen waren besonders günstig. Es gab lange Perioden mit verhältnismäßig mildem, stabilem Wetter. Wie der Zufall es wollte, überfiel sie am dreizehnten, als die beiden die halbe Strecke durchklettert hatten, ein schwerer Schneesturm, der ihr Vorankommen verlangsamte; am fünfzehnten gab es einen weiteren Sturm. Am sechzehnten waren Gousseaults Hände vom Frost so zugerichtet, daß er sie nicht mehr gebrauchen konnte und Desmaison ihn buchstäblich den Berg hochziehen mußte, Seillänge um Seillänge. Die beiden standen noch immer in Funkkontakt mit Desmaisons Frau unten im Tal, und bis zum sechzehnten machte Desmaison keine Andeutung, daß etwas nicht in Ordnung sei. In der Nacht zum siebzehnten brach ein dritter Sturm los, und am neunzehnten konnte Gousseault nicht mehr weiter, obwohl sie nahe dem Gipfel waren. Inzwischen war von Chamonix aus ein Hubschrauber losgeschickt worden, um nach den Männern Ausschau zu halten. Der Pilot brachte es fertig, nahe an die beiden heranzufliegen; er erhielt aber von Desmaison kein Zeichen, das er als SOS-Ruf deuten konnte. (In der nachfolgenden Untersuchung gab es unterschiedliche Meinungen zwischen Desmaison und dem Piloten, ob ein solches Signal wirklich gegeben worden sei.) Jedenfalls wurde trotz einer kurzen Schönwetterperiode am zwanzigsten kein Bergungsversuch gestartet, und in der Nacht zum einundzwanzigsten starb Gousseault an Erschöpfung. Desmaison war mit seinen Kräften ebenfalls am Ende, weshalb er nicht mehr allein zum Gipfel gelangen konnte. Wieder setzte schlechtes Wetter ein, und bis zum Morgen des fünfundzwanzigsten konnte beim Gipfel kein Helikopter landen. Eine Bergungsmannschaft wurde schließlich mit dem Seil vom Gipfel herabgelassen, und in weniger als drei Stunden war Desmaison heraufgeholt und ins Krankenhaus von Chamonix gebracht. Ein Kommentator der Zeitschrift *La Montagne* vom Februar 1971 sagte: «Die Hilfe kam gerade noch recht. Eine weitere Nacht hätte er nicht überlebt.» Und weiter: «Wieder einmal hat René Desmaison seine außergewöhnliche körperliche Widerstandskraft und seine Tapferkeit im Unglück bewiesen. Aber viele Bergsteiger fragen sich, warum er sich diesen Kameraden für ein solches Unternehmen in dieser Jahreszeit aussuchte (Gousseault hatte noch keine größere Winter-Klettertour gemacht) und warum er sich entschloß, trotz der Tatsache, daß die Wetterbedingungen ungünstig geworden waren, weiterzumachen.» In dem Kommentar wurden auch die verschiedenen Zeitungen und Zeitschriften kritisiert, die die ganze Angelegenheit so behandelt hatten, als ob sie irgendwie Hochachtung verdiente. «On eût souhaité plus de pudeur», stand zu lesen, «man hätte sich mehr Schamgefühl gewünscht.» Und am Schluß hieß es: «Die dramatischen Ereignisse in den Jorasses sollten sowohl von den einzelnen Bergsteigern wie von den Bergrettungsorganisationen sorgfältig analysiert werden; auf beiden Seiten ist viel daraus zu lernen.»

Was auch die Motive Desmaisons gewesen sein mochten, als er sich auf den Weg machte, die beiden Deutschen zu retten: es steht außer Zweifel, daß die Journalisten und Fernsehleute alle Arten von Überredungspraktiken, auch finanzielle, an den Hauptfiguren der Rettungsaktion ausprobierten, um Exklusivberichte und -fotos zu bekommen. Vor kurzem erzählte mir Lothar Mauch (der heute eine Kette von sehr erfolgreichen Mode-Boutiquen in Frankreich besitzt), daß der Vertreter einer großen Zeitschrift sozusagen mit physischem Zwang versuchte, der Hemming-Gruppe eine Kamera und Filme aufzudrängen, als sie zum Mer de Glace aufbrachen. Mauch sagte, sie hätten dem Mann schließlich gesagt, sie würden seine Kamera kaputtschlagen, wenn er sie nicht wieder an sich nähme. Wie alle Bergsteiger hatte Hemming einen kleinen Fotoapparat bei sich, aber er und Mauch waren sich einig, daß sie den Film vernichten würden, ohne daß ihn jemand zu sehen bekam, wenn sie die beiden Bergsteiger nicht lebendig und heil finden sollten.

Jedenfalls bemerkte Hemming, der in der Westflanke kampierte, um fünf Uhr nachmittags am Freitag, dem 19. August, Desmaison und einen Gefährten, Vincent Mercié, die etwas unterhalb die Westflanke emporstiegen. Hemming beschloß unverzüglich, mit den anderen gemeinsame Sache zu machen, und als Desmaison am anderen Morgen ankam, teilte sich die Gruppe in jeweils

vier Mann starke Abteilungen, die – mit dem geübtesten Bergsteiger an der Spitze – Seile am Fels befestigten, um eine Rückzugslinie zu schaffen. Die nächste Nacht biwakierten die acht Männer gemeinsam in der Wand. Ursprünglich hatte Hemming gedacht, er könnte die Deutschen in einem Tag erreichen, aber wie er später zugab, hatte er sich die Schwierigkeit der Verhältnisse am Dru einfach nicht vorstellen können. Am Samstagnachmittag wußte niemand, wann – und ob überhaupt – die beiden Deutschen von der Westwand aus erreicht werden konnten. Infolgedessen beschlossen die Ecole Nationale und das Bureau des Guides, eine Gruppe von Bergführern, ausgewählt aus den besten und schnellsten Kletterern, die Nordflanke hinaufzuschicken, in der Absicht, die Deutschen von oberhalb ihrer Terrasse aus zu erreichen. Die Soldaten waren noch mit ihrer Stahlseiloperation auf dem Gipfel beschäftigt, und zu den Gefahren, die die Bergsteiger in beiden Flanken bedrohten, gehörte der Absturz von Eisblöcken, die von den Soldaten beim Installieren ihres schweren Geräts losgetreten wurden. Bei einem dieser Manöver kam der deutsche Bergsteiger Wolfgang Egle, ein Freund der in der Falle sitzenden Männer, ums Leben. Er hatte sich freiwillig zum Hilfstrupp gemeldet. Soviel man weiß, verwickelte er sich beim Abseilen in eines seiner Seile und wurde erdrosselt.
Um sechs Uhr früh am Sonntag, dem 21. August, war Hemming so nahe an die Deutschen herangekommen, daß er mit ihnen sprechen konnte. «Wir kommen», sagte er, und gegen Mittag waren er und Desmaison da. Sechs Tage lang hatten sich die Deutschen von einer kleinen Ration Nüsse ernährt; eine der letzten knackten sie auf und boten sie Hemming an, der zu Desmaison sagte, wären die beiden in Bergnot Geratenen Franzosen gewesen, hätten sie alles am ersten Tag aufgegessen. Etwa fünf Minuten später tauchte der Kopf eines der Bergführer aus Chamonix, die über die Nordflanke gekommen waren, direkt oberhalb der Terrasse auf. Es entspann sich eine Diskussion über die sicherste Weise, wie alle wieder hinunterkommen sollten; die Bergführer von der Nordwand waren dafür, ein Seil auf die Terrasse herunterzulassen und die beiden erschöpften Deutschen zu sich zu holen, da sie die Wand für den Rückweg vorbereitet hatten. Hemming sagte, er würde sich wohler fühlen, wenn er die Männer auf der Route hinabbringen könnte, auf der er gekom-

men sei. Da er die beiden zuerst erreicht hatte, entschied man, es sei an ihm, sie so in Sicherheit zu bringen, wie er es für richtig hielt. Nachdem die Deutschen feste Nahrung und warme Kleider bekommen hatten, begann die ganze Gruppe den lebensgefährlichen Abstieg durch die Westflanke. Erst am Montag, nach einem weiteren Biwak auf dem Dru, erreichte die Partie die Sicherheit auf dem Gletscher unten. Am folgenden Morgen – als, wie einer der Zeitungsreporter leicht zynisch bemerkte, es hell genug war, daß die O.R.T.F.-Fernsehkameras ausgezeichnete Aufnahmen machen konnten – wurden die beiden Deutschen und ihre Retter mit dem Hubschrauber nach Chamonix transportiert.

Ramisch, der jüngere der beiden Männer, schien fast unberührt von den Strapazen der neun auf dem Dru verbrachten Tage, und Schridde erholte sich im Krankenhaus von Chamonix bald von seiner Rippenverletzung und der Unterkühlung. In einem Interview sagte Ramisch, das einzige, was er an dem ganzen Abenteuer beklage, sei der Verlust seines Freundes Egle. (Im Oktober 1967 stand in der Ausgabe von *La Montagne* ein kurzes Nachwort zu dem Unglücksfall, das in der *Chronique Alpine,* einer periodisch erscheinenden Übersicht über Bergsteigerereignisse, abgedruckt worden war. Die Chronique berichtete, daß im August 1967 ein bekannter französischer Bergführer, Yannick Seigneur, und ein Klient genau an der gleichen Felsbrüstung wie die Deutschen in einen Sturm gerieten. Sie waren jedoch – ohne Hilfe – imstande, die Querung zur Nordflanke zu schaffen, die, wie sie sagten, nicht besonders schwierig sei, höchstens vielleicht psychologisch, denn die Passage finde über «beeindruckender Leere» statt. Die Nachricht schloß: «Das zeigt die Unfähigkeit der deutschen Bergsteiger, die absolut nichts taten, um aus der gefährlichen Lage zu kommen, in die sie geraten waren.»)

Im Jahr 1971 veröffentlichte Desmaison, der noch immer viele und aktive Bergsteiger-Klienten hat, seine Autobiographie «La Montagne à Mains Nues». Darin schildert er die Ereignisse am Dru so, wie er sie sieht. Er ist, wie man sich vorstellen kann, über seinen Ausschluß aus der Bergführergemeinschaft ziemlich verbittert. Er schreibt: «Man hörte, wie gewisse Schriftsteller, die sich für Bergführer halten, oder bestimmte Bergführer, die sich für Schriftsteller halten, pompöse Erklärungen abgaben; dabei haben sie vermutlich niemals an einer Rettungsaktion teilgenommen, die diesen Namen verdient. Die Gelegenheit mir eins auszuwischen war wirklich zu schön.» Und er fügt hinzu: «Einem Menschen in Gefahr zu helfen, ist nicht nur unsere Schuldigkeit, sondern bindende Verpflichtung. Für einen Bergführer ist es eine Frage der Ehre... Würde sich dieselbe Situation wieder ergeben und wäre mein Eingreifen hilfreich – nun, ich würde das, was ich getan habe, wieder tun.»

Hemming wurde plötzlich ein international bewunderter Held. Einige Zeit nach der Bergungsaktion fuhren Jaccoux und ich mit der 6.15 Uhr-Téléphérique hinauf zu den Aiguilles de Chamonix, und in der Kabine war Hemming in seinem roten Pullover und den alten Bergsteigerhosen. Er und Jaccoux waren eng befreundet. «Où tu vas?» fragte Jaccoux. «Ich mache einen kleinen Spaziergang», antwortete Hemming mit einem leicht sarkastischen Lächeln. Später erzählte mir Jaccoux, daß Hemming nie jemandem sage, wohin er gehe, so daß ein «kleiner Spaziergang» wirklich ein kleiner Spaziergang sein konnte oder aber, wie es im Frühsommer der Fall gewesen war, der Versuch einer sehr schwierigen Erstbesteigung. Ich hatte gehört, Hemming schreibe ein Buch, und so fragte ich ihn, wie es vorankomme. «Ach, das Buch», sagte er ausweichend. «Von dem Buch erzähle ich Leuten, die mich fragen, was ich tue.» Die Luftseilbahn hielt, Jaccoux und ich gingen zu Fuß weiter, Hemming nahm die Anschluß-Téléphérique nach oben. Als er uns verließ, sagte er leise den schönsten Abschiedsgruß, den Bergsteiger austauschen, bevor sie Klettern: «Allez, et bonne course» (Auf denn, und guten Weg).

Am 6. August 1969 wurde Hemming erschossen im Grand Teton National Park in Wyoming aufgefunden. Es wird angenommen, daß er Selbstmord beging. Er hatte den Winter vorher in Chamonix verbracht und als Schneeräumer der Dächer von größeren Gebäuden im Tal gearbeitet. Im Frühling brach er auf, um per Anhalter nach Alaska zu reisen, wo er in den Wäldern arbeiten wollte. Viele seiner Freunde in Chamonix erhielten von ihm Postkarten aus Alaska, die seine übliche Respektlosigkeit und Fröhlichkeit zeigten. Nach seinem Tod sagten manche seiner Freunde, Hemming habe oft von dem Tag gesprochen, da er vielleicht seine Liebe zu den Bergen und zum Leben verlieren könnte. Warum ein solcher Tag in den großartigen Bergen von Wyoming gekommen sein soll, wird niemand je erfahren.

5 Ein Gefühl des Schreckens

Als ich das Tal von Chamonix, am Fuße des Montblanc gelegen, im Herbst 1959 zum ersten Mal besuchte, war zweihundert Jahre vor mir schon der Genfer Aristokrat Horace Bénédict de Saussure dort gewesen, nämlich 1760. Auf seiner Wanderung zu einem Nebengipfel, dem Brévent, erkannte de Saussure, daß auch der Montblanc – mit seinen 4807 Metern der höchste Berg Europas – erstiegen werden könne und offerierte demjenigen, dem dies zuerst gelänge, eine damals ansehnliche Barsumme. Dieser Betrag musste dem Gemsjäger Jacques Balmat und dem Dorfarzt Michel-Gabriel Paccard ausbezahlt werden, nachdem den beiden die Erstbesteigung am 8. August 1786 gelungen war. Die Verwirklichung von de Saussures Traum war die Geburtsstunde des Alpinismus und der ihm innewohnenden Ästhetik. Das Gefühl für die Schönheit der Berge, vor allem der schneebedeckten Berge, ist uns seither mitgegeben. Dabei handelt es sich um eine recht moderne Auffassung, denn bis zum 19. Jahrhundert wurden die Berge als erschreckend, häßlich und hinderlich empfunden, als Erschwernis für Reise und Handel, und die Bergbewohner galten als mindere Leute. Den Umschwung haben eigentlich die Engländer gebracht, John Ruskin als einer der ersten, der 1833 das Tal von Chamonix besuchte und de Saussures vierbändigen Bericht «Reisen durch die Alpen» im Alter von vierzehn Jahren mit heißen Wangen gelesen hatte. Die Schönheit des Tales faszinierte ihn. Oft kehrte er dahin zurück, zeichnete, verfaßte Schilderungen und bereitete den Weg in die Alpen für Generationen von Engländern. Pioniere wie de Saussure fühlten zu Recht, daß sie in eine neue Lebenssphäre vorstießen, in die Höhe, und sie gaben sich deshalb Mühe, möglichst alles zu messen und zu beschreiben, was sie dort oben antrafen.

Die Engländer dagegen verzichteten auf den wissenschaftlichen Zweck und formten die bisherigen Expeditionen in einen Sport um, der um seiner selbst willen und zur Freude betrieben wurde. Um 1865 waren fast alle bedeutenden Gipfel der Alpen bezwungen worden. Es war das Jahr, in welchem der englische Graphiker Edward Whymper mit einer Gruppe von sieben Leuten als erster das Matterhorn bestieg. Die meisten Erstbesteigungen gelangen Engländern in Begleitung von Schweizer Führern. Whymper und seine Bergkameraden waren von zwei schweizerischen und einem französischen Führer begleitet. Auf dem Abstieg stürzten vier Männer seiner Partie zu Tode. Dieser Unfall vom 14. Juli 1865 markierte das Ende des Goldenen Zeitalters der Entdeckung der Alpen.

Zukünftige alpine Historiker könnten aber auch zu dem Schluß kommen, das Ende des Goldenen Zeitalters der Alpen überhaupt habe am 19. Juli 1965 stattgefunden, nämlich am Tage der Eröffnung des Montblanc-Tunnels, welcher Chamonix mit Courmayeur in Italien verbindet. Welch unbeabsichtigte Ironie des Schicksals, das genau hundert Jahre zwischen beide Ereignisse setzte. Die offizielle Eröffnung, an der ich teilnahm, fand ein paar Tage früher statt. General de Gaulle war mit Hunderten von Offiziellen, Touristen und Einheimischen gekommen, von denen eine ganze Anzahl recht gemischte Gefühle hegte. Einige befürchteten eine Verwüstung ihrer alpinen Umwelt, andere wieder, wie meine Freunde, die Gebrüder Morand, hatten bedeutende Geldschulden auf sich geladen, um von der kommenden Touristenflut profitieren zu können. Die Morands sind heute Besitzer dreier wichtiger Hotels im Ort. Bei der Tunneleröffnung besaßen sie lediglich das Hotel Mont Blanc; das Croix Blanche wurde dazugekauft und das Beausite erst kürzlich gebaut. Ich erinnere mich noch gut, wie mir der älteste der Brüder, der früher Professor der Mathematik war und 1971 an Krebs gestorben ist, 1965 erzählte, daß ein Fehlgehen der Familienspekulation den finanziellen Ruin für alle drei hätte mit sich bringen können. Doch er machte sich vergeblich Sorgen. Allein im Juli 1977 passierten 174427 Fahrzeuge aller Arten den Tunnel, und seit der Eröffnung sind es weit mehr als zehn Millionen. Achtzig Prozent davon waren Privatautos. Nach dem *Guide Michelin* hatte Chamonix im Jahre 1965 7966 Bewohner. Seither ist ihre Zahl auf über 10000 angewachsen. Alle die andern Menschen im Tal sind Touristen, die in jeder Sommer- und Wintersaison zu Hunderttausenden hierher kommen. Ich glaube nicht, daß es seit 1965 in Chamonix ein Hotel gibt, das während der eigentlichen Saison eine Nacht ein freies Zimmer gehabt hätte. Für den Monat August, die Zeit der Höchstsaison, sind viele Hotels ein Jahr zum voraus besetzt. Und zu allen Zeiten des Jahres beherbergen Hotels und Motels von Chamonix viele Durchreisende. Das Chamonix-Tal, das ich 1959 zum ersten Mal durchwanderte, hatte wenigstens noch eine entfernte Ähnlichkeit mit dem Tal, das de Saussure, Ruskin und Whymper gesehen hatten. Die Namen der historischen Führer – Balma, Charlet, Couttet, Dévouassoud, Payot, Ravanel, Tournier – waren immer noch identisch mit den Namen der heutigen Führer und auch der Ladenbesitzer, Hoteliers und Bankiers. Auf dem Weg zum Brévent erinnerte ein Stein mit einer Gedenktafel, daß hier Ruskin gesessen und gezeichnet hatte, doch wenige blieben stehen oder wußten, wovon hier die Rede war. Statt in ein paar Stunden zu Fuß konnte der Brévent bereits in wenigen Minuten mit Seilbahnen erreicht werden. Hauptattraktion war damals aber immer noch die Aiguille du Midi-Bahn, welche 1954 eröffnet worden war. Acht Kilometer höher oben im Tal befindet sich heute die Lognan-Grands Montets-Seilbahn, welche die dortigen Hänge für Tausende von Skifahrern erschließt. Die Aiguilles, die Granitnadeln über Chamonix, erinnern nach wie vor an die Spitzen gotischer Dome. Verglichen mit Ruskins Zeiten haben sich die Gletscher allerdings stark zurückgezogen. Kaum fünfundsiebzig Jahre vorher konnte man vom Hotel Montenvers praktisch ebenen Fußes das Eis des Mer de Glace betreten. Heute muß der Tourist über hundert Meter auf Eisenleitern und an fixierten Seilen absteigen, um den Gletscher zu erreichen. Eisblöcke vom Mer de Glace polterten damals ab und zu bis in die Rue du Dr. Paccard, die Hauptstrasse von Chamonix hinab. Heute wachsen die Gletscher wieder. Sollten sie jemals wieder die Größe erreichen, die sie zu Zeiten Ruskins hatten, würden sie zu einer viel ernsthafteren Bedrohung der vielen Hotels, die überall im Tal emporgeschossen sind, als eine ganze Armee von Hypothekar-Gläubigern. Was den alpinen Charakter des Tales bis 1959 mehr oder weniger erhielt, war der Umstand, daß die beiden Straßen, die heraufführten, eben nur herauf- und nicht weiterführten – die eine von Genf aus, die schon de Saussure benützte, die andere eng und voller Haarnadelkurven über zwei Pässe von Martigny im Wallis her. Chamonix war eine Sackgasse. Wer die Straßen benützte, kam die Berge zu bewundern.

Dann aber kam der Tunnel, mit dessen Eröffnung die Rue du Dr. Paccard zur Einbahnstraße erklärt wurde. Sie ist so eng, daß an manchen Stellen nur gerade zwei Autos nebeneinander Platz haben. Eines Sommernachmittags stand ich an einem Bordstein und wartete, um auf die andere Straßenseite zu gelangen. Eine ununterbrochene Autoschlange in zwei Spuren wurde von Polizisten in Richtung Genf dirigiert, Stoßstange an Stoßstange war jede Marke und jedes Nummernschild Europas zu sehen. Eine Abgaswolke hängt heutzutage über weiten Teilen des Tales. Während ich dastand und wartete, kam mir eine beißende Bemerkung Ruskins über Touristen in den Sinn. Mit zunehmender Erfahrung verabscheute er diese immer mehr, obwohl gerade seine Kunst einiges dazu beigetragen hatte, Touristen nach Chamonix zu bringen. In «Moderne Maler» steht zu lesen: «Ich würde es begrüßen, wenn die erlauchten Herrschaften aus Paris und London sich darauf beschränken würden, nichts zu tun ... das Tal von Chamouni wird bald einmal zu einem Rummelplatz werden ...» Ruskin war ein bißchen ein Snob, weil ihm die Einsicht mangelte, daß die Leute zu seiner Zeit eben gerade «seiner» Berge wegen kamen. Heute aber flieht das Gros des Menschenstromes in der Rue du Dr. Paccard aus den Bergen, denn Chamonix ist für sie nur noch ein Etappenort auf ihrer Reise. Sieht man einen Freund regelmäßig während vieler Jahre, mag es vorkommen, daß man sein Älter- und Anderswerden nicht oder kaum bemerkt. Seit 1959 habe ich jedes Jahr mehrwöchige Ferien in verschiedenen Orten der Alpen verbracht und kam also oft genug, um kleine Veränderungen, wie hier ein neues Hotel und dort einen neuen Parkplatz, nicht zu bemerken. Die ästhetische Qualität der Dörfer und Täler schien mir nicht wesentlich verändert. Kürzlich wurde ich mir meiner oberflächlichen Betrachtungsweise jedoch bewußt, und ich beschloß, genau hinzusehen. Es war ein Schock. Während seiner fünf großen Alpensommer wanderte Whymper mehrmals von Chamonix nach Cervinia, zu Whympers Zeit noch französisch Breuil genannt. Es befindet sich am italienischen Fuß des Matterhorns, das für Franzosen «Le Cervin» heißt und für die Italiener «Il Cervinio». Cervinia liegt etwa neunzig Kilometer von Chamonix entfernt, was für Whymper zwei Tagesmärsche bedeutete. Ausländer waren hier damals noch so rar, daß Whymper, wenn er von der Anwesenheit eines Landsmannes hörte, nur zu fragen brauchte: «Wo ist der Engländer?», um gleich zu ihm geführt zu werden.

Ich möchte gern dabei sein und die Antwort hören, wenn diese Frage heute in einem alpinen Kurort gestellt würde. Whymper pflegte von Chamonix über die Gletscher nach Courmayeur und Aosta, dann nach Châtillon, von dort ins Valtournanche und hinauf nach Cervinia zu wandern – eine Art Rundtour um die Gipfel. Er liebte besonders das Valtournanche. In seinem klassischen Buch «Scrambles amongst the Alps» (deutsch: «Berg- und Gletscherfahrten»), wo er über seine Erstbesteigung des Matterhorns schreibt, steht über dieses Tal zu lesen:

«Das Valtournanche ist eines der hübschesten Täler der italienischen Alpen, ein Paradies für den Künstler. Hätte ich länger Zeit, wie gerne würde ich bei den Kastanienhainen verweilen, den silbern plätschernden Bächlein und tobenden Wildwassern, bei den gewaltigen Zinnen und den Seitentälern, die sich bergwärts unerwartet öffnen. Steil steigt der Pfad von Châtillon herauf, doch ist er gut beschattet, und kühl weht es von den gischtenden Eisbächen her. So wird die Sommersonne erträglich. An mehreren Stellen sieht man vom Weg aus unter den Wänden an der rechten Talseite Gruppen von gemauerten Bögen. In den Reiseführern steht, ob zu Recht oder Unrecht weiß ich nicht, daß es Überreste eines römischen Aquäduktes seien.»

Die moderne Version der Whymperschen Wanderung dauert etwa zwei Stunden. Ich erledigte sie kürzlich in Begleitung von Jaccoux und Colette. Wir hatten die Absicht, Chamonix früh zu verlassen, nach Cervinia und mit den Lifts zum Theodulpaß zu fahren und das Zermatter Breithorn zu besteigen, das als der leichteste Viertausender der Alpen gilt. Um halb vier morgens kamen wir an den Eingang des Montblanc-Tunnels. Der Tunnel ist rund um die Uhr geöffnet. Billetts können an beiden Zufahrten gelöst, die Paßformalitäten dagegen nur auf der italienischen Seite erledigt werden. Die Durchfahrt ist nicht billig. Der Tunnelbau dauerte sechseinhalb Jahre und kostete eine Menge Geld. Heute ist die Summe längst abbezahlt, der jährliche Gewinn wird zwischen Italien und Frankreich geteilt. Um diese frühe Stunde waren wir mehr oder weniger allein. Um acht Uhr wären wir bereits auf eine lange Warteschlange von Lastwagen, Reisebussen und Personenwagen gestoßen. Im August können die Warteschlangen auf beiden Seiten mehrere Kilometer erreichen. Der Tunnel ist genügend beleuchtet, belüftet und in jeder Richtung einbahnig. Die Durchfahrt dauert zehn Minuten. Vom italienischen Tunnelende führt eine Autobahn nach Courmayeur. Als ich zum ersten Mal hinkam, traf ich noch ein hübsches alpines Dorf voller Bergsteigertradition. Die Autobahn überrennt es praktisch. Noch immer existiert das Dorf, aber als eine Art Autobahnraststätte, mit Tankstellen, Kiosken, Motels, Hotels, Nachtklubs – ein Stopp und nicht mehr auf dem Weg nach Venedig und Jugoslawien. Unterhalb Courmayeur wird die Straße etwas schmaler. Wir fuhren am Wegweiser zum Val di Rhêmes vorbei. Dieses Tal ist eine der seltenen Gegenden der Alpen, wo ausnahmsweise eine Landesregierung, hier die italienische, Wesentliches zum Schutze der alpinen Umwelt getan hat. Das Tal ist nämlich zum Nationalpark erklärt worden, zum Naturreservat. Es wird vom Gran Paradiso beherrscht, dem Berg, der ihm den Namen gegeben hat. Er ist 4061 Meter hoch und wird oft mit Ski bestiegen. Ausgangspunkt ist eine aus Natursteinen gebaute Hütte, das einzige Zeichen menschlicher Hand. Wie lange das noch so bleiben wird, wage ich nicht zu beurteilen.

Heute ist Aosta eine üble, halbmoderne Stadt, deren Bild durch jene Hochhäuser geprägt wird, die Stadtplanern so lieb sind. Nach Aosta beginnt wieder die Autobahn Richtung Mailand. Die nächste Abzweigung ist Châtillon, wo Whympers steiler Pfad nach Breuil begann. Châtillon ist ein alpines Dorf, das wie so viele durch den Versuch, die alten Häuser und engen Straßen dem modernen Autoverkehr anzupassen, ruiniert wurde. Aus Whympers Pfad ist eine steile, kurvenreiche, mit Vehikeln jeder Art überladene Straße geworden, Châtillon selber ein System von Einbahnstraßen, das den Automobilisten so schnell wie möglich aus der Ortschaft hinaus befördern soll. Ich saß am Steuer und hatte somit kaum Zeit, nach Whympers Wildbächen und «den Seitentälern, die sich bergwärts unerwartet öffnen», Ausschau zu halten. Ich war ganz damit beschäftigt, nach unerwarteten Reisebussen und Lastwagen Ausschau zu halten, die Waren und Touristen auf der engen Straße von Cervinia wieder herunterkarrten. Ich mußte mich derart auf den Verkehr konzentrieren, daß ich sogar den ersten Blick aufs Matterhorn verpaßt

hätte, wäre nicht Jaccoux gewesen, der kurz nach Châtillon darauf hinwies.
Nähert man sich dem Matterhorn auf der Schweizerseite, sieht man den Berg erst kurz vor dem Dorf. Die Entwicklung von Zermatt ist übrigens ein interessantes Beispiel für einen Kompromiß zwischen dem Versuch, die touristische Entwicklung unter Kontrolle zu behalten und dennoch möglichst von dieser Entwicklung zu profitieren. Vor einigen Jahren haben die Zermatter ihr Dorf weiterhin für den Automobilverkehr gesperrt. Mit Ausnahme von Fahrzeugen der öffentlichen Dienste sieht man im Dorfzentrum wirklich keine Autos. Immerhin befindet sich unmittelbar am Eingang der Siedlung, wenige hundert Meter vom Zentrum entfernt, ein gewaltiger Parkplatz. Er ist für Dorfbewohner und Auswärtige mit Ausweis reserviert und ständig von Hunderten von Autos besetzt. Die anderen Autofahrer parkieren sechs Kilometer unterhalb Zermatt in Täsch, dem – vorläufigen? – Ende einer gut ausgebauten Autostraße aus dem Haupttal. Zusätzlich wurde eine Umfahrungsstraße um Zermatt gebaut, welche Schwerlastwagen mit Baumaterial und Arbeitern zu den Kraftwerken führt, die am Ausgang der Gletschertäler über dem Dorf gebaut und unterhalten werden. Praktisch jeder Quadratmeter ebenen Landes wurde in Zermatt zum Bau von Appartementhäusern und Hotels freigegeben. Der Preßlufthammer ist überall im Tal zu hören. Trotzdem hat Zermatt noch viel von seinem ursprünglichen Charme bewahrt. Allein schon die Tatsache, daß die Hauptstraße autofrei und Fußgängerzone ist, bedeutet einen entscheidenden Unterschied. Wo der Autoverkehr eingeschränkt wird, ist der erste Schritt zurück zu einer gewissen Harmonie mit der Umwelt getan. Dann beginnen Schönheit und Zauber des Hochgebirges sofort wieder auf den menschlichen Geist Einfluß zu nehmen.
Cervinia selber muß das Herz jedes echten Grundstückmaklers höher schlagen lassen. Das Dorf sieht wie ein einziges Riesenhotel aus, umgeben von Parkplätzen und Touristikläden. Grund für all die Geschäftigkeit ist der Skisport. Cervinia ist einer der großen europäischen Skiorte und führend im Geschäft mit dem Sommerskilaufen. Man kann sagen, daß hier kein vernünftiger Führer mehr Bergtouren unternimmt, denn ohne jede Gefahr für Leib und Leben läßt sich mit Skiunterricht im Sommer ein

Vermögen verdienen. Die Zahl der Führer geht denn auch ständig zurück. Um sieben Uhr morgens kamen wir auf dem Parkplatz des untersten Skilifts an. Der Platz wimmelte nur so von Skifahrern und Autos, schönen, sonnenbraunen Mädchen in letzter Skimode und ganzen Familien mit Privatskilehrern. Ich weiß nicht, was Jaccoux empfand, aber ich kam mir mit meinem Rucksack, den Steigeisen, dem Pickel und den andern Klettersachen wie ein Marsmensch vor. Doch auf ging's, und nach Benützung zweier Lifts standen wir auf dem Breithornplateau, 3500 Meter hoch und rund 700 Meter unter dem Breithorngipfel. Die größte Gefahr bei seiner Besteigung ist das Überfahrenwerden durch Skifahrer. Es waren ihrer so viele, daß man kaum begreifen konnte, weshalb sich nicht mehr Zusammenstöße ereigneten. Der Gipfelhang war recht steil, vierzig Grad etwa, aber um halb elf Uhr erreichten wir mit dreißig bis vierzig Skifahrern den 4160 Meter hohen Gipfel. Der Tag war klar, und wir studierten die italienische Seite des Matterhorns und die Route, auf der Whymper ein Mal ums andere zurückgewiesen wurde, bis er sich schließlich dem Schweizergrat zuwandte. Jaccoux war im letzten Jahr zwei Mal auf Skiern hier gewesen und brummte während unseres Abstiegs durch Hitze und Naßschnee: «Ein Königreich für ein Paar Skier!» Vom Plateau brachten uns zwei Bahnen in die Tiefe, wo wir aßen und durch den Tunnel nach Chamonix zurückkehrten.

Ein paar Tage später machten Jaccoux und ich eine ähnliche Besteigung von Courmayeur aus. Unser Ziel war die Tour Ronde mit 3792 Metern, eine etwas steilere Ausgabe des Breithorns. Nochmals Tunnel, nochmals Lifts zum Col du Géant, dem Ausgangspunkt der Besteigung. Bei der Talstation war der Andrang von Automobilisten, Skifahrern und Bergsteigern so groß, daß jeder eine Nummer ausgehändigt erhielt, die ihm sagte, wann die Reihe aufzusteigen an ihm sei. Als wir um sieben Uhr morgens eintrafen, war die zweite Kabine mit etwa vierzig Personen eben abgefahren. Als ich schlangenstehend endlich bei der Billetausgabe anlangte, erhielt ich die Nummer neun, was eine weitere Stunde Wartezeit bedeutete. Um halb neun trafen wir auf dem Col du Géant ein. Am Fuße der Tour Ronde erwartete uns ein merkwürdiges Schauspiel. Die enorme Zahl von etwa hundert Bergsteigern, fast mehr, als so ein verhältnismäßig kleiner Berg fassen kann, war mit Auf-, beziehungsweise mit Absteigen beschäftigt; auf der Firnhalde sah das ganze einem Ameisenzug ähnlich. Es gab nur eine Spur im steilen Firn, so daß jedermann sozusagen im Gänsemarsch kletterte und die Zweier-, Dreier- und Vierer-Seilschaften eine einzige Kolonne bildeten. (Nicht nur die Tour Ronde wird heute überrannt, sondern jeder alpine Standardgipfel.) Die höchstgelegene «Hütte» mit Restaurantbedienung in den französischen Alpen ist das Refuge du Goûter auf 3817 Meter, an der Normalroute zum Montblanc gelegen. Siebzig relativ komfortable Schlafplätze waren ursprünglich darin vorgesehen. Ein Bergführer hat mir erzählt, daß er eben in jenen Tagen die Goûter-Hütte mit 256 Alpinisten teilen mußte. Man habe zu zweit und dritt auf je einer Strohmatratze geschlafen, eine ganze Anzahl auch auf dem Fußboden der Küche und des Eßraumes. Da ich am Fuß der Tour Ronde nicht Glied einer menschlichen Kette werden wollte, überredete ich Jaccoux, einen Nachbargipfel zu besteigen, auf den aus unerfindlichen Gründen nur noch drei andere auswichen.

Auf dem Gipfel fragte ich mich, ob es denn im ganzen Gebiet, abgesehen von Touren extremer Schwierigkeit, keinen verhältnismäßig einsamen Platz mehr gebe. Im vorigen Jahr hatte ich das zweibändige englische Werk «Selected Climbs in the Mont Blanc Range» gekauft. Es beschreibt über zweihundert Routen. Ich stehe englischen Führern zwar etwas skeptisch gegenüber, haben sie doch die Neigung zu untertreiben. Ich nehme an, daß eine ganze Anzahl englischer Verfasser sich Whymper zum Vorbild nahmen, besonders wenn sie das Wort «scramble» (Kletterei) für Besteigungen gebrauchten, die für mich schon recht ernsthaft waren. Ich studierte also das Werk und fand ein Gebiet, das Einsamkeit versprach. Es lag ebenfalls auf der italienischen Seite des Montblanc und setzte eine weitere Tunnelfahrt voraus. Das Gebiet liegt über dem Frébouze-Gletscher und hat keine bewirteten Hütten, sondern nur zwei Biwaks. Das Gervasutti-Biwak bietet Platz für zwölf Personen und wurde nach dem berühmten italienischen Bergsteiger benannt, der im Maßiv sein Leben verlor. Ich betrachtete es als gutes Vorzeichen, daß keiner der befragten Bergführer aus Chamonix das Biwak kannte, geschweige denn dort gewesen war, nicht einmal Jaccoux.

Jaccoux ist immer dabei, wenn's gilt, etwas Neues auszukundschaften, weshalb wir denn wenige Tage später wieder durch den Tunnel fuhren, doch dieses Mal am Nachmittag und inmitten des Großverkehrs. Wir kamen ins italienische Val Ferret, das ich 1965 kennengelernt hatte, als wir kurz vor Eröffnung des Tunnels unsere Rundtour durch die sieben Täler ums Montblanc-Massiv herum machten. Damals war es noch ein schönes und ziemlich unerschlossenes Tal gewesen, das kaum bewohnt war und nur selten von einem Auto befahren wurde. Auf einige Veränderungen war ich gefaßt, nie jedoch auf das, was wir tatsächlich erlebten. Die tiefer gelegenen Teile des Tales waren nun mit schäbigen Motels, Nachtklubs und Restaurants überbaut, was vermutlich nicht zu vermeiden war. Die abgelegene obere Hälfte des Tales aber wirkte wie ein Schlag ins Gesicht. Die flachen alpinen Blumenwiesen und der lichte Wald waren in Zeltstädte umgewandelt worden. Es gab Hunderte von Zelten und Wohnwagen, deren Besitzer auf dem Talsträßchen auf und abpromenierten, in der Hoffnung, etwas Unterhaltung zu finden. Niemand schien Wanderkleidung zu tragen. Es waren Städterhorden in städtischer Kleidung, die ihren Wohnorten entflohen waren, um hier in einer Zeltkolonie zu leben.

Unser Anstieg zum Biwak ging von einer dieser Zeltstädte aus, wo ich mit Mühe einen Parkplatz gefunden hatte. Der Nachteil eines Biwaks besteht im Umstand, daß Lebensmittel und Kochgeschirr auf dem Rücken mitgeschleppt werden müssen, zusätzlich natürlich zur üblichen Bergausrüstung. Mein Rucksack war so schwer, daß ich rückwärts taumelte, wenn ich ihn auflud. Ich wuchtete ihn Jaccoux zu und hoffte, er werde die schreiende Ungerechtigkeit in der Verteilung der Gewichte gleich feststellen. Er hob ihn, und mit den Worten «In Ordnung» mußte ich ihn wieder auf meine Schultern rucken. Weder etwas Hartes noch etwas Schweres war ich losgeworden. Jaccoux' Sack sah freilich mit der persönlichen Ausrüstung, mit zwei Seilen und reichlich Metallwaren wie Fels- und Eishaken, Hammer etc. auch nicht übel aus. Das waren Dinge, die er immer mitnahm, wenn's ins Unbekannte ging. Nach einer halben Stunde erreichten wir die Moräne, und was bis da ein schwacher Pfad gewesen war, wurde nun zur verwischten Spur. Eine Gruppe junger Italiener kam herabgestiegen und berichtete, sie seien nicht weit gekommen und von einem Biwak hätten sie noch nie etwas gehört. Der englische Führer erwähnte Gletscherbäche, und zwei hatten wir schon durchquert. Jaccoux war vorausgestiegen, und als ich aufschaute, sah ich ihn auf einer Eiskuppe sitzen und geruhsam eine Zigarette rauchen. Da Jaccoux sonst in raschem Tempo und ohne anzuhalten steigt, konnte ich mir sein Verhalten nicht erklären und stieg etwas unsicher zu ihm hinauf. Wortlos deutete er voraus, und was da zu sehen und zu hören war, glich einem alpinen Amazonas: die Augusthitze hatte den Gletscherbach anschwellen lassen. Darüber lagen steiler Fels und ein steiler Gletscher. Irgendwo am Rande dieses Gletschers mußte das Gervasutti-Biwak sein. Wir steckten also in der Klemme. Ich erinnerte mich eines vergleichbaren Gletscherbaches in Nepal am Fusse des Mount Everest, wo uns eine ganze Mannschaft von Tibetanern und Sherpas geholfen hatte, eine Brücke aus Stein zu improvisieren, auf der wir dann hinübergelangten. Wo waren hier Tibetaner? Ich hockte mich aufs Eis und blickte übers Val Ferret hinaus. In der Abendsonne erkannten wir die Zeltstädte. Uns ungefähr gegenüber und etwa zwanzig Gehminuten über der Straße standen in einer hübschen Wiese zwei einsame Zelte von Leuten, die noch die Phantasie aufgebracht hatten, selber einen zünftigen Zeltplatz zu finden. Rechts in der Tiefe erkannte ich die Autobahn ab Tunnel mit der obligaten stehenden Schlange, Stoßstange an Stoßstange. «Wo die wohl alle hinwollen?» fragte ich Jaccoux. «Nirgendwohin», war die Antwort. Wir erhoben uns und stiegen zu unserem Auto ab. In einem Sommer danach gelang uns dann der Aufstieg zu einem andern Biwak auf der italienischen Seite. Neun Kojen waren darin vorhanden. Wie sich herausstellte, waren Jaccoux und ich der achte und der neunte Biwakbenützer. Die Behausung war so eng, daß wir gestaffelt essen mußten. Ich hatte die Verpflegung heraufgekrampft, Steaks und Gemüsesuppe, die Jaccoux auf Butangas zubereitete. Es war ein prächtiger Standort, der ohne Zweifel aber nur deshalb so gut erhalten war, weil der Anstieg 1200 Meter betrug. In Tat und Wahrheit war das Goldene Zeitalter der Alpen nur für wenige Auserwählte golden. Whymper war sich dessen bewußt, obwohl in den «Scrambles», die er mit einunddreißig schrieb, eine gewisse Überheblichkeit in der Beschreibung der Lebensläufe von Dorfbewohnern des neunzehnten Jahrhunderts nicht zu verkennen ist. Von Zeit zu Zeit erhält man wirklich

Einblick in den Alltag der damaligen Bergbewohner. Gegen Ende des Buches findet sich das Kapitel über die Besteigung der Grandes Jorasses. Whymper schreibt:

«Das Tal von Aosta ist berühmt für seine Steinböcke und berüchtigt für seine Trottel. Früher war der Steinbock in den ganzen Alpen verbreitet. Heute kommt er nur noch in einem kleinen Gebiet im Süden des Aostatales vor, und man muß befürchten, daß er bald ausgerottet sein wird. Dagegen wird der größte Optimist nicht behaupten wollen, daß die Trottel aus Erbanlage nicht noch für viele Generationen weiterleben werden. Der Kretinismus ist in den Alpen weiterverbreitet und keineswegs auf das Tal von Aosta beschränkt. Aber nirgends sonst ist Blödheit derart auffällig wie hier, in keinem andern Tal, ‹wo jeder Anblick freut›, wird man so deutlich daran erinnert, daß ‹nur der Mensch schlecht ist›.»

Whymper wußte, daß es im Aostatal an Jod fehlte, was die Kropfbildung förderte, und Eltern mit Kröpfen hatten oft schwachsinnige Kinder. (Freunde von mir aus dem Tal wurden als Kinder mindestens einmal im Jahr der Gesundheit wegen ans Meer geschickt, wo Wasser und Luft eben Jod enthalten.) Dieselbe Erscheinung findet man noch in den Hochtälern des Himalaya. Nachdem der Zusammenhang zwischen Jodmangel, Kropf und Schwachsinn erkannt worden war, ging das Gebresten schnell zurück. Zwei weitere Mängel charakterisierten damals das Leben in den Bergtälern, nämlich bittere Armut und Eintönigkeit. Der italienische Bergsteiger Guido Rey, 1861 geboren und 1935 gestorben, hatte das klar erkannt, schrieb er doch in seinem Buch über das Matterhorn:

«Im Geiste sehe ich einen jener romantischen Reisenden der ersten Hälfte des 19. Jahrhunderts, wie er von weit hergezogen die Alpen durchwandert, allein geleitet durch seine Kenntnis wissenschaftlicher Berichte und durch die Vision einiger Dichter. Ich sehe ihn zum ersten Mal den einsamen Talpfad gehen, erfüllt vom Traum eines idyllischen Friedens, eines freien und einfachen Lebens, wie ihn die Werke eines Rudolf von Haller und eines Rousseau heraufbeschworen. Wandernd erwartet er das Glück ländlichen Lebens an der nächsten Wegbiegung …

Kommt er aber ins Dorf, sieht er eine Wirklichkeit, die dem Traume wenig entspricht. Der Anblick der niederen, dunklen Behausungen, die sich zu gegenseitigem Schutz vor Kälte und Sturm aneinanderkauern, hat etwas Unheilvolles und erweckt ein Gefühl des Schreckens in ihm. Die Kleider der Bewohner sind schadhaft und schäbig. Ich habe Freunde unter den Einheimischen, die sich erinnern, wie noch ihre Großmütter von dem einen und einzigen Kleid erzählt hatten, das sie von der Hochzeit bis zum Grabe tragen mußten. Die Gesichter sind abweisend, kaum je von einem Lächeln erhellt. Ihr Leben ist hart, wie das aller Dinge, die in so großer Höhe wachsen. Das Schicksal der Menschen gleicht dem der Tannen, deren tiefgrabende Wurzeln noch aus den Felsspalten Nahrung ziehen, die in zähen Gruppen wachsen, um dem Schneedruck gemeinsam widerstehen zu können, bis ein Orkan oder Lawinengang sie trotzdem umreißt. Keinem fällt es auf, wenn im Wald eine Tanne weniger und auf dem Friedhof ein Kreuz mehr steht ... Die Schwierigkeiten und Nachteile des Stadtlebens fehlen, sind aber ersetzt durch ein trübes, mühseliges und ununterbrochenes Leiden. Der Sommer ist kurz, der Rest des Jahres Winter, und ergeben erwartet der Bergbewohner in seiner verschlossenen Hütte der Sonne Wiederkehr. Kurz ist die Zeit der Ernte, schwer die Arbeit, sie einzubringen. Keine Freude erhellt die Gesichter nach getaner Arbeit auf den Höhen, nur eine hoffnungslose Schicksalsergebenheit zeichnet sich prägend ab.»

Rey schrieb übers Valtournanche, wo man heute wie in allen Alpentälern lange suchen müßte, um noch einen Einheimischen zu finden, der «in seiner verschlossenen Hütte ergeben der Sonne Wiederkehr erwartet». Es ist kaum nötig zu sagen, daß besagter Bergbewohner Skiunterricht erteilt oder als Barman in Cervinia so viel Geld verdient, daß dies noch seinen Eltern geschweige den Großeltern als Vermögen erschienen wäre. Wer vermag da zu sagen, was nun der erfreulichere Anblick bietet – die Zeltkolonien und Motels im Val Ferret oder die verschlossene Hütte? Wo immer das Automobil hinkommt und welche Form die Folgen auch annehmen mögen, so ist es doch vorab dieses Erzeugnis des modernen Lebens, das Eigenart und Widerspruch des menschlichen Wesens deutlich macht, deutlicher allerdings selten, als in eben diesen Bergtälern.

Im Frühling 1975 ereignete sich etwas, das eigentlich von untergeordneter Bedeutung war, aber doch eine Kette emotioneller und politischer Reaktionen auslöste und die Entwicklung erklärt, die in Chamonix in allerletzter Zeit an Boden gewonnen hat. In jenem Frühling tat sich eine Gruppe von siebenundachtzig jungen französischen Wirten zusammen, die auf dem Gipfel des Montblanc als Propagandaschlager ein Festessen organisieren wollte. Nach Plan wären die jungen Leute in der Kleidung der Bergsteiger des frühen 19. Jahrhunderts per Helikopter auf den Gipfel geflogen worden, um dort ausführlich zu bankettieren, wie ja auch schon über hundert Jahre vor ihnen Alpinisten mit ganzen Kolonnen von Führern und Trägern unglaubliche Mengen an Lebensmitteln hinaufschuften ließen. Im besten Fall war dieser Plan recht dumm, im schlechtesten aber hätte er zu einer Tragödie führen können, denn der Wind erreicht auf dem Gipfel oft über hundert Stundenkilometer Geschwindigkeit. Wie dem auch sei, fast alle alpinen Körperschaften Frankreichs reagierten mit schroffer Ablehnung. Man drohte mit Sabotage der Helikopter, und schließlich wurde auf das Vorhaben verzichtet, angeblich wegen schlechten Wetters. Hitzige Debatten darüber waren indes in den Zeitungen zu lesen. In ihrer Mitte stand der Gemeindepräsident von Chamonix, Maurice Herzog, ein bekannter Alpinist aus Lyon, der 1950 die Expedition auf den Annapurna leitete und einen Bestseller darüber verfaßte. Herzog war der Meinung, die Bergsteiger, die Mitglieder des französischen Alpenklubs und die Führer von Chamonix seien nicht die Besitzer des Montblanc und hätten somit kein Recht, das Bankett zu verbieten. Die leichte Faßbarkeit des Planes und die Einfachheit der beiden Standpunkte hatten zur Folge, daß sich hier der ganze Unmut über die Entwicklung, die das Tal von Chamonix seit 1965 durchgemacht hatte, entladen konnte. Hier war nun ein Projekt klein genug, um begriffen zu werden und um sich damit zu identifizieren, was denn auch den endlichen Erfolg der Gegner ermöglichte.

Die Idee des Gipfelbanketts war verglichen mit dem, was unten im Tale selbst geplant wurde, harmlos. Im Süden des Tales ragen der Montblanc und die Aiguilles, die Fels- und Eisnadeln, die es Ruskin so angetan hatten, in den Himmel. Die Gletscher sind nahe, und die Talseite eignet sich weder für gewöhnliche Wande-

rungen noch für eine weitere Erschliessung zugunsten des Skisports oder des Appartementbaus. Alle großen Bergtouren gehen von dieser Seite aus. Im Norden des Tales stehen die Aiguilles Rouges, die aber nicht so hoch und ohne viel Schnee und Eis sind. Ein paar Seelein spiegeln sich zu ihren Füßen, und die Gegend ist für das Wandern und Felsklettern ideal. Ein Teil wurde nun zur Schutzzone erklärt, und allerhand ist bereits unternommen worden, um die Natur dort intakt zu erhalten. Die zum Tunnel führende Autobahn folgt der südlichen Talseite und ist mit einer schmalen, unzeitgemäßen Bergstraße verbunden, die ihrerseits an die nach Genf führende Autobahn angeschlossen ist. Diese Bergstrecke soll freilich bis 1983 saniert werden. Die natürliche Umwelt des Südfußes des Tales von Chamonix ist bereits zerstört. Eine ganze Anzahl von Appartementskasernen, die schlimmstenfalls an den Rand einer Großstadt passen, ist in den letzten Jahren errichtet worden.
Während der Sommer- und Wintersaison ist Chamonix zu einem schlimmen Flaschenhals geworden. Um die Verkehrsmisere zu beheben, beschloß der Gemeinderat vor ein paar Jahren, eine Umfahrungsstraße zu bauen, auch sie eine moderne Schnellstraße von etwa fünfzehn Metern Breite. Die Planer schlugen fürs Ortszentrum eine Fußgängerzone vor, die von den Ladenbesitzern ursprünglich bekämpft worden war, jetzt aber deren Zustimmung findet. Diese Umfahrungsstraße nun wurde im verhältnismäßig wenig erschlossenen Norden von Chamonix geplant, dem einzigen Ortsteil, der immer noch entfernte Ähnlichkeit mit einem Bergdorf hat. Der geplante Bau würde die letzten parkähnlichen Quartiere zerstören, und jahrhundertalte Bäume müßten ihm zum Opfer fallen. Die Straße würde unmittelbar hinter der hübschen katholischen Kirche vorbeiführen und den anschließenden und heute noch ruhigen Park einbeziehen, wo sich in einem alten Bruchsteinhaus das Bergführerbüro, eine Wetterstation und ein Informationsbüro befinden, das öffentlich über die Tourenmöglichkeiten Auskunft gibt. Es existiert sogar ein Plan, der die Untertunnelung der Aiguilles Rouges vorsieht; so würde das ganze Tal wohl umfahren, aber gleichzeitig völlig verwüstet. Würden diese Pläne verwirklicht, wäre Chamonix nur noch eine Fußgängerzone inmitten von Autobahnen. Und wofür das alles? Nur um den Ort für Automobile zugänglicher zu

machen – als ob dies das Hauptplanungsziel bei der Erschließung eines alpinen Ferienortes sein könnte!
Als ich Chamonix im Herbst 1976 verließ, schien die Umfahrungsstraße mit Sicherheit gebaut zu werden. Es ging das Gerücht, daß die Erdverschiebungsmaschinen noch im selben Herbst die Grobarbeit abgeschlossen haben würden. Doch es kam anders. Im Frühling 1977 schrieb mir Jaccoux, die Gemeindewahlen vom letzten März hätten eine völlig neue Exekutive gebracht. Herzog wurde durch den einheimischen Christian Couttet ersetzt, und vier Bergführer und ein junger, einheimischer Architekt nahmen im einundzwanzigköpfigen Gemeinderat Einsitz.
Das Projekt der Umfahrungsstraße wurde suspendiert. Bei meiner Rückkehr interessierten mich die Beweggründe und ihre Auswirkungen brennend.
Bei allen Gesprächen mit Freunden und Bekannten dominierte als Leitmotiv der Verdruß ob der Überentwicklung und Übererschließung, die die Gemeinde vor allem sehr teuer zu stehen kommt. Die überdimensionierten öffentlichen Bauten kosteten enormes Geld, und Chamonix gehörte daher zu den meistverschuldeten Gemeinden ganz Frankreichs. Allein schon der Geldmangel verunmöglichte den Bau der Umfahrungsstraße, und dies selbst dann, wenn jeder sie noch gewollt hätte. Früher hatte man eine Umfahrungsstraße und ähnliche Projekte als «Fortschritt» empfunden, der ganz allgemein «nicht aufzuhalten» sei. Doch ein neuer Geist zeigte, daß ein allgemeiner Stimmungsumschwung stattgefunden hatte. So las ich beispielsweise eine ausführliche Kontroverse über den Bau eines neuen Skilifts in den Aiguilles Rouges. Das Argument wurde ins Feld geführt, der neue Lift werde eintausend Skifahrer pro Stunde befördern, gegen dreitausend bis zum Mittag. Anschließend wurde gefragt: Was sollen die dreitausend unternehmen? Wo sollen sie ihre Autos parkieren? Faßt das Skigelände überhaupt eine solche Zahl? Was muß zusätzlich bei der Bergstation gebaut werden? Der Artikel schloß mit der Bemerkung, die Gemeinde wäre gut beraten, das Projekt fallen zu lassen, wenn nicht alle Fragen befriedigend beantwortet werden könnten und ein Ausbau der bestehenden Transportanlage vermutlich genügen würde. Es war das erste Mal, daß ich eine solche Auseinandersetzung in der Lokalzeitung lesen konnte.

Doch selbst wenn früher einmal eine stattgefunden hätte, wäre nach allgemeinem Wunsch der neue Lift gebaut worden.
Gewiß löst das alles das Problem der fast permanenten Verkehrsstaus in den Hochsaisons nicht. Aber der Gesinnungswandel bringt neue Ideen und Möglichkeiten. Vielleicht können an den Talenden Riesenparkplätze gebaut werden, etwa wie bei Zermatt. (Beim Studium dieser Frage machte der Gemeinderat die bemerkenswerte Entdeckung, daß sich unter einem der neueren Hotels eine Parkgarage für rund zweihundert Autos befand, die bisher nie benützt worden war.) Die zentrale Frage bei all diesen Auseinandersetzungen ist die nach dem Besitzer. Sie ist schon anläßlich jenes Planes vom Gipfelbankett gestellt worden, nämlich: Wem gehören eigentlich die Berge? Die Antwort liegt in einer Zusatzfrage: Wem gehören diese Berge *nicht?* Die Alpen wurden vor etwa zweihundert Jahren «entdeckt» und mit ihnen die Bergästhetik. Seither haben sie die Vorstellungskraft von Millionen in Bann gezogen. Für mich ist eines klar, abgesehen von allem, was über ihren Besitz gesagt werden kann: sie gehören nicht nur den gerade heute lebenden Generationen. In gewissem Sinn sind sie uns bloß anvertraut und keine Generation hat das Recht, in wenigen Jahrzehnten so zerstörend einzugreifen, daß zukünftige Generationen aus dem Lebensganzen, das wir «die Alpen» nennen, keine Begeisterung, keine Erhebung und keinen Trost mehr zu ziehen vermögen.

6 Mit dem Landrover nach Pakistan

Im Spätsommer 1969 traf ich mit einem tschechischen Bergsteiger zusammen, der für die Klettersaison nach Chamonix gekommen war. Von Beruf war er Biochemiker, und er erzählte mir, es gebe einen neuen tschechischen Computer, der in Prag stehe und jede ihm gestellte Frage beantworte. Vor kurzem sei er über das neue russische Auto «Moskwitsch» befragt worden: «Wird der Moskwitsch 230 Stundenkilometer fahren?» «Ja», lautete die Antwort, «aber nur einmal.» Kurz nachdem ich diese Geschichte gehört hatte, verließ ich Chamonix durch den Montblanc-Tunnel, der Frankreich mit Italien verbindet, zur ersten Etappe einer neuntausend Kilometer langen, fünfundzwanzig Tage dauernden Autoreise von Frankreich nach Pakistan. Ich fuhr allerdings keinen Moskwitsch, sondern ein Landrover-Dormobil, das heißt einen langgestreckten Landrover mit Spezialausstattung, so daß vier Personen darin schlafen konnten. Im Dach versteckten sich zwei Schlafkojen, und die Sitzbänke ließen sich ebenfalls zu so

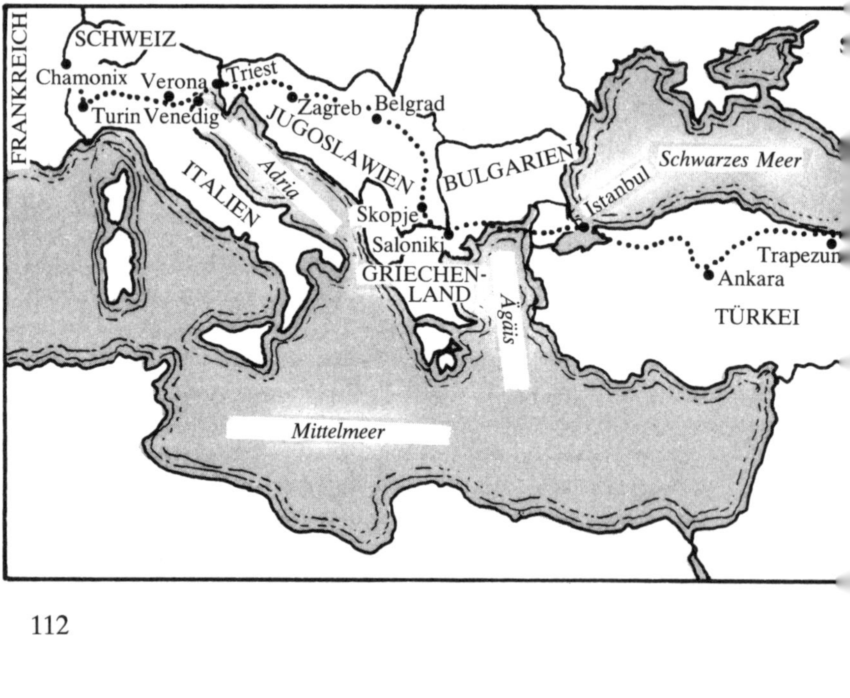

etwas wie Betten herrichten. Es gab auch einen Gaskocher und einen Ausguß und an der Hintertür befestigt einen Picknicktisch. Unsere Reiseroute, die die arabischen Länder des Mittleren Ostens mied, führte uns durch Italien bis Triest, dann nach Jugoslawien, den östlichen Zipfel Griechenlands und über die türkische Grenze nach Istanbul. Hinter den Dardanellen kam Asien, erst die nördliche Türkei und das Schwarze Meer, dann die östliche Türkei; vorbei am Berg Ararat ging es nach Iran, durch Teheran, nach Norden zum Kaspischen Meer, nach Süden zur afghanischen Grenze, nach Herat und Kandahar, dann wieder nach Norden bis Kabul und schließlich in östlicher Richtung über den Khyber-Paß nach Pakistan. Alle diese Nord-Süd-Manöver wurden durch die Gelände- und Straßenbeschaffenheit erzwungen. Unsere Route benützte die bestmöglichen Straßen, aber auch so mußten wir mehr als tausendfünfhundert Kilometer auf ungeteerter Fahrbahn zurücklegen, einen Teil davon in der Wüste (in der iranischen Wüste war die Innentemperatur des Wagens, während wir mit neunzig Stundenkilometer fuhren, fast vierzig Grad), und ein Teil der schlechten Straßen war im Gebir-

ge. Jeden Morgen kam mir die lakonische Antwort des tschechischen Computers in den Sinn, und ich fragte mich, ob der Landrover nicht an irgendeiner Stelle einfach seinen Dienst aufkündigen und uns irgendwo im Nichts im Stich lassen würde. Doch abgesehen von ein paar kleineren Reparaturen und einer Kollision mit einem Lastwagen in Griechenland funktionierte er perfekt und kam in der pakistanischen Grenzstadt Tor Khama, am Fuß des Khyberpasses, in der gleichen Verfassung an, in der wir mit ihm Frankreich verlassen hatten.
Eine so komplizierte Reise kann man nicht über Nacht organisieren. So hat zum Beispiel jedes Land für die Durchfahrt mit einem Auto seine eigenen Bestimmungen, und es brauchte fast einen Monat, alle nötigen Dokumente zu besorgen. Die Planung aber im ganzen benötigte, wie sich herausstellte, nahezu ein Jahr. Da ich Taschenkalender und Tagebücher nicht sehr liebe, kann ich die Gründe dafür und die Einzelheiten der Reise, ohne ein vollendetes Durcheinander der Länder, Sprachen, Personen und Daten zu veranstalten, nur dann darstellen, wenn ich sie chronologisch aufzeichne – also doch so etwas wie Tagebuch-Aufzeichnungen liefere. Der allererste Anfang war:

Brookhaven National Laboratory – Juni 1968
Das Institut, im Farmland des östlichen Long Island gelegen, ist noch genau so, wie ich es vor acht Jahren, als ich von dort wegging und meinen ersten Universitäts-Lehrauftrag übernahm, in Erinnerung hatte. Viele der Leute, die ich kannte, waren noch da, und wir alle waren acht Jahre älter geworden, ich achtunddreißig. Ich hatte mich zu einer der sechswöchigen Sommertagungen eingefunden, die Physiker aus dem ganzen Land zu Vorlesungen und Studien vereinigte. Es war eine angenehme, produktive Zeit, aber für Leute ohne Familie war es etwas einsam. Da ich das im voraus wußte, hatte ich eine ganze Bibliothek von Büchern jener Art mitgebracht, die man sich zu lesen vornimmt, wenn man Zeit hat. Ich hatte Zeit. Etwa die Hälfte der Bücher handelte von Gebirgen und von Asien. Im Herbst zuvor hatte ich drei Monate in Nepal zugebracht, und der Zauber dieses Landes war noch lebendig. So verbrachte ich die Abende im Flachland von Long Island mit Lektüre über das «Dach der Welt».
Eines der Bücher besaß ich schon seit 1964. Eine vage Erinne-

rung sagte mir, ein eben aus Asien zurückgekehrter Bergsteiger habe es mir geschenkt und etwas von einem «großartigen Buch» gemurmelt. Es hatte einen Teil Asiens zum Gegenstand – den Hindukusch in Pakistan, nahe der afghanischen Grenze –, mit dem ich nicht vertraut war und der auf den ersten Blick mit seiner Last an Philosophie, Geschichte und wenig bekannter Geographie nicht gerade einladend wirkte. Vier Jahre hatte das Buch ungelesen herumgelegen. Nachdem ich aber das erste Kapitel gelesen hatte, war mir schon klar, daß Fosco Marainis «Where Four Worlds Meet» (Wo vier Welten zusammenstoßen) eines der besten Reisebücher war, die ich je gelesen hatte. Maraini ist ein Florentiner, der 1937 nach Tibet reiste. Später war er in Japan, wo man ihn während des Krieges wegen antifaschistischer Aktivitäten internierte. Er hatte an der Universität Kyoto als Lektor für Italienisch gewirkt. 1953 schrieb er ein erfolgreiches Buch über Japan: «Meeting with Japan» (Begegnung mit Japan). Er ist außerdem ein ausgezeichneter Bergsteiger, und auf den ersten Blick ist das Thema seines Buches «Where Four Worlds Meet» die Erstbesteigung des Saraghar durch eine italienische Expedition im Jahre 1959, die Maraini anführte. Der verhältnismäßig unbekannte, etwas über 7300 Meter hohe Berg liegt nahe der afghanischen Grenze. Marainis Buch enthält die üblichen Schilderungen von Lager III und Lager IV, die unvermeidliche Lawine, die beinahe alle Mann mitgerissen hätte und was sonst noch dazugehört, die Dinge eben, die Nicht-Bergsteiger beim Versuch, ein solches Buch zu lesen, abschweifen lassen und die in Auden und Isherwoods Theaterstück «The Ascent of F-6» (Die Besteigung des F 6) so hübsch ironisiert werden. (In der Karakorum-Kette in Pakistan gibt es einen K 6, der meines Wissens noch unbestiegen ist.) Aber all das ist gnädig auf etwa ein Kapitel beschränkt. Zum größten Teil ist Marainis Buch die glänzende Erhellung eines Weltteils, des Hindukusch, der umkämpft war von allen möglichen Armeen, darunter von den Griechen Alexanders des Großen, den Hindus, den Moslems und in Gestalt der Briten von den Christen. Diese drei großen Religionen und dazu der Buddhismus, der durch die Moslem-Invasion aus dem Hindukusch vertrieben wurde, sind die vier Welten, die Maraini meint. Jeder Fußbreit von Marainis Reise führt über einen Boden, der von Geschichte durchtränkt ist, und seine Erzählung wechselt

zwischen Geschichte und der Schilderung seiner eigenen Expedition, die oft sehr schwierig war und im Fortschreiten immer tiefere Bedeutung erhielt.
Maraini ist auch ein wunderbar anschaulicher Schriftsteller, und irgendwo kurz vor der Mitte des Buches kam ich auf eine Seite mit Schilderungen, die die kontemplative Ruhe meines Sommers zu durchbrechen drohten. Die Expedition hatte eben eine Woche gebraucht, um etwas über zweihundertzwanzig Kilometer von Peschawar, einer großen Stadt im nördlichen Pakistan, nach Chitral hinter sich zu bringen. Dieses Chitral war zu der Zeit, als das Buch geschrieben wurde, der Hauptort eines autonomen Stammesgebietes, das innerhalb Pakistans lag. (Maraini hat einige Schwierigkeiten, klarzustellen, daß «Stammesgebiet» nicht heißt, dieses Territorium sei von halbnackten Wilden mit Pfeil und Bogen bevölkert, sondern daß die Regierung Pakistans keine Verantwortung für Reisende in solchen Gebieten übernimmt. Sie sind der örtlichen Gesetzgebung unterworfen, die in diesem Fall – mindestens theoretisch – vom *Methar,* dem herrschenden Fürsten, einem lebhaften zwölfjährigen Jungen, gehandhabt wurde.) Die Reise war qualvoll. Sie sollte in Lastwagen vor sich gehen, doch gerieten die Wagen in die späten Frühjahrsregen, die die Flüsse anschwellen ließen, und am Ende wurden Menschen und Material mit allen möglichen improvisierten Transportmitteln fortbewegt, von Männern, Tieren und Fahrzeugen der verschiedensten Altersklassen und Gebrechlichkeitsstufen. Ein 3230 Meter hoher Paß, der Lowarai, mußte zu Fuß überquert werden, da damals keine befahrbare Straße bestand. Maraini macht eine interessante Anmerkung zum Lowarai. Er schreibt: «1960 machte Professor A. J. Toynbee trotz seiner einundsiebzig Jahre eine Reise durch Afghanistan und Pakistan, größtenteils auf den Spuren Alexanders des Großen. Am 28. Mai mußte er seinen Versuch, den Lowarai-Paß zu erreichen, wegen eines heftigen Schneesturms aufgeben.» Am 8. Juli überquerten ihn die Italiener und hatten mehr Glück. Sie erreichten sogar am selben Tag Chitral, das etwa sechzig Kilometer hinter dem Paß lag, und zwar durch motorisierten Transport: die Wagen waren auseinandermontiert über den Paß gebracht und auf der anderen Seite wieder zusammengesetzt worden.
Die Expedition verbrachte die Nacht im Rasthaus in Chitral,

einem jeder überall anzutreffenden Bungalows im Grenzgebiet, die ursprünglich erbaut worden waren, um vorbeikommende britische Beamte aufzunehmen. Und dann kommt die Stelle, die meine Unrast auslöste. Maraini schreibt: «Wir konnten natürlich nicht das strahlende, phantastische Schauspiel vorhersehen, das uns am Morgen des 9. Juli begrüßte, als wir unsere Fenster im Rasthaus öffneten. Jede Versuchung, über die ärgerlichen Zwischenfälle zu murren, die uns auf unserer Reise zugestoßen waren, schwand dahin: wären wir auch auf den Knien hierher gerutscht, es hätte sich gelohnt. Die Luft war mild und erfrischend, das Panorama vor uns von unvergleichlicher Größe. Im Vordergrund sahen wir Blumen in üppiger Menge: große, farbige Blüten, die mich an Hawaii erinnerten, hinter und über ihnen waren die grünen, saftigen Baumwipfel, die die Villen und Häuser von Chitral umgaben, und all das vor dem Hintergrund alter, bröckelnder, felsbestreuter Höhen von gelblich-oranger Farbe mit zutage tretenden geologischen Schichten, die wie zerborstene Ruinen von vorgeschichtlichen Tempeln aussahen. Und als letztes, nah und fern zugleich, weiß und azuren im Sonnenlicht schimmernd, erhob sich der märchenhafte, der unglaubliche Gipfel des Tirich Mir, an die 6000 Meter über uns aufragend.» Der Tirich Mir ist in dieser Region mit seinen rund 7690 Meter der höchste Gipfel. Er wurde 1950 von einer norwegischen Expedition zum ersten Mal bestiegen.
Maraini fährt weiter: «Meine Kameraden wurden bei dem Anblick vor Aufregung fast verrückt: für mich aber war es nicht nur das herrliche Bild an sich, es war eines, das in mir alte Erinnerungen weckte. Ganz unerwartet bemerkte ich an mir das Wiedererleben der Empfindungen, die mit ‹dem ersten Mal› verbunden sind, den besonderen, unfaßbaren Zauber, der sich bildet, wenn den unberührten Sinn eine wirklich bedeutsame Erfahrung trifft. Für mich war dieses ‹erste Mal› der Anblick des mächtigen Kanchenjunga-Gipfels, der sich mehr als 8500 Meter über Meereshöhe aus den tropischen Wäldern Sikkims vor meinen Augen erhob. Natürlich dachte ich auch an den Chomo Lhari an der Grenze von Tibet und Bhutan und ebenso an den K 2 in der Karakorum-Gruppe. Aber ich muß gestehen, daß der Panoramablick auf den Tirich Mir vieles hatte, was mich in Versuchung brachte, ihn über alle anderen zu stellen. Es war einfach voll-

kommen, wie diese ‹Strebepfeiler› das Auge weiter und aufwärts lenkten zu dem fernen, überwältigenden Höhepunkt des Bildes. Dazu kam die betaute, kristalline Harmonie der das ganze durchdringenden Farbe, das von dem eisbedeckten Gipfel ausgehende mystische Empfinden, die schrundige Felsmasse seiner Basis, die sich in einem Meer aus blaugrauem Dunst verlor – all das wirkte zusammen wie in einem geliebten Musikstück, um in mir zutiefst ästhetische und religiöse Gefühle zu wecken.»
Und Maraini schließt: «Sicher ist der K 2 ein atemberaubender Anblick. Und die Sicht auf den Kanchenjunga aus dem Tropenwald am Tista River ist phantastisch und ehrfurchtgebietend zugleich. Doch dieses Bild des Tirich schloß auch Häuser und Gärten, Reisfelder und gewundene Straßen ein, es hatte etwas rührend Menschliches in sich aufgenommen, einen Hauch von Poesie, einen Sinn für Maß und Komposition, der an einen Hintergrund von Mantegna oder Benozzo Gozzoli erinnerte. Dieser titanische Berg, der hier aufragte, glich einem heidnischen Engelsthron. Er reckte sich nicht wie der K 2 und die Riesen des Karakorum in Gesellschaft in den eisigen interstellaren Raum. Wenn ich ihn betrachtete, fühlte ich mich nicht als unendlich kleine verlorene Kreatur, vor Schrecken wie vor Staunen zitternd. Ich grüßte ihn, wie man einen zwar mächtigen, aber sehr guten Freund begrüßt, der einem zum Festmahl geladen hat.»
Als ich Marainis Buch hinlegte, sank sacht die Sonne hinter den struppigen Kiefern und dem flachen, sandigen Farmland des östlichen Long Island. So sehr ich auch versuchen mochte, die Vision des Hochgebirges aus meinem Sinn auszuradieren, ich konnte es nicht. Und die Frage, warum ich hier war und nicht dort, fing an, nicht eben bequem in mir zu rumoren. Beim Einschlafen gab ich mir das einigermaßen verrückte Versprechen, daß ich irgendwie und so rasch wie möglich nach Chitral reisen und den Tirich Mir anschauen würde.
Unter den anderen Büchern und Papieren, die ich nach Brookhaven mitgebracht hatte, waren mehrere ziemlich alte Ausgaben des *Himalayan Journal,* einer Zeitschrift, die von der Himalayan Society, einem Klub von Himalaya-Kletterern und -Forschern herausgegeben wurde und der Verbreitung des Wissens über die Gebirge Asiens gewidmet war. Ich hatte diese Hefte in etwas abgenutzter Verfassung an einem Bücherstand in Katmandu

gefunden, aber erst jetzt nahm ich mir die Zeit, sie zu lesen. In einem davon war ein Bericht über die norwegische Expedition auf den Tirich Mir, zusammen mit einigen anderen Artikeln über Erkundungen im Hindukusch und Karakorum. Alles war sehr interessant, aber was mir besonders auffiel, war die Zahl der Expeditionen, vor allem der britischen, die mit Landrover nach Pakistan unternommen wurden (Marainis Gruppe flog von Rom aus nach Karachi). Diese Berichte erweckten den Eindruck, Massen von Landrovern, beladen mit Kletterausrüstungen, hätten sich glücklich durch die Wüsten Kleinasiens hindurchgearbeitet. Meine eigenen ersten Erfahrungen mit einem Landrover machte ich bei einem ziemlich irren Sonntagsausflug mit Boris Lissanevitch, dem berühmten Besitzer des Royal-Hotel in Katmandu. Boris nahm mich damals mit, um eine Wand mit Newar-Holzfriesen aus dem sechzehnten Jahrhundert zu besichtigen, die er in einem nahegelegenen Dorf gekauft hatte. Auf diesem Ausflug gab Boris' Landrover, den er selbst von England bis hierher gefahren hatte, einfach auf. Er mußte Nachricht ins Hotel schicken, damit wir ein Taxi bekamen. Trotz dieser wenig verheißungsvollen Erfahrung hatte mich die Größe des Wagens positiv beeindruckt. Wenn man – überlegte ich nun – die Reise mit einem *neuen* Landrover antrat, konnte man all seinen materiellen Besitz einladen und hatte bestimmt gute Chancen, den Hindukusch heil zu erreichen. Überdies sprach Maraini 1959 bei seiner Schilderung von der Überquerung des Lowarai-Passes von einer im Bau befindlichen Straße, die den Lastwagenverkehr erleichtern sollte. Um wieviel mehr dann den mit Landrovern, auch wenn sie von der größtmöglichen Sorte waren. Es war fast zehn Jahre her, seit Maraini sein Buch geschrieben hatte, und selbst bei der geringen Geschwindigkeit, mit der Bauarbeiten in Asien vor sich gingen, war es gut möglich, daß die Straße inzwischen fertig gebaut war. Und wenn es sie noch nicht gab, konnte man immer noch marschieren.

Überflüssig zu sagen, daß ich weder einen Landrover besaß noch irgendeine unmittelbare Aussicht bestand, ich könnte einen erwerben. Aber davon ganz abgesehen war die Hauptfrage, wie ich die Zeit und das Geld auftreiben sollte, zum Hindukusch zu reisen. Ich hatte gerade die Universität gewechselt, und nach den üblichen akademischen Grundregeln würde ich vor 1974 kein

Anrecht auf irgendeinen größeren Urlaub haben. Ich war erst seit etwa sechs Monaten in meinem neuen Amt, und unter diesen Umständen war es sehr unwahrscheinlich, daß ein Dekan geneigt wäre, mir ein Freisemester zu gewähren, damit ich von Chitral aus den Tirich Mir ansehen konnte. Trotzdem hatte ich Anfang Juli, als meine sechs Wochen in Brookhaven um waren, den festen Entschluß gefaßt, in einem Landrover nach Pakistan zu fahren, und das bestimmt vor 1974, Dekan hin oder her.

New York City – September und Oktober 1968
Der Plan hat einen großen Schritt nach vorn gemacht. Ich habe zwei weitere «Expeditions-Mitglieder» angeworben: Jaccoux und seine Frau Michèle. Die beiden Jaccoux und ich waren zusammen nach Nepal gereist. Nun erscheint es ihm vollkommen richtig, nach Pakistan zu fahren, und er kennt auch mehrere Leute, die einen Teil dieser Fahrt schon gemacht haben, und mehrere andere, die auf Expeditionen in Pakistan waren, und er beginnt schon, Landkarten und Informationen zu sammeln. Seine freie Zeit zwischen Bergsteigen und Skilaufen ist der Herbst, was die Zeit für die Reise mehr oder weniger festlegt. Maraini verließ den Hindukusch Ende September, und er erwähnte nichts von schlechtem Wetter. Nach unserer eigenen Erfahrung in Nepal wissen wir, daß der Herbst, auch der Spätherbst, nach dem Monsun eine klare, wenn auch kalte Jahreszeit ist. Jaccoux besitzt auch keinen Landrover, aber er versprach, sich um die Sache zu kümmern.
Anfang Oktober erhielten unsere Reiseaussichten starken Auftrieb, und nun sieht es fast so aus, als ob wir wirklich fahren könnten. Das kam durch einen jener glücklichen Zufälle, die das Leben manchmal zustandebringt; die «Chance, die den aufnahmebereiten Sinn begünstigt». Mein nächster Kollege unter den Physikern, ein Professor an der Rockefeller University in New York, ist ein emigrierter Pakistani. Er hält Kontakt mit den Physikern in Pakistan, und er erzählte mir von einer neu gebildeten, ausgezeichneten Gruppe, die sich mit der Theorie der Elementarteilchen befaßt, meinem eigenen Spezialgebiet. Diese Gruppe arbeitet an der Universität von Islamabad, der neuen Hauptstadt von Pakistan. Überdies bekommt die Universität einen großen Zuschuß von der Ford Foundation, der teilweise

dazu bestimmt ist, ausländische Wissenschaftler für Vorlesungen nach Pakistan zu bringen. (Der Zuschuß hilft auch, die Repatriierung pakistanischer Wissenschaftler zu bezahlen, die das reguläre Professoren-Kollegium bilden.) Mein Kollege war damit einverstanden, den Heiratsvermittler zwischen mir und der Ford Foundation zu spielen und Anfang Oktober kamen in der Tat die ersten Briefe von der Indiana University, wo die Stiftung verwaltet wird. (Mein pakistanischer Kollege ist übrigens unerbittlich dagegen, mit einem Fahrzeug durch Kleinasien zu reisen; er bezeichnet das als «reinen Wahnsinn». Soweit ich dahinterkommen konnte, hat das mit seiner Vorstellung zu tun, dort machten mörderische Banditen und Wegelagerer die Straßen unsicher, stürzten sich auf die Unvorsichtigen und traktierten sie mit unbeschreiblichen Grausamkeiten aller Art. Keiner von Jaccoux' Freunden hatte jedoch derlei Angriffe erlebt, und ich beschloß, sie als Produkte der überaktiven Phantasie meines Kollegen anzusehen.) Anscheinend werden die Ford-geförderten «Geheimräte» mit dem Titel «Visiting Distinguished Professor» ausgerüstet, was sicher elegant genug klingt, um jeden Dekan günstig zu beeinflussen, und wenn auch meine Beziehung zur Ford-Stifung noch nicht zu einer festen Abmachung gediehen war, hatte ich doch das Gefühl, daß die Dinge so weit seien, daß ich die Universität um einen sechsmonatigen unbezahlten Urlaub ab September 1969 bitten konnte. Der wurde mir sogleich gewährt, und kurz danach erfuhr ich, daß das Fakultätsgeld, das für mein Gehalt aufgewendet würde, für das Herbstsemester meinem Vertreter zustehen sollte. Das bedeutet, daß ich – falls die Reise aus irgendeinem Grunde ausfiele – ein halbes Jahr ohne Verdienst dastehen werde. Die Würfel sind gefallen.

New York City – Winter 1968/69

Es hat sich einiges entwickelt, manches günstig, manches ungünstig. Vor allem habe ich einen Brief von einem meiner künftigen Kollegen an der Universität Islamabad erhalten, einem jungen Pakistani, der an der Universität Chikago studierte. Er hat die Reise nach Pakistan auf dem Landweg von München mit einem Volkswagen in achtzehn Tagen gemacht, und er war so freundlich, seinen Reiseplan mitzuschicken. Alles sieht ganz klar und einfach aus. Ein Punkt sticht mir besonders in die Augen: eine

kurze Bemerkung über den herrlichen Blick auf den Berg Ararat an der türkisch-iranischen Grenze. Der Ararat ist zwar nicht der Tirich Mir – aber immerhin. Der Landrover ist bestellt. Es stellte sich heraus, daß es bloß die Hinterlegung von dreihundert Dollar braucht, um die großen Rover-Fabriken in Solihull, Warwickshire, zum Produzieren zu bringen. (Die Umwandlung in ein Dormobil wird von der Firma Martin Walter in Folkestone vorgenommen.) Anscheinend braucht man fünf Monate, um das Fahrzeug herzustellen. Ich gab den 15. August 1969 als Lieferdatum und Chamonix als Auslieferungsort an. Der 15. August ist nicht zufällig gewählt; an diesem Tag findet in Chamonix das «Fête des Guides» statt und Jaccoux wird dann bestimmt im Tal sein. Ich fand, wir könnten das Tier am besten miteinander zum ersten Mal ins Auge fassen. In der hitzigen Erregung des Augenblicks bestellte ich alle mögliche zusätzliche Ausrüstung: ein zweites Reserverad, so daß wir sechs Räder haben, einen Feuerlöscher, ein komplettes Ersatzteil-Set, ein stählernes Abschleppseil und mehr dieser Art. Die Rechnung stieg, aber es sind noch fünf Monate, bis sie bezahlt werden muß. Ich habe beschlossen, die Maxime eines französischen Expeditionsleiters zu übernehmen: «Das Beste ist gerade gut genug für eine französische Expedition.»
Andrerseits klingen die Nachrichten aus Pakistan sehr verwirrend. Von hier aus scheint es, als machte das Land einen regelrechten Bürgerkrieg durch. Es gab Aufstände, Hunderte von Toten, Studententumulte, Plünderung und Brandstiftung. Schließlich wurde Ayub Khan zum Rücktritt gezwungen, an seine Stelle trat die Kriegsrecht-Regierung von General Yahya Khan. Was ist wohl an den Universitäten vorgefallen? Wird es im nächsten Herbst überhaupt Physikvorlesungen in Pakistan geben? Wird Pakistan dann noch existieren? Wir können nur den Atem anhalten und warten.

New York City – Frühling 1969
Die Lage in Pakistan scheint zu so etwas wie einem Normalzustand zurückgekehrt zu sein. Mein Pakistani-Kollege in New York hat Nachricht von seiner Familie in Karachi erhalten. «Die Züge fahren pünktlich, seit Präsident Yahya Khan die Macht übernommen hat.»

In der Zwischenzeit sind die Fortschritte an der Indiana University von wechselndem Erfolg gewesen. Zuerst sagten mir die Leute von der Ford Foundation, sie hätten keine «Deklarierung» für irgendeinen ihrer Besuchs-Professoren im nächsten Jahr erreichen können. (Alle derartigen Professoren brauchen eine solche «Deklarierung» durch die pakistanische Regierung, bevor sie ihre Stelle übernehmen dürfen.) Keiner in Indiana scheint zu wissen, was das bedeutet. Nicht daß diese «Deklarierung» abgelehnt worden wäre; es geschah einfach nichts. Es ist anzunehmen, daß die betreffenden Beamten etwas für das Land Wichtigeres im Sinn haben als den Besuch eines wandernden Physikprofessors und daß früher oder später etwas geschehen wird. Auf dieser ziemlich wackeligen Basis habe ich eine grausame Serie von Impfungen hinter mich gebracht. Vielleicht habe ich im nächsten Herbst keine Arbeit, aber ich werde zum mindesten immun sein gegen Starrkrampf, Ruhr und Typhus. Im Juni endlich kam die Deklarierung, und das gab mir die Kühnheit, den Leuten in Indiana zu eröffnen, ich wollte mit dem Wagen nach Pakistan fahren. Sie bemerkten dazu, es sei dies das erste Beispiel in der Geschichte des Stiftungs-Programms, daß ein Besuchs-Professor seinen Posten chauffierend erreichen wolle, aber wenn ich am 1. Oktober in Islamabad eintreffe, hätten sie keine Einwände und würden sogar zu den Reisekosten beitragen. Das, zusammen mit einigen Ersparnissen und etwas geborgtem Geld, reicht, um das Fahrzeug zu bezahlen.

New York City – Juli 1969

Dieser Juli gehört zu den übelsten Monaten, die ich je erlebt habe. In erster Linie war die Stadt so heiß, daß alles zu zerschmelzen schien. Wichtiger aber ist der zweite Punkt: alles nur irgend Mögliche ging schief. Es begann in der ersten Juliwoche. Ein beiläufiger Anruf bei meinem örtlichen Landrover-Händler ergab, daß unser Fahrzeug nicht rechtzeitig fertig wurde, also nicht am 15. August in Chamonix ausgeliefert werden konnte. Die Formulierung «Materialknappheit» – was immer das bedeuten mochte – wucherte plötzlich in den Gesprächen wie Unkraut. Es war nach Aussage des Händlers sogar unwahrscheinlich, daß das Ding überhaupt nach Chamonix geliefert werden konnte, und ich wäre «wohl beraten», wenn ich es in der Fabrik in

Solihull in Empfang nehmen würde. Das bedeutete eine Extra-Reise nach England, was lästig, aber nicht verheerend schien. Ein zweiter, weniger beiläufiger Anruf enthüllte jedoch, daß es überhaupt keinen Landrover geben würde! Die Lieferung konnte nirgendwo vor dem 15. Oktober garantiert werden, was für uns hieß, daß wir keinen haben würden. Der örtliche Händler war eine gequälte Dame, die keine Erklärung geben konnte, wie dies passiert war. Sie hatte ihre Information von den Landrover-Leuten in New Jersey, die ihrerseits in Fernschreiber-Verbindung mit Solihull standen. Nach einiger Verwirrung gelang es mir, Kontakt mit einer urbanen britischen Stimme herzustellen – eindeutig die Stimme einer Autorität. «Ja, ich habe Ihre Unterlagen. Alles scheint bis Juni vollkommen in Ordnung gewesen zu sein. Irgend etwas ist schief gegangen ...» Er würde ein Telex loslassen.

Als nächstes begann ich meine Runde bei den Konsulaten in Manhattan zu machen, ein Unternehmen, das ich einfältigerweise bis zum letzten Monat aufgeschoben hatte. (Mein Flug nach Genf war für den 31. Juli gebucht.) Ich hatte beschlossen, geographisch rückwärts zu arbeiten, also von Pakistan nach Afghanistan, Iran und in die Türkei. Meine Überlegung war, daß es witzlos sei, kein Visum für Pakistan zu bekommen, aber eins für Afghanistan und so weiter zu erhalten. Entsprechend dieser Logik galt mein erster Besuch dem pakistanischen Konsulat. Wie sich herausstellte, befand es sich in einem elegant aussehenden Gebäude der östlichen Sechziger, gleich beim Central Park. (Anscheinend wurde das Gebäude von dem verstorbenen Ali Khan dem pakistanischen Staat vermacht, und es diente eine Zeitlang als seine persönliche Residenz in der Stadt.) Das Innere jedoch zeigte die bequeme Häßlichkeit eines ausgelatschten Schuhs. Ich wurde in ein Büro geleitet, das vollgestopft war mit Papieren und Formularen jeglicher Art. Der Wandschmuck bestand aus verblaßten Reiseplakaten, darunter einem, das eine ziemlich schreckerregende Ansicht des Khyber-Passes zeigte. An einem Pult schien ein schweigender, unumgänglicher, kahlköpfiger Pakistani dabei zu sein, durch die Menge der täglich eingehenden ausgefüllten Formulare zu waten. Mir ging kurz die Vision des Sisyphus durch den Sinn, der seinen Felsen durch die Äonen in die Höhe quält. Ich unterbrach seine Mühen so lang,

daß ich meinen Fall vorbringen und meinen Paß samt einem offiziell aussehenden Brief der Leute in Indiana präsentieren konnte. Ich erhielt ein – gnädig kurzes – Formular, das ich für mich selbst ausfüllen sollte, und ein weiteres für den noch hypothetischen Landrover. Das letztere konnte nicht ausgefüllt werden, weil dazu die Besonderheiten des Fahrzeugs benötigt wurden – seine Nummer zum Beispiel –, und da es noch keinen Landrover gab, gab es auch keine Besonderheiten. Er versicherte mir aber, sobald diese vorlägen, könne das Dokument fertiggemacht werden, und die «Genehmigung komme innerhalb eines Tages». So gestärkt übergab ich meinen Paß und erhielt ihn, wie versprochen, zwei Tage später angemessen gestempelt zurück. (Als ich wiederkam, war der kahlköpfige Beamte nirgendwo zu finden, aber ein anderer schaffte es, meinen Paß tief im Bauch einer Schreibtischschublade auszugraben – nach einer leicht wahnsinnigen Suchaktion.) Überflüssig zu erwähnen, daß noch immer kein Landrover in Sicht war.
Hernach mußte ich zu den Afghanen. Das afghanische Konsulat befand sich im obersten Stockwerk eines Speichergebäudes in den westlichen Dreißigern, nicht sehr weit entfernt von Macy's Warenhaus. Dort herrschte eine ruhige, seriöse Atmosphäre. Man führte mich in ein Büro, wo mich ein freundlicher junger Mann, vielleicht der Konsul befragte – jedenfalls der erste Afghane, mit dem ich je zusammentraf. Es stellte sich heraus, daß es zwei, nicht furchtbar schwierige Voraussetzungen für ein afghanisches Visum gab, die ich nicht erfüllte: drei Photographien und ein Brief irgendeiner verantwortungswürdigen Persönlichkeit, die sicherstellte, daß ich in Afghanistan nicht der öffentlichen Fürsorge zu Last fallen würde. (Die Afghanen wurden zu jener Zeit schwer von Hippies heimgesucht, da in Nepal und Pakistan, zwei ihrer früheren Lieblingsländer, Haschisch schwer zu bekommen war und viele von ihnen, einmal angekommen, kein Geld mehr hatten, in Afghanistan zu leben oder es zu verlassen.) Er schickte mich zur Herald Square U-Bahnstation, wo ein Automat drei Bilder von mir machen sollte, und als ich zurückkam, sagte er mir, er wolle mein Visum ausstellen, wenn ich versprechen würde, beim Abholen den Brief mitzubringen. Er übergab mir eine kurze Informationsschrift über Afghanistan, in der unter anderem stand, der Benzinpreis betrage fünfund-

zwanzig Afghanis pro Gallone (3,78 Liter). Auf einen Dollar gingen, so stand da, siebzig bis fünfundsiebzig Afghanis. Als ich zwei Tage später mit einem Brief meines Fakultätspräsidenten ankam, war mein Visum fertig. Es brauchte keine besonderen Dokumente, um ein Auto nach Afghanistan zu bringen, was sehr gut war, denn noch immer gab es kein Anzeichen für einen Landrover.

Dann kamen die Iraner. Das iranische Konsulat befand sich in einer eleganten Büroflucht im International Building an der Fifth Avenue. Man ging durch eine getäfelte Tür und wurde von einer berauschenden, wenn auch eisigen Blondine begrüßt, einer Nicht-Perserin, die ohne weitere Umstände den Paß an sich nahm. Das Visum konnte später am Tag abgeholt werden. «Und das Fahrzeug?» «Um ein Auto nach Iran zu bringen, braucht man einen internationalen Führerschein und ein *Carnet de passage en douane»,* informierte sie mich. Selbstverständlich hatte ich beides nicht, und wußte nicht einmal, was das letztere war. Aber mir war klar, daß – was immer es sein mochte – ich es nicht leicht für ein bis jetzt nicht existierendes Fahrzeug bekommen würde, und so erklärte ich ihr, daß ich durch Iran nur durchfahren wollte, und ob hier ein Arrangement getroffen werden könnte. Daraufhin wurde ich in das Büro des eigentlichen Konsuls geführt, eines unglaublich eleganten jungen Mannes, dessen perfektes und konstantes Lächeln von ein oder zwei Goldzähnen nur leicht beeinträchtigt wurde. Ein Carnet de passage, so erklärte er mir, war ein Dokument, das man von der *American Automobile Association* bekam und das letzten Endes als Garantie diente, daß man den Wagen nicht im Ausland verkaufte, ohne die im betreffenden Land erhobenen Importsteuern und ähnliches zu bezahlen. Es gab nichts, was meinen Absichten ferner lag, als unseren Landrover – wenn wir je einen bekamen – in Iran zu verkaufen. Dagegen hatte ich die feste Absicht, so sagte ich ihm, das Fahrzeug zur Durchfahrt durch den Iran zu benützen. Er werde, so antwortete er mir, mit Washington telefonieren. Jedenfalls rief er irgendwen an und sprach sehr lange persisch mit ihm; die Unterredung war häufig durchsetzt mit den Worten Carnet de passage, aber sie hatte keinen Erfolg. Kein Carnet, keine Durchfahrt durch Iran. Punktum.

Die Büros der American Automobile Association befanden sich

im Statler Hilton Hotel, ebenfalls nahe Macy's. Die Atmosphäre im AAA entsprach jetzt im Sommer, in der Reise-Hochsaison, etwa der im Konsulat eines Landes, das vor einer Invasion steht – jedermann war offensichtlich verzweifelt bemüht, irgendwohin zu gelangen. (Unter diesen Umständen erinnerte ich mich an den Flüchtling, der antwortete, als man ihm sagte, er solle in einem Jahr wiederkommen: «Vormittags oder nachmittags?») Wir alle, Dutzende – oder waren es Hunderte? – schrieben unsere Namen auf Papierstreifen, die in Holzkästen abgelegt wurden. Die meisten meiner unmittelbaren Nachbarn auf den Vorzimmerbänken schienen den kürzesten Weg nach dem östlichen Long Island wissen zu wollen. Da ich eben von dort gekommen war, hätte ich sie gern mit dieser Information versorgt, aber es war zweifelhaft, ob sie mir geglaubt hätten, und selbst wenn sie das taten, war es noch zweifelhafter, ob wir es fertiggebracht hätten, ihre Namen aus den Holzkästen zu entfernen. Nach einer scheinbar jahrelangen Wartezeit wurde mein Name aufgerufen und ich zum Schreibtisch eines leicht angewelkten Herrn geführt. Er informierte mich, daß es eine Bagatelle sei, einen internationalen Führerschein zu bekommen; auch er werde von der AAA ausgegeben. (Wie die AAA zu dem Geschäft gekommen war, internationale Dokumente zu verhältnismäßig hohen Preisen zu besorgen, war eine Frage, die mich zu fesseln begann.) Ich brauchte zwei Fotos – inzwischen hatte ich meine Lektion gelernt und ging nie mehr irgendwohin ohne mehrere Fotos –, dazu einige Dollar und meinen Führerschein des Staates New York, dann würde ich das Dokument im Handumdrehen haben. Das Carnet de passage dagegen wurde in Washington von einer *World Wide Travel Inc.* genannten Stelle ausgegeben, die zur AAA gehörte. Es kostete einhundertfünfzig Dollar – einhundertfünfzig Dollar! –, und zusätzlich mußte der Bewerber zweitausend Dollar bei seiner Bank hinterlegen, über die ein Kreditbrief für die AAA ausgeschrieben wurde. Diese Summe ging verloren, wenn der Wagen gegen die Bestimmungen des Carnet verkauft wurde. Oh Maraini, was hast du bewirkt! Mein Kopf begann beim Gedanken, wie ich zweitausend Dollar aus unserem rasch schwindenden Expeditionsvermögen herausholen und außerdem mit Washington über ein Dokument für einen nicht vorhandenen Wagen verhandeln sollte, zu schwindeln. An diesem Punkt war ich fast bereit, alles aufzugeben. Aber eben war ein Brief von den Jaccoux' gekommen, der ankündigte, sie hätten mit dem Einsammeln ihrer Impfungen und Visa begonnen. Ich schuldete ihnen also einen letzten Versuch.

Als ich am nächsten Morgen um halb neun das Washingtoner Büro der AAA anrief, war es geöffnet. Glücklicherweise hatte ich aus dem Mann in New York einen Namen herausgelockt, und nachdem dieser Jemand aufgefunden worden war, erklärte ich ihm so deutlich, wie ich konnte, worum es ging. Er war einverstanden, mir das Dokument ohne die Einzelheiten des Wagens auszustellen; ich sollte dann die Eintragungen im AAA-Büro in Paris vervollständigen lassen. Das bedeutete offensichtlich eine Extra-Reise nach England, um den Wagen zu bekommen, wenn der fertig war, und eine Extra-Reise nach Paris wegen des Carnet oder umgekehrt. Dann hob ich das Geld von meinem Sparkonto ab und sorgte dafür – oder ich meinte mindestens, ich hätte dafür gesorgt –, daß der Kreditbrief ausgestellt wurde. Jetzt waren es noch zwei Wochen bis zu meiner Abreise, und die Zeit wurde verzweifelt knapp. Zu allem anderen benachrichtigte mich die Bank, sie habe irgendwie mein Gesuch um ein Carnet verloren, was einen weiteren Besuch bei der AAA, ein weiteres Warten, ein weiteres Formular bedeutete. Und jetzt kam mir auch in den Sinn, daß ich die Türkei vergessen hatte, von den europäischen Ländern ganz zu schweigen. Ein Anruf beim türkischen Konsulat ergab die angenehme Tatsache, daß die Türken kein Visum verlangten und auch kein Papier für den Wagen; allerdings rieten auch sie mir zum Carnet. Ich überlegte, vielleicht zu Unrecht, daß die Dinge, wenn man in Europa weiter westlich ging, sicherlich leichter würden, und beschloß daher, mich jetzt nicht mehr darum zu kümmern, was die europäischen Länder haben wollten. Im schlimmsten Fall würde ich in Genf mit ihnen verhandeln.

Inzwischen war die letzte Juliwoche angebrochen, und – welch ein Wunder! – man hatte in England irgendwo ein neues Landrover-Dormobil «ausgemacht». Es sollte nach Solihull zum Kundendienst geschickt werden. Noch wußte niemand, was für eine Zulassungsnummer es hatte, aber die Landrover-Leute waren so freundlich, mir vorzuschlagen, sie wollten Washingten mit den Einzelheiten beliefern, «sobald der Wagen sicher in der Garage

in Solihull steht», und von dort sollte auch das Carnet geschickt werden. Überdies würde der Wagen nach Chamonix geliefert – am 15. August, wie versprochen! Jetzt blieb als einzige unerledigte Sache die Straßenzulassung, um den Wagen nach Pakistan zu bringen. Ein Anruf im pakistanischen Konsulat erbrachte die ziemlich beunruhigende Neuigkeit, daß alle derartigen Gesuche nach Pakistan geschickt werden mußten – meine erste Information war offensichtlich falsch gewesen – und daß das mehrere Wochen kostete. Mir wurde vorgeschlagen, ich sollte mit der Botschaft in Bern verhandeln, und man nannte mir den Namen eines dortigen Herrn, den ich anrufen konnte.
Seltsam genug – vielleicht aus dem unbewußten Gefühl, daß wir ohnehin nie hinkämen – hatte ich während des ganzen Planungsstadiums nie auf einer Karte nachgeschaut, wie die Reiseroute wirklich aussah. Als ich meinen Atlas hernahm, war ich von dem, was wir vorhatten, überwältigt. Dünne rote Linien, manchmal gestrichelt zum Zeichen, daß es keine richtigen Strassen waren, durchzogen endlos Wüsten und Gebirge; von Zeit zu Zeit machten sie Halt bei schwarzen Punkten, die unvertraute Städte bezeichneten. Wenn ich an die vielen Kilometer dachte, die man von Punkt zu Punkt zurücklegen mußte, überkam mich ein Gefühl der Melancholie, und in dieser Stimmung ging ich am 31. Juli um Mitternacht an Bord des Flugzeugs nach Genf.

Chamonix – August 1969
Diese Saison war eine der schönsten gewesen, die man in den Alpen seit vielen Jahren erlebt hatte. Ein strahlender, sonnenerfüllter Tag folgte dem anderen. Jaccoux war selten im Tal zu finden. Er drückte es so aus: «Je bosse comme un âne» (Ich schufte wie ein Esel). Und Michèle schien überhaupt verschwunden zu sein. In Jaccoux' Abwesenheit «überwinterte» sie in einem Skiort bei Grenoble. Ihr von einem der Schweizer Klienten Jaccoux' gemietetes Chalet war von einer ganzen Sammlung von Besuchern bevölkert, darunter von jenem tschechischen Bergsteiger mit seiner Computer-Geschichte und einem französischen Rennfahrer. Der letztere bot sich an, den Landrover bei der Ankunft ganz genau nach technischen Mängeln zu untersuchen. Das «sacré carnet» war gekommen, ein imposantes Dokument in rosafarbenem Einband, viele Zettel enthaltend, die von

den verschiedenen Zollbeamten herausgerissen und ausgefüllt werden konnten. Aus diesem Ding erfuhr ich, daß der Landrover grün war und die Zulassungsnummer HXC 146 H trug. Ein Telegramm von Solihull ging ein, das das Lieferdatum des 15. August bestätigte. Die Botschaft Pakistans in Bern war angerufen und angeschrieben worden und hatte auch von sich hören lassen. Der zweite Sekretär, ein Herr Gul Haneef, schrieb: «Ich bedauere, daß wir nicht imstande sind, ihnen die Straßenzulassung zu erteilen, aber sie werden sie von der Botschaft Pakistans entweder in Iran oder Afghanistan bekommen können. Beachten Sie bitte in diesem Zusammenhang Punkt sechs auf dem beiliegenden Formular.» Mit ziemlich bösen Vorahnungen studierte ich Punkt sechs. Dort hieß es unter anderem: «Touristen mit der Absicht, Pakistan zu besuchen oder zu durchqueren, die auf dem Landweg von Indien kommen, brauchen eine Straßenzulassung, die von der Hochkommission Pakistans in Neu Delhi oder den pakistanischen Missionen in Iran oder Afghanistan ausgegeben wird.» Nun begann mir zu dämmern, daß wir überhaupt keine Straßenzulassung brauchten, denn wir planten nicht, die indische Grenze zu überschreiten. Immerhin hatte es soviele widersprüchliche Informationen über diese Zulassung gegeben, daß ich mir vornahm, eine der oben angeführten Missionen aufzusuchen, sobald wir in Rufweite kommen würden.

Wie geplant versammelten wir uns zum 15. August, der «Fête des Guides». Unsere Feiern begannen in der Nacht vom 14., als wir in großer Kompagnie bei Père Bise, dem berühmten Gastronomen-Tempel in Talloires einfielen, etwa achtzig Kilometer von Chamonix entfernt. Es war ein glänzender Abend. (Der alte Père Bise war selbst im Speisesaal, fast zum letzten Mal, denn leider starb er wenig später.) Unter den Gästen in unserer Gruppe war Doktor Guy de Haynin, der Chefchirurg eines Krankenhauses bei Mülhausen. Haynin war nicht nur ein guter Chirurg, sondern auch ein unersättlicher Bergsteiger; er hatte zwei französische Expeditionen – eine nach Nepal und eine nach Peru – als Arzt begleitet. Die Reiseapotheke für unseren Trip nach Nepal war ein Geschenk von ihm gewesen, und auch diesmal bot er uns freundlich eine solche Gabe an. Ich war ihm noch nie zuvor begegnet, und er entpuppte sich als ein kultivierter, witziger und äußerst jugendlicher Mann Ende der Vierzig. Er war im Sommer zuvor fast die gleiche Route gefahren, die wir einschlagen wollten, und war ein wahrer Springquell wertvoller Informationen. Er und alle anderen Leute, mit denen wir sprachen, nachdem sie durch Kleinasien gefahren waren, warnten uns: «Fahren Sie unter keinen Umständen bei Nacht!» Meine Gedanken machten sofort einen Sprung zu den Wegelagerern, von denen mein pakistanischer Kollege in New York gesprochen hatte. Es stimmte zwar, daß es Fälle von nächtlicher Strassenräuberei auf den Hauptrouten in Kleinasien gegeben hatte, aber sie waren nicht die Regel. Das wirkliche Problem waren die Lastwagen und die Karawanen von Menschen, die die Straßen nachts benützten. Es wurde uns immer wieder erzählt, daß es sehr alltäglich war, wenn Lastwagen mit Höchstgeschwindigkeit entweder ganz ohne Licht oder nur mit einem fuhren, was ihre Größe nicht ahnen ließ. Warum das so war – abgesehen von mangelnder Ausstattung –, konnte uns niemand sagen. Andrerseits benützten Karawanen von Menschen und Tieren häufig nachts die Straßen, vor allem in der Wüste, wo Fußgänger wegen der Hitze am Tag kaum unterwegs sein konnten. Diese Karawanen hatten, wie sich denken läßt, ebenfalls kein Licht, und sie waren gewöhnlich schwer bewaffnet. Haynin bemerkte, es sei besser, wenn man schon nachts fahre und ein Tier aus einer solchen Nomadengruppe verletze, Gas zu geben, denn anzuhalten könne unter diesen Umständen das Leben kosten. Solche Zwischenfälle seien nur dadurch zu vermeiden, daß man die Reise in Tagesetappen plane, so daß man bei Sonnenuntergang am Bestimmungsort anlange, auch wenn das heiße, die Tagesreise um vier Uhr früh zu beginnen.

Als wir den letzten Wein getrunken hatten und nach Chamonix zurückgefahren waren, hatten wir schon den 15. August 1969. Als ich ins Hotel Mont Blanc kam, murmelte der etwas schläfrige Nachtportier: «Un monsieur avec une voiture pour vous» (Ein Herr mit einem Wagen ist für Sie da). Und ich ging schlafen, beruhigt bei dem Gedanken, daß der Landrover sogar früher als erwartet eingetroffen war. Für mich schien es Mitternacht, in Wirklichkeit aber war es um halb acht am Morgen, als das Telefon im Hotelzimmer klingelte und eine sehr höfliche englische Stimme sich entschuldigte: «Ich muß um acht Uhr dreißig den Zug nach Calais nehmen. Könnten Sie, bitte, sobald wie

möglich herunterkommen und ihren Wagen übernehmen?» Ich zog mich hastig an und fand in der Hotelhalle einen tadellos livirierten englischen Chauffeur. Zusammen gingen wir zum Hotelparkplatz, und hier stand in der Tat – ein leuchtend blauer Landrover. Als die erste Euphorie verpufft war, kam mir in den Sinn, daß im Carnet ein grüner Landrover erwähnt war. Voll düsterer Vorahnungen beschloß ich, solange der Chauffeur noch greifbar war, das Fahrzeug kurz zu kontrollieren und zu sehen, ob alles da sei. Eine flüchtige Inspektion ergab, daß es da einige Schwierigkeiten gab, wenn auch keine verheerenden. Das bestellte Radio und ebenso die Wagenheizung waren nicht vorhanden. Ernsthafter: auch das Ersatzteil-Set schien nicht zu existieren. Immerhin stimmten die Zulassungs- und die Fahrgestellnummern mit denen im Carnet überein, so daß ich, wenn ein besonders genauer Zollbeamter die Farbe beanstandete, ihm einfach sagen würde, ich hätte den Wagen blau spritzen lassen. Was das übrige anging, wollten wir Chamonix ja erst am 5. September verlassen, was noch ein paar Wochen Zeit ließ, um die fehlenden Dinge in der nächsten Landrover-Werkstatt zu besorgen. Mit der Bemerkung, das Fahrzeug habe seine Sache auf dem Weg von England hierher glänzend gemacht, verabschiedete sich der Chauffeur, und ich ging wieder zu Bett.
Gegen Mittag tauchte ich aus meinem Hotelzimmer aufs neue auf und ging zu dem Fahrzeug. Da ich noch nie einen Landrover gefahren hatte, wußte ich nicht allzu genau, wie man ihn startete oder wie die Gänge funktionierten. Damit die Sache noch ein bißchen komplizierter wurde, hatte man mir sechs Schlüssel gegeben, die auf den ersten Blick alle verschieden aussahen. Nach einigem Experimentieren fand ich heraus, daß jeweils zwei die Seiten- und die Hecktür öffneten, blieben also durch Eliminierung zwei, die für die Zündung paßten. Nach einer oberflächlichen Inspektion des Armaturenbretts gelang es mir, den Leergang festzustellen, das Fahrzeug zu starten und ein paar Vorwärts- und Rückwärtsmanöver auf dem Parkplatz zu versuchen. Dann startete ich, um zum Chalet des Ehepaars Jaccoux zu fahren, das ein paar Kilometer von Chamonix entfernt lag, und vielleicht wegen des Versuchscharakters meiner Fahrweise und des Volumens meines Wagens, das im Vergleich zu durchschnittlichen französischen Autos recht gewaltig schien, erlebte ich die

perverse Genugtuung, daß mehrere französische Fahrer, die in Europa als die aggressivsten bekannt sind, vor mir in Deckung gingen. Der ganze Jaccoux-Haushalt stand vor dem Chalet und war von dem Fahrzeug sehr positiv beeindruckt. Jaccoux und sein Rennfahrer-Freund machten sich daran, den Wagen von vorn bis hinten zu untersuchen. Im Nu hatten sie das Dach oben, die beiden Schlafkojen wurden sichtbar, von denen Jaccoux eine ausprobierte und zufriedenstellend fand. Den Gaskocher anzuzünden war sehr viel schwieriger; dieses Unterfangen verlangte, daß man den Vordersitz hochklappte und darunter eine Propangasflasche hervorholte, die dort – hoffentlich – sicher untergebracht war. Dann mußte man einen Sperrhahn zusammen mit einem anderen Ventil beim Kocher öffnen, am Kocher selbst einen der beiden Knöpfe für die Brenner aufdrehen, und schließlich konnte man das ausströmende Gas mit einem Streichholz anzünden. Die entstehende Flamme war vielversprechend, und Michèle fand, daß man darauf soviele großartige «Repas» (Mahlzeiten), wie wir nur wollten, zubereiten konnte. Wir stellten eine Liste nützlicher Ersatzteile zusammen und nahmen Kontakt mit der Landroverwerkstatt in Lausanne auf; in der folgenden Woche wollten wir hinfahren.

Der Rest des Monats August verging in einer Atmosphäre fieberhafter Vorbereitungen. Bei jedem Abstieg Jaccoux' ins Tal beglückte er mich mit vielfältigen Einkaufslisten. Wir besaßen nun eine komplette Camping-Küchenausrüstung, zwei leichte Gaskocher, zwei Gebirgszelte, drei speziell fabrizierte Daunenschlafsäcke, ein Kletterseil und mehrere Haken für den Fall, daß wir etwas erklettern wollten, drei Eispickel, genug Lebensmittel für mindestens fünfundzwanzig verschiedene Mahlzeiten, einschließlich einiger Dosen Leberpastete und Trüffeln, und sogar Lebertran, den de Haynin beisteuerte: «On ne sait jamais» (Man weiß ja nie). Außerdem führten wir einen Porzellanfilter und eine Pumpe zur Wasseraufbereitung mit (auf Vorschlag von de Haynin bei einem Händler für Tropenausrüstungen in Paris bestellt), zwölf Gasfeuerzeuge und zwanzig Päckchen Schweizer Tabak, kubanische Zigaretten, die in Genf gekauft wurden, und zwei ziemlich große versiegelte Plastikröhren mit destilliertem Wasser. (Sie wurden angeschafft, nachdem wir einen ziemlich düsteren Bericht über eine Gruppe europäischer Touristen gelesen hatten, die im Monat zuvor auf dem Höhepunkt eines Choleraausbruchs im Niemandsland zwischen Afghanistan und Iran gestrandet waren. Sie waren aus Afghanistan gekommen; nach Iran ließ man sie nicht einreisen, weil sie Cholera mitbringen konnten, und Afghanistan verweigerte die Rückkehr. So saßen sie zwischen den beiden Ländern in der Wüste fest, ohne Essen und Wasser, und als sie schließlich in ihrer Verzweiflung versuchten, eine der Grenzen gewaltsam zu überfahren, wurde auf sie geschossen und ein Deutscher dabei getötet. Wenn wir auch stranden sollten, würden wir es wenigstens komfortabel tun.) Ferner hatten wir eine beträchtliche Menge Lesestoff dabei, fünf Blinklichter mit zusätzlichen Batterien und Birnen, Chlortabletten für den Fall, daß irgendwelche Viren dem Porzellanfilter entgingen, und zwölf Dosen eines Schweizer Insektenvertilgungsmittels, das uns in Nepal so heroisch geholfen hatte. Wie wir das alles in den Landrover verstauen sollten, war mir – so groß er sein mochte – unklar. Aber die Landrover-Werkstatt versah uns mit einem speziell angefertigten Dachgepäckträger, der auf das Plastikoberteil des Fahrzeugs paßte und nicht im Weg war, wenn man es öffnete. (Die Werkstatt hatte uns auch Nebelscheinwerfer besorgt. Wir erwarteten zwar nicht, auf irgendwelchen Nebel zu stoßen, doch waren sie eine Zusatzbeleuchtung für den Fall, daß wir das Pech haben sollten, nachts fahren zu müssen.)

Gegen Ende August kündigte Jaccoux an, er werde eine «flingue» bringen. Zuerst dachte ich, es handle sich um eine Art Dessert, und begrüßte den Vorschlag mit beglückter Vorfreude, bis mir erklärt wurde, daß «flingue» ein französisches Argot-Wort für Revolver sei. Diese Dinger machen in französischen Comic strips «fingue-flingue». Irgendein Bekannter im Tal hatte Jaccoux seinen Revolver angeboten, der uns gegen unerwünschte Eindringlinge schützen sollte. Mir schien das Schwierigkeiten geradezu herauszufordern, wenn wir ein solches Instrument besaßen, ganz zu schweigen von der Tatsache, daß es verboten war, es über die meisten Grenzen zu bringen. Wenn jedoch Jaccoux sich etwas in den Kopf gesetzt hatte, brauchte es mehr rhetorische Gewalt, als ich darüber verfügte, und am Ende wurde die «flingue» – ein alter Colt .45 – und eine Schachtel Munition unten in einem Schlafsack versteckt, der in einen Stahlkoffer verschlossen wurde, welchen man wiederum auf dem Dachgepäckträger unter einer weißen Plastik-Persenning verstaute. (Es läßt sich schwer vorstellen, wie der Revolver unter diesen Umständen gegen irgendwelche Marodeure angewandt werden konnte, aber so sind Franzosen nun einmal.) An diesem Punkt erinnerte ich mich, daß ich meine schwindenden Energien noch den Themen Autoversicherung und Visen für die europäischen Länder zuwenden mußte. Das Versicherungsproblem war, soweit ich es erkunden konnte, unlösbar, sobald man die Türkei hinter sich ließ. Die europäischen Länder waren durch eine Standard-Versicherung abgedeckt, die auf der «Grünen Karte» registriert und allen Autofahrern, die in die Schweiz einzureisen versuchten, wohlbekannt war (Schweizer Zöllner schienen aus dem Studium der Grünen Karte eine Spezialität gemacht zu haben, während die Franzosen, mindestens an der Grenze zur Schweiz, sich auf die Suche nach unverzolltem Tabak spezialisierten.) In der Türkei konnte man mit etwas durchkommen, das sich *Europe Assistance* nannte, eine Institution in Paris, die gegen geringes Entgelt Sicherheit bei größeren Unfällen bot. Man würde heimgeflogen und alles Mögliche und Unmögliche getan, um Ersatzteile in Europa und der Türkei aufzutreiben. Hinter der Türkei aber war man unversichert und unversicherbar, soweit ich das beurteilen konnte. (Vielleicht könnte mit Lloyd in London etwas arrangiert werden.) Die Pakistani anerkannten nur Versicherungen bei Gesellschaften in Pakistan, und die waren unerreichbar, bis man dort ankam – wenn man ankam. Daher mußten wir uns in Iran und Afghanistan einfach auf unser Glück verlassen. Nach einigen Studien hatten die Jaccoux entdeckt, daß sie für keines der europäischen Länder an unserem Weg ein Visum brauchten, überhaupt kein Visum bis Afghanistan. Ich hatte naiverweise angenommen, daß das – mindestens in Europa – auch für Amerikaner gelte. Das zufällige Zusammentreffen mit einem Physiker beim CERN in Genf, der in Jugoslawien Vorlesungen halten sollte, brachte indessen die Information zutage, daß die Jugoslawen kürzlich ihre Politik änderten und Amerikaner ein Visum zur Einreise in dieses Land brauchten. Das führte zu einer frühmorgendlichen Visite beim jugoslawischen Konsulat in Genf, wo der Konsul – wie ich beim Mithören eines Telefongesprächs bei meinem Aufenthalt in seinem Büro erfuhr – eifrig dabei war, Regelungen für die Einschiffung der sterblichen Überreste eines eben in der Schweiz verstorbenen Landsmannes zu treffen, damit dieser in der Heimat begraben werden konnte. Als die traurige Angelegenheit erledigt war, konnte er seine volle Aufmerksamkeit dem Problem der Stempelung meines Passes zuwenden, der inzwischen so voll von Stempelabdrücken aller Art war, daß kaum noch Platz blieb für mehr.

Wir hatten uns entschlossen, lieber durch Griechenland als durch Bulgarien zu fahren. Man konnte über das eine wie das andere Land in die Türkei gelangen. Wir hatten die Möglichkeiten wie folgt taxiert: Durch Bulgarien zu fahren, hieß Griechenland zu meiden, was wir in Anbetracht der damaligen politischen Verhältnisse in diesem Land nur allzu gern getan hätten. Es schien auch bessere Straßen zu bedeuten, und die meisten Leute, mit denen wir über ihre Erfahrungen auf dieser Strecke sprachen, empfahlen uns das bulgarische Autobahnnetz. Andererseits vermieden wir, wenn wir durch Griechenland fuhren, Bulgarien und damit vor allem einen weiteren Besuch bei einem weiteren Konsul. Ich wußte nicht, was die Bulgaren von amerikanischen Besuchern wollten, und inzwischen war ich auch nicht mehr in der Stimmung, es herausfinden zu wollen. Außerdem hatte Michèle ein schlagendes Argument hervorgebracht: Sie erinnerte uns daran, daß Griechenland ihr «pays natal», ihr Heimatland war. Ihr Mädchenname lautete nämlich Stamos, weil irgendein ferner Ahnherr von Griechenland in die französischen Alpen gezogen war. Michèle war in Megève geboren und hatte nie einen Fuß nach Griechenland gesetzt, aber sie fand, es wäre reizend, das Land ihrer Väter zu sehen, und gerührt von ihren Empfindungen wählten wir Griechenland. Etwas albern beschlossen wir, in Griechenland nicht zu tanken, sondern die beiden großen blauen Kanister, die uns die Werkstatt in Lausanne besorgt hatte und die ebenfalls auf dem Dachträger verstaut wurden, in Jugoslawien zu füllen. Jedenfalls waren am 4. September alle unsere Vorbereitungen beendet, der Landrover ganz vollgepackt und das letzte Lebewohl gesagt.

5. und 6. September: Italien

Wir starteten ziemlich spät. In Chamonix war es Mittag, also ein

Uhr in Entrèves in Italien, bevor wir in den Tunnel einfuhren, der unter dem Montblanc beides verbindet. Wir entschieden, daß ich den Wagen über die Grenzen fahren sollte, da er auf meinen Namen registriert war. Das würde die Schwierigkeiten möglichst klein halten, die wir bei seiner und seines Inhalts Reise über sieben Staatsgrenzen erwarteten. Wir hatten das Innere so eingerichtet, daß die beiden Vordersitze frei waren, ebenso der Rücksitz, der groß genug war, daß sich dort jemand hinlegen und schlafen konnte. Michèle hatte sich dort aus mehreren Steppjakken und einem Schlafsack – wenn sie Glück hatte, einem ohne die «flingue» – ein bequemes Nest gebaut und sich dort niedergelassen. Während ich die Dunkelheit des Tunnels hinter mich brachte, bemerkte ich, daß am Armaturenbrett ein bernsteinfarbenes Licht aufzublinken begann, aber da ich anderes im Sinn hatte, vor allem das Mittagessen, das wir noch nicht eingenommen hatten, beschloß ich es zu übersehen. Die italienische Grenze war leicht zu überqueren. Jaccoux bot den Zollbeamten einen vertrauten Anblick, machte er doch mindestens die Hälfte seiner Bergtouren von der italienischen Seite des Montblanc aus. Außer ein paar bewundernden Kommentaren über das Fahrzeug wurde nichts gesprochen.
Als wir in Entrèves, bei Bergsteigern wegen seiner ausgezeichneten norditalienischen Küche wohlbekannt, mit dem Essen fertig waren, war es drei Uhr nachmittags – Ortszeit –, und wir hatten die eindrucksvolle Strecke von etwas über zwölf Kilometern zurückgelegt. Ursprünglich hatten wir vorgehabt, am ersten Tag bis Triest oder wenigstens Venedig zu fahren, aber das kam nun eindeutig nicht mehr in Frage. Wir zogen ziemlich langsam unsere Straße (der Wagen mußte noch eingefahren werden, und die Betriebsanleitung verlangte kategorisch, daß wir vor den ersten 2500 Kilometern nicht mehr als sechzig Stundenkilometer fahren durften) durch die kleinen italienischen Bergdörfer zur großen Fernstraße, die dem Rückgrat Italiens entlangführt. Wir hatten genug Benzingutscheine gekauft (sie berechtigten Touristen, einen geringeren Preis zu bezahlen), um durch das ganze Land zu kommen, und mein Wohlbehagen wurde nur durch das ständige Blinken des bernsteinfarbenen Lichts am Armaturenbrett gestört, das uns wie das rote Auge von HAL anzuschauen schien, Stanley Kubricks gelehrtem Computer in «2001». Auch

Jaccoux bemerkte es und begann in der Betriebsanleitung zu suchen, ob es sich um etwas Wichtiges handle. (Weder Jaccoux noch ich oder auch Michèle hatten viel Ahnung von Autos, aber Jaccoux war das, was die Franzosen einen «bricoleur», einen Bastler, nennen: er hat eine Art grünen Daumen für die Reparatur der verschiedensten Dinge, was – wie wir hofften – uns weiterhelfen würde; ich war eindeutig Nicht-Bastler und konnte nie viel reparieren.) Schließlich fand Jaccoux einen Abschnitt, der sehr wohl Wichtiges bedeuten konnte. «Brems-Warnlicht. Hauptzweck des bernsteinfarbenen Warnlichts mit der Aufschrift ‹Bremse› ist, darauf aufmerksam zu machen, daß zu wenig Bremsflüssigkeit im Behälter oder zu wenig Vakuum in der Servo-Einheit zur Bremsunterstützung vorhanden ist.» Unser Licht war nicht mit «Bremse» bezeichnet, auch nicht mit irgend etwas anderem. Dennoch hielten wir an, und Jaccoux überprüfte, was er nach oberflächlichem Studium der Betriebsanleitung als den Stand der Bremsflüssigkeit ansah. Er erklärte ihn für ausreichend. Keiner von uns hatte die leiseste Ahnung, was die «Servo-Einheit» war, aber wie ich mich aufgrund meiner kurzen und unbefriedigenden Bekanntschaft mit der Experimentalphysik erinnerte, ist das Finden eines Vakuumlecks sehr unwahrscheinlich, selbst wenn wir zufällig auf die Servo-Einheit stoßen sollten. Jedenfalls schienen die Bremsen tadellos zu funktionieren, so daß wir beschlossen, die ganze Sache einfach zu übergehen und das verdammte Ding blinken zu lassen. Im schlimmsten Fall, so überlegten wir, würden wir einfach etwas über das Licht legen – eine Lösung, die Kubricks Astronauten nicht in den Sinn gekommen war. Bei Einbruch der Nacht kamen wir in Verona an und aßen zusammen mit zwei tollen Mädchen, Schweizer Fotomodellen, die zufällig im selben Hotel wohnten. Eine von ihnen, eine grandiose Blondine, war entweder vom Veitstanz befallen oder hatte zu oft den Film «Blow up» gesehen: sie sprang alle paar Minuten vom Tisch auf und brach in einen Song aus, den sie mit einer Art Einzel-Tango begleitete. Um Mitternacht gingen wir alle schlafen.

6. bis 8. September: Jugoslawien

Die Straße von Venedig nach Triest war einfach schrecklich, schmal und gewunden, überfüllt mit Lastautos, Wagen und allen

möglichen Menschen und Tieren. Obwohl wir von Verona ziemlich früh am Morgen abgefahren waren, wurde es Mittag, bis wir in Miramare, einem Vorort von Triest an der Adriaküste ankamen. Es war ein schöner, warmer Herbsttag, und wir beschlossen, in Miramare zum Mittagessen und einem kurzen Bad Halt zu machen. Ich wollte auch dem von der UNESCO betriebenen physikalischen Zentrum einen Besuch abstatten, wo hauptsächlich Physiker aus den Entwicklungsländern beschäftigt waren. Es gab den jungen Physikern aus Asien, dem Mittleren Osten und Südamerika Gelegenheit, mit den neuesten Strömungen der Physik in Kontakt zu kommen und, wie man hoffte, mit neuen Forschungsprogrammen in ihre Heimat zurückzukehren. Seine Gründung ging weitgehend auf einen ausgezeichneten pakistanischen Physiker, Abdus Salam, zurück, der auch am Imperial College in London Professor war. In diesem Institut war ich nie gewesen, aber Salam war ein alter Freund von mir, und wir stoppten vor dem eleganten modernen Gebäude in Miramare in der Hoffnung, ihn dort anzutreffen, auch wenn es Wochenende war. Salam arbeitete tatsächlich in seinen Räumen und freute sich, uns zu sehen. Und er freute sich, daß ich nach Pakistan ging, um dort an der Universität zu lesen. Andererseits war er sehr besorgt über die Lage im Mittleren Osten. Eben war der Brand in der Al-Aksa-Moschee gewesen und die Spannung in Mittelost fast auf dem Zerreißpunkt. Er schien irgendwie beunruhigt, ob ich wohlbehalten durch die muslimischen Länder Kleinasiens reisen könnte. Ich sagte ihm, ich würde ausschließlich französisch sprechen, und vielleicht könnte ich unter dem Schutz und Schirm von General de Gaulle durchkommen.
Wir schwammen noch kurz, aßen ein paar getoastete Käsebrote, und ab ging es zur Grenze. In den zehn Jahren, seit ich zum letzten Mal hier gewesen war, hatte sich die Grenzstation vollkommen verändert. Damals bestand sie aus ein paar Holzschuppen, bemannt von uniformierten Wachen, die außer einem bißchen Deutsch keine westeuropäische Sprache sprachen. Jetzt waren da mehrere moderne Gebäude, in denen attraktive Jugoslawinnen amtierten, die jede bekannte menschliche Sprache zu beherrschen schienen. Der Posten an der Paßkontrolle war nicht besonders freundlich, und als er meinen Paß nahm, murmelte er so etwas wie: «Franzosen o.k., Amerikaner nicht o.k.» Nach ein

paar Minuten kam der Paß ordnungsgemäß gestempelt zurück. Als nächstes kauften wir Benzingutscheine. Wir wollten soviel Benzin, daß wir damit durch Jugoslawien und Griechenland kamen, etwa 350 Liter, die 45 Dollar kosteten. Wir machten uns auf den Weg durch das freundliche Wald- und Bauernland, das zwischen der Grenze und Zagreb liegt. Die Straße war ausgezeichnet, und unser Fahrzeug schnurrte glücklich dahin in Richtung Stadt. Wir stiegen im Hotel Intercontinental ab. Meine von den Jaccoux ebenfalls vertretene Theorie ging dahin, daß wir, wenn wir nur konnten, die Fahrtunterbrechungen so angenehm wie möglich gestalten sollten. Wir würden noch Gelegenheit genug haben, zu improvisieren. Das Hotel war ein großer Steinklotz mit einem herrlichen und unglaublich eleganten Restaurant, das den etwas merkwürdigen Namen «Rubin» trug. Wir zogen uns zur Nachtruhe zurück mit dem Gefühl, daß wir nun endlich wirklich unterwegs waren.

Zagreb war der letzte Ort, an dem ich schon zuvor gewesen war; alles folgende würde für uns alle Terra incognita sein. Wir machten uns auf der Hauptautobahn auf nach Belgrad. An einer Tankstelle trafen wir eine Gruppe von acht französischen Medizinstudenten in zwei wackligen «Deux Chevaux». Sie kamen von Indien zurück und sahen munter braungebrannt aus. Wie sie uns erzählten, gab es drei Routen durch die Türkei, und der eine oder andere kannte alle drei. Sie empfahlen uns nachdrücklich die nördliche Strecke am Schwarzen Meer, ebenso wegen der landschaftlichen Schönheit wie wegen der Straßen, die zwar schlecht, aber immer noch besser als auf den beiden anderen Strecken seien. Nach dem Mittagessen in Belgrad (ich weihte die Jaccoux in die Genüsse von Palatschinken ein, jenes allgegenwärtigen mitteleuropäischen Nachtischs, eine Art leichter, gefüllter Pfannkuchen, in unserem Fall mit gezuckerten Nüssen) schlugen wir den Weg nach Südosten ein, nach Skopje in Mazedonien. Schon spürten wir, daß wir Westeuropa verlassen hatten. Die Menschen sahen dunkel-mediterran aus. Aus irgendeinem Grund erinnerte ich mich an die Sache mit den Strohhalmen. Jeder einzelne Halm ist wenig beim Aufhäufen von Stroh, aber wenn man einen um den anderen in die Scheuer bringt, ist sie bald voll. Jede Veränderung des Menschenschlages ist kaum bemerkbar, aber je weiter wir Kilometer um Kilometer fuhren

und dann schließlich Asien erreichten, hatten sich alle äußeren Merkmale der Menschen so verändert, daß sie kaum mehr Gemeinsames hatten. Jetzt begann es zu regnen, und Jaccoux übernahm das Steuer. Die Nacht fiel ein, aber durch seine virtuose Geschicklichkeit als Gebirgsfahrer brachte uns Jaccoux gegen neun Uhr sicher nach Skopje.
Diese Stadt war wenige Jahre zuvor Schauplatz eines schrecklichen Erdbebens gewesen. Man sah die Narben noch überall, doch zwischen den Wällen von ausgehobener Erde wuchsen neue Gebäude in die Höhe. Michèle schrieb in ihr Heft: «Triste ville» (traurige Stadt). Nach einem etwas trüben Nachtessen gingen wir um halb elf schlafen.

8. und 9. September: Griechenland
Es war ein heller, sonnenerfüllter Tag. Wir kamen in dem unfruchtbaren Bergland des südlichen Jugoslawien rasch vorwärts und fuhren in Richtung auf die griechische Grenzstadt Efzonoi, die ungefähr fünfundvierzig Kilometer von Saloniki entfernt am Meer liegt. Die griechisch-jugoslawische Grenze war leicht zu überschreiten. Keiner fragte etwas, keiner schaute in den Landrover, was uns ganz recht war. An der Grenze sahen wir einen griechischen Soldaten im traditionellen weißen Kittel und der Kopfbedeckung mit einem roten Pompon obenauf – wie eine Maraschino-Kirsche. Michèles erster Blick auf ihr «Heimatland» war ein wenig desillusionierend: die Straße, ein einziges Durcheinander von Lastwagen, zog sich durch ein Gewirr von düster wirkenden Städten der Industriezone von Saloniki. Wir fuhren an das Meeresufer und genehmigten uns ein gutes Mittagessen in einem Restaurant unter freiem Himmel. Michèle, eine auffallende Blondine, erregte die merkliche Bewunderung der männlichen Bevölkerung. Sie freute sich: «Ici j'aurais beaucoup de succès» (Hier hätte ich großen Erfolg). Nach dem Mittagessen ging es weiter nach Osten. Manchmal konnten wir das Meer sehen, manchmal verlief die Straße in den Bergen landeinwärts. Wir hatten uns kein bestimmtes Ziel vorgenommen und waren durchaus bereit, im Wagen zu schlafen, wenn sich vor dem Einbruch der Nacht nichts anderes zeigen sollte. Gerade als die Sonne unterging, kehrte die Straße wieder ans Meer zurück, und wir sahen uns dem unglaublich schönen Anblick des Fischerha-

fens Kaválla gegenüber. Ich muß gestehen, daß ich nie zuvor von Kaválla gehört hatte – das gehört zu den Wonnen eines nicht übermäßig gut informierten Reisenden –, und seine weißen Steinbauten, die jetzt in der sinkenden Sonne vor dem Blau des Meeres rosig schimmerten, benahmen uns einfach den Atem. Überall waren Schiffe. Wir fanden ein großartiges Hotel am Wasser und machten uns dann auf den Weg durch die Geschäfte, um einen Plastiktrichter aufzutreiben, mit dem wir den Inhalt unserer Kanister voll von jugoslawischem Benzin in den Fahrzeugtank gießen wollten. Irgendwie waren die Jaccoux auf einen französisch sprechenden Griechen gestoßen, der das Wort «étonoir» (Trichter) ins Griechische übersetzte. Es war ein älterer Herr, dessen Sohn nach Paris gezogen war, und er bot uns an, uns in die verschiedenen Metallwarenläden zu begleiten, in denen eventuell ein Plastiktrichter zu finden war. Tatsächlich erstanden wir einen leuchtend gelben Trichter, und unser Begleiter führte uns zu einem Café-Restaurant unter freiem Himmel. Wir aßen zarten Fisch und tranken süßen Weißwein. Die Sterne stiegen auf und übernahmen ihre alten Wachtposten über dem schwarzen, ruhigen Meer. Die warme Nacht war belebt von Musik und Lachen. Was immer Griechenland in anderen Nächten an anderen Orten sein mochte, hier in dieser Nacht in Kaválla war es ein glückliches, friedliches Land.
Noch als wir Kaválla am nächsten Morgen in der Frühe verließen, befanden wir uns in diesem euphorischen Zustand. An diesem Abend würden wir in Istanbul sein und nach Asien sehen. Nach der Karte führte unsere Straße an einer Stelle genau auf das Meer zu. Wege und Straßen faszinierten mich von jeher. Wenn man sie auf Karten studierte, sahen sie aus, als ob sie mit unlösbaren Problemen konfrontiert wären. Sie steuerten auf Gebirge und Seen zu und überquerten nationale Grenzen. Aber man wußte, daß sich diese Probleme auf irgendeine Weise auflösen würden. In diesem Fall gab es eine Art riesigen Damm, eine Brücke im Meer. Die Straße befand sich auf der Höhe des Wassers, und man hatte fast das Gefühl, man befinde sich auf einem Boot. Seevögel glitten über den Bug des Fahrzeugs. Ich fuhr sehr langsam, zum Teil weil die Straße schmal war und zum Teil, weil ich ihr Ende nicht gern sehen mochte. Ich spähte vage aus dem Augenwinkel: eben fuhr ein Lastwagen auf den Damm.

Er befand sich auf unserer Seite der Straße, war aber noch etliche hundert Meter von uns entfernt. Ich verlangsamte das Tempo noch mehr. Der Lastwagen war noch immer auf unserer Seite der Straße. Nun stoppte ich und drückte verzweifelt auf die Hupe. Ganz kurz bevor er uns erfaßte, sah ich den Fahrer in angeregter Unterhaltung mit einem weiblichen Wesen, zweifellos seiner Frau. Er sah sie gespannt an – uns hatte er schlicht nicht bemerkt. Es gab einen schrecklichen dumpfen Schlag, dann krachte es und klirrte von zerborstenem Glas. Zuerst konnte ich einfach nicht glauben, daß es passiert war. Uns fehlte nichts. Wir hatten schon still gestanden, und der Lastwagen war nicht schnell gefahren. Ich stieg aus und schaute nach dem Fahrzeug. Der leuchtend blaue Klotflügel war bis zum Reifen eingedrückt und hing herab wie ein gebrochener Flügel. Die Scheinwerfer auf der linken Seite, auch die Nebelscheinwerfer, waren zerschlagen. Der Fahrer des Lastwagens zeigte kein besonderes Interesse für uns. Er war um sein Auto besorgt. Nachdem er festgestellt hatte, daß eines seiner Lichter zerbrochen war, wollte er wieder weiterfahren. Ich ging zu seinem Wagen und war bereit, ihn herauszuzerren, wenn er ihn nur einen Millimeter fortbewegte. Jaccoux machte sich ostentativ daran, den Lastwagen, den Fahrer und das Zulassungsschild zu fotografieren; außerdem bezeichnete er die Stelle, wo die Lastwagenräder standen, mit roter Zeichenkreide aus Michèles Malzeug auf der Straße. Der Fahrer verstand die Botschaft und gab offensichtlich den Gedanken an Flucht auf. Es war ein älterer Mann, der augenscheinlich arm und ebenso unglücklich über den Unfall war wie wir. Ich war nicht mehr zornig und wäre weitergefahren, aber der Wagen saß fest, weil der Kotflügel das Rad blockierte. Wir befanden uns weit entfernt von jeder Ortschaft und hatten keine andere Wahl als zu warten, bis jemand vorbeikam. Eine halbe Stunde lang fuhr ein nicht endender Strom von Militärfahrzeugen an uns vorüber, Jeeps und Armeelastwagen zu Dutzenden. Sie hielten nicht. Ihre einzige Sorge war, daß sie Platz genug hatten, um so rasch wie möglich zu passieren. Schließlich näherte sich ein britisches Auto, und einer der Insassen, ein junger Mann, hörte uns französisch sprechen. Er schaute auf unser britisches Nummernschild und sagte: «Mais vous êtes Anglais comme moi» (Sie sind ja Engländer wie ich). Es stellte sich heraus, daß er ein Schweizer aus dem Wallis war, und er versprach, die Polizei in der nächsten Stadt zu alarmieren. Wieder verging eine Stunde, und weitere Militärkonvois fuhren vorbei. Ein Lastwagen stoppte. Es war ein Freund unseres Lastwagenfahrers. Er sprach etwas englisch und bot uns eine Summe in Drachmen an, wenn wir die Polizei aus dem Spiel ließen. Eine Methode, das Fahrzeug wieder in Gang zu bringen, hatte er nicht zu bieten, und ohne Hilfe würden das alle Drachmen der Christenheit nicht fertigbringen. Schließlich entdeckten wir einen elegant aussehenden weißen Jeep mit drei Uniformierten darin: die Polizei. Zuerst zeigten sie keinerlei Interesse an uns. Der Lastwagenfahrer erzählte seine Geschichte – oder was es nun immer war. Dann fingen sie jedoch an, Messungen vorzunehmen, und was noch wichtiger war, zwei von ihnen lösten den Kotflügel vom Rad. Jaccoux startete das Fahrzeug, und zu unserem großen Entzücken schienen alle lebenswichtigen Teile intakt zu sein. Wir erhielten den Befehl, dem Jeep in östlicher Richtung, also Richtung Istanbul, zu folgen, und der Lastwagenfahrer fuhr ebenfalls hinterher. Nach etwa einer halben Stunde landeten wir in irgendeiner Stadt, wurden zur Polizeistation geführt und in das Büro des Offiziers gebracht, in dem seltsamerweise ein Bild des Königs hing. Es gab ein paar geheimnisvolle Telefongespräche, und bald danach tauchte ein Mann auf, der als offizieller Dolmetscher fungieren sollte. Im Raum herrschte allmählich die Atmosphäre eines Gerichtssaals. Jeder von uns erzählte seine Leidensgeschichte in seiner Muttersprache, und alles wurde sehr feierlich niedergeschrieben. Es stellte sich heraus, daß der Fahrer versichert war und auch bereit, ein Papier für seine Versicherung zu diktieren, in dem er die Verantwortung für den Unfall übernahm. Man rief die Versicherungsgesellschaft in Kaválla an, und die Leute dort bestanden darauf, herzukommen und den Landrover zu fotografieren.

Das würde bis drei Uhr nachmittags dauern, aber es schien für alle die beste Lösung. Ich erklärte, ich wollte dem Lastwagenfahrer keine Schwierigkeiten bereiten, sondern bloß die Schadensfeststellung von der Versicherung haben und dann nach Istanbul weiterfahren. Allgemeines Entgegenkommen schien sich auszubreiten, und wir gingen daran, die Stadt zu erkunden und nach einem Ort zum Mittagessen auszuschauen. Wir fanden ein Freiluft-Café, und während wir aßen, fuhr rasselnd und häßlich ein

Panzer mitten auf der Hauptstraße vorbei. Er hielt nicht, schien aber auch nicht irgendein bestimmtes Ziel zu haben – er fuhr einfach vorbei, zornig über das Pflaster knirschend. Sein bloßes Vorhandensein sollte offensichtlich etwas bewirken. Die Leute im Café sahen ihm mürrisch, aber nicht sehr überrascht nach, wie wenn dieser Vorgang jeden Mittag passierte. Nach dem Essen suchte ich das Postamt. Ich wollte den Vertreter unserer Versicherungsgesellschaft in Istanbul anrufen, ihm erklären, was geschehen war, und ihn außerdem bitten, mit dem Landrover-Kundendienst in Istanbul Kontakt aufzunehmen. Als ich das Postamt fand, war es voll von Leuten, die alle telefonieren wollten; ich setzte meinen Namen auf die Liste. (Glücklicherweise trug meine Versicherungspolice die Telefonnummer in Istanbul.) An der Wand des Postamtes prangte ein Plakat, auf dem ein Soldat mit Bajonett, anscheinend aus einer Flamme aufsteigend, zu sehen war. Hinter ihm gab es so etwas wie einen Phönix, und ich entzifferte die Worte 27. April – das Datum der glorreichen Obristen-Revolution. Eine Stunde verging, schließlich schlief ich auf der harten Bank ein. Der Klang meines Namens weckte mich, und als ich den Hörer aufnahm, begrüßte mich eine kultivierte britische Stimme. Ich erklärte, so kurz ich konnte, wo wir waren und warum wir dort waren, und ich fragte ihn, ob er so gut wäre und die Landroverwerkstatt anriefe, vielleicht auch ein Hotel, da wir erst spät nach Istanbul kämen. «Ich bin kein Reisebüro, ich bin Versicherungsvertreter», antwortete er empfindlich. «Und außerdem ist hier in Instanbul ein Treffen des Roten Kreuzes, alle Hotels sind voll.» Ausgestattet mit dieser frohen Nachricht kehrte ich zu den Jaccoux' und dem Fahrzeug zurück. Es war nun einige Zeit nach drei Uhr, und von dem Versicherungsvertreter aus Kavália war noch nichts zu sehen. Ich entdeckte, wo unser «Dolmetscher» vom Vormittag steckte, und als ich erwähnte, wie weit wir heute noch zu fahren hätten, meinte er, er sei sicher, daß der Mann jeden Augenblick käme. Eine weitere halbe Stunde verging, und mir begann zu dämmern, daß kein Versicherungsmann kommen würde und daß ihn kommen zu lassen vielleicht nie die Absicht bestanden hatte. Wieder sprach ich mit dem Dolmetscher und sagte ihm, daß wir nur noch wenige Minuten warten könnten. «Wenige Minuten werden nicht ausreichen», antwortete er. Nun war ich wirklich wütend. Ich ging zurück zur Polizeistation, wo alles schlief. Aber ich machte soviel Lärm, daß der Offizier erwachte. Ich sagte ihm, wir würden nach Istanbul abfahren, und wir wollten eine Bestätigung von ihm über den Unfall für die Versicherungsgesellschaft. Er versammelte das ganze Personal vom Vormittag, den Lastwagenfahrer, den Dolmetscher, alle. In etwa zehn Minuten hatten wir unsere Bestätigung und fuhren los nach Istanbul.

9. bis 13. September: Istanbul

Der östliche Teil Griechenlands, gegen die türkische Grenze hin, glich einem einzigen Heerlager. Überall schienen Militärbasen zu liegen. Jede Stadt hatte offensichtlich ihre Garnison, und das Plakat mit dem aus Flammen auftauchenden Soldaten schmückte die Autobahn alle paar Kilometer. Die letzte große Stadt vor der Grenze war Alexandrúpolis. Von dort an würden wir mehr oder weniger dem Weg Alexanders des Großen durch Kleinasien nach Pakistan folgen. Alexander, der kein Grieche, sondern ein Mazedonier war, überschritt die Dardanellen 333 v.Chr. mit einem Heer, zu dem neben den mehreren tausend Bewaffneten und einer kleinen Flotte auch Dichter und Gelehrte gehörten. Dieser Feldzug dauerte etwa acht Jahre und führte ihn schließlich über den Hindukusch dorthin, wo heute die Nordwestgrenze von Pakistan ist, nach Taxila, nicht weit von der heutigen Hauptstadt Islamabad, den Indus hinunter an einen Ort nahe dem heutigen Karachi, wo 325 seine inzwischen erschöpften und rebellischen Truppen sich nach Griechenland einschifften. Er gründete überall in Kleinasien Städte mit dem Namen Alexandria, was Voltaire zu der Bemerkung anregte, Alexander habe in Asien mehr Städte gegründet als die meisten seiner Vorgänger zerstörten. Wir würden durch viele von ihnen durchkommen, sofern wir den beschädigten Landrover wieder einigermaßen in den ursprünglichen Zustand versetzen konnten. Alexanders Heer marschierte natürlich – ein ernüchternder Gedanke.
Bei Sonnenuntergang erreichten wir den türkischen Grenzposten. Wir fanden eine beträchtliche Ansammlung von Autos verschiedener Nationalität, deren Fahrer eifrig ausgesucht lange Formulare ausfüllten. Es war Abendessenszeit, und die türkische Grenzpolizei schien verständlicherweise sehr viel mehr mit ihrem Kebab – am Spieß gebratenem Hammelfleisch – beschäftigt als

mit uns. Es blieb mir erspart, ein besonders weitschweifig aussehendes grünes Formular auszufüllen – eine Art Versicherungsschein für das Fahrzeug –, weil ich im Besitz des Carnet war. Mindestens war es für etwas gut. Am Ende erhob sich eine der Amtspersonen, eine attraktive Dame, von ihrem Essen und tauchte lange genug aus dem Polizeigebäude auf, um einen flüchtigen Blick auf das Äußere des Fahrzeugs zu werfen. Sein Inhalt schien sie nicht zu interessieren. Wir hatten freie Bahn zur Weiterfahrt.

Die Sonne war untergegangen, und als wir durch die Halbwüste zwischen der Grenze und Istanbul fuhren, sahen wir beim Licht unseres restlichen Scheinwerfers nicht allzuviel von der Straße. Wir hatten uns zwar geschworen, nicht nachts zu fahren, doch blieb uns gar keine andere Wahl, da an dieser Strecke keine Städte zu liegen schienen. Gegessen hatten wir noch nichts, und deshalb wollten wir so rasch wie möglich vorwärtskommen und später ans Essen denken. (Als Beitrag zur allgemeinen Stimmung blitzte das gelbe Warnlicht wie der Kohinoor-Diamant, so daß wir es schließlich mit einem Stück Klebeband erstickten.) Wir überholten einige Kamelkarawanen – die ersten, die wir sahen. Die Straße war sehr gut, und als wir in der Nähe von Istanbul anlangten, etwa um zehn Uhr, hielten wir bei einem Restaurant an der Straße, um wegen eines Hotelzimmers zu telefonieren. Ich rief das Hilton an mit dem Hintergedanken, daß es dort wegen der Größe des Baus noch Zimmer geben könnte. «Ausgebucht. Eine Konferenz des Roten Kreuzes. Alle Hotels in Istanbul sind ausgebucht.» Etwa um elf Uhr kamen wir im Zentrum von Istanbul an. Nach einem Stadtplan aus dem französischen Reiseführer *Guide bleu* gelang es Jaccoux nach zahllosen Versuchen, auf einer der Brücken das Goldene Horn zu überqueren. (Einmal sahen wir uns in einer Art Sackgasse – einer Reihe von Einbahnstraßen, aus denen herauszukommen uns fast eine Stunde kostete.) Wir steuerten eines der größeren Hotels auf den Höhenzügen über dem Bosporus an. «Ausgebucht – das Rote Kreuz.» Das Rote Kreuz – «nom de Dieu!» Wenn wir nicht bald etwas zu essen und einen Platz zum Schlafen fanden, brauchten wir selbst das Rote Kreuz und das Blaue Kreuz vielleicht dazu. Der Nachtportier war freundlicherweise bereit, alle Hotels anzurufen, die ihm in den Sinn kamen, nicht nur in Istanbul, sondern auch in der Umgebung. Nichts, alles ausgebucht. Nach etwa dreiviertel Stunden – es war jetzt ein Uhr früh – betrat eine mysteriöse Gestalt die Halle, und als der Mann von unserem Kummer hörte, erklärte er dem Portier, sein Vater arbeite in einem nicht weit entfernten Hotel und vielleicht könne man da etwas arrangieren. Wieder ein Anruf. Es wurde uns eine ziemlich merkwürdige Regelung angeboten: Zwei Zimmer in diesem Hotel – wenn es eines war – würden bald von Leuten freigemacht, «die ein Flugzeug nehmen wollten», und wir könnten ihre Zimmer haben, aber nur für eine Nacht. Das klang ziemlich verdächtig, aber uns blieb nichts anderes übrig. Man führte uns also in eine benachbarte Straße, und wir sahen uns bald in der Halle eines sehr hübschen kleinen Hotels. So weit, so gut. Die zwei Zimmer allerdings waren inzwischen auf eines zusammengeschrumpft. Das andere würde etwas später frei; vielleicht gab es ein weiteres Flugzeug, das Istanbul um drei Uhr früh verließ. Mein Vater richtete sich immer nach einem einfachen Grundsatz: «Im Zweifelsfall – essen.» Und eben das schlug ich jetzt vor. Der Nachtmanager unseres künftigen Domizils gab uns einen Führer mit, einen Nachtetagenkellner, der uns zu einer Art Bar und Grill führte. Das Etablissement hatte die ganze Nacht geöffnet. Das dort gebotene Esssen war nicht sehr gut, aber wir hatten seit Mittag nichts zu uns genommen, und so aßen wir ohne Schwierigkeiten unsere Teller leer und gossen etwas türkischen Wein dazu. Nun war es zwei Uhr, und ich schlug vor, daß ich das freie Zimmer nehmen und morgen in aller Frühe aufstehen würde, um mit dem Landroverwerkstatt-Menschen zu reden, während die Jaccoux aufstehen sollten, wann sie wollten, und dann einen Platz suchen würden, wo wir länger bleiben konnten, so lang eben die Reparatur des Wagens dauerte. Um halb drei Uhr taumelte ich in ein ganz komfortables kleines Hotelzimmer und schlief sogleich ein.

Um acht Uhr am nächsten Morgen hatte ich schon gefrühstückt. Ich war auch mit dem Tagesportier des Hotels zusammengetroffen, einem etwas bizarr aussehenden Herrn, der völlig kahl war und offensichtlich nur einen einzigen Vorderzahn besaß, was ihm das Aussehen eines Witzblatt-Ringers verlieh. Er hieß, so erfuhr ich, Ahmad. Ahmad schien eine besondere Schwäche für die französische Sprache und die Franzosen ganz allgemein zu haben, und nach einem langen, gefühlvollen Gespräch auf Französisch, in dem ich ihm erzählte, wie wir uns über die Berge von Frankreich nach Istanbul durchkämpften, «entdeckte» er, daß er uns noch für eine weitere Nacht behalten könnte, aber danach sei er «voll ausgebucht». So mochte es sein, und nun zur Landroverwerkstatt. Ahmad half mir, sie im Telefonbuch von Istanbul zu finden, und zu unser beiderseitigem Erstaunen und meinem Entzücken stellte sich heraus, daß sie gleich hinter unserem Hotel lag. Ich fuhr den Wagen hin und erfuhr, daß unser Versicherungsvertreter tatsächlich angerufen hatte und wir erwartet wurden. Allerdings, so informierte mich der Inhaber, ein dunkelhäutiger Typ, der sich kaum wachhalten konnte, gebe es in ganz Istanbul keinen Ersatzkotflügel für einen Landrover. Er habe jedoch einen Freund, der in der Verarbeitung von Aluminium – anscheinend waren Landrover-Kotflügel aus Aluminium –, ganz großartig sei und uns sicher in seiner Werkstatt einen Kotflügel machen könne. Als er mir das erzählte, tauchte ein Mann mit einem britischen Wagen auf und berichtete dem Werkstattbesitzer, seine beiden Rücklichter seien abmontiert worden, während er in der Unterstadt von Istanbul im Kino war. Er versorgte mich mit einer Reihe weiterer Geschichten, darunter auch mit der, wie Autos vollkommen geleert wurden, während sie in verschiedenen Werkstätten zur Reparatur standen; vom Inhalt habe man nie wieder etwas gesehen. Mein angeborenes Mißtrauen wuchs weiter, als der Werkstattbesitzer über die Preise seines Freundes anscheinend nichts sagen konnte. «Darüber können wir später reden.» Später – wann später? Wir hatten noch Tausende von Kilometern zu fahren, und wir mußten das Fahrzeug jetzt repariert haben. Ich beschloß, unseren Versicherungsvertreter anzurufen, denn ich nahm an, da die von ihm vertretene Gesellschaft auf unserer Seite stehe, könnte er mir sagen, was ich tun sollte. «Ich habe den Inspektor zur Landroverwerkstatt geschickt, er wird bald da sein und den Schaden inspizieren.» Das berichtete ich dem Inhaber, und der verkündete, in diesem Fall gehe er heim und könnte dort aufgesucht werden, falls wir doch die Dienste seines Freundes, des Aluminium-Menschen, wünschten. Eine Stunde verging, und noch war keine Spur des «Inspektors» zu sehen. Wieder ein Telefonanruf beim Versicherungsvertreter. Der Inspektor war zum Landrover-Ausstellungsgelände gefahren, offensichtlich in der falschen Annahme, ich hätte das Fahrzeug zum Verkauf gegeben. Wieder verging eine Stunde. Schließlich hielt ein entsetzlich baufälliges Taxi, und eine Gestalt stieg aus, die aus Durrells «Alexandria Quartett» hätte stammen können, ein Mann von unendlicher Durchtriebenheit, alterslos, mit dunkler, verwelkter Haut, der jeglicher Rasse oder Nationalität angehören konnte – der ewige Mittelsmann des Mittleren Ostens. Vorsichtig entstieg er dem Taxi. Als erstes sagte er – verschwörerisch flüsternd – zu mir: «Der Bericht wird natürlich englisch abgefaßt.» Verwirrt durch meinen leeren, ungläubigen Blick, wiederholte er dasselbe auf französisch. Er war dabei, es noch einmal auf Deutsch und in Gott weiß welcher Sprache zu wiederholen, als ich herausplatzte: «Welcher Bericht? Ich bin nicht interessiert an einem Bericht, ich will bloß das Fahrzeug repariert haben!» Mir war klar geworden, wenn ich seine Aufmerksamkeit nicht von diesem «Bericht» – was immer das sein mochte – ablenken und auf den Landrover selbst richten konnte, dann würden wir den ganzen Tag über hier sein. Er bestand darauf, mir seine Karte zu geben. Darauf stand unter anderem: «E. L. Kissa, Surveyor, VITSAN Ilac Sanayii Mumessillik ve Ticaret A.S. Lloyd's Agents at the Port of Istanbul.» Nachdem dies geschehen war, machte er sich daran, das wunde Fahrzeug zu untersuchen, wobei er sanfte, gurrende Mitleidslaute ausstieß, während seine Hand über den verbeulten, nutzlos gewordenen Kotflügel strich. «Wir werden französisch sprechen», wisperte er mir zu. «Nous, nous parlerons en français», wiederholte er etwas lauter. Und weiter auf französisch: «Wir gehen in die Ramblerwerkstatt.» Die war, so schien es mir, ein neues und gänzlich unerwünschtes Element in dieser Diskussion. Ich erklärte ihm, daß ich ein festes Angebot hätte – wenigstens hielte ich es für ein festes Angebot –, daß ich bei der Landroverwerkstatt einen neuen Kotflügel bekäme. Er sagte darauf, jetzt in englischer Sprache und mit einem unglaublichen Verschwörerflüstern: «Und wenn die Ramblers die Arbeit schneller machen können?» Darauf fand ich keine Antwort, und so ließ ich mich zum Fahrzeug führen und durch eine Menge Straßen in eine abgelegene Gasse lotsen. Ein großes Metalltor ging auf, und ich fuhr den Wagen in einen offenen Hof. Der Anblick war nicht sehr ermutigend. Es sah aus wie eine Werkstatt aus «Oliver Twist». Dutzen-

de kleiner Jungen hämmerten mehr oder weniger blindlings auf verschiedenen Metallteilen herum.
Über dem allgemeinen Blechlärm hörte man ein Radio die durchdringende Musik des Mittleren Ostens spielen. Der Besitzer, ein nicht sehr großer, überraschend gut aussehender Mann mit buschigem Schnurrbart, tauchte aus seinem Büro auf. Ich wurde hineingeleitet. «Wir wollen Kaffee trinken», sagte der Inspektor. Ein paar Minuten später erschien ein Faktotum mit einem Tablett, auf dem drei Tassen mit süßem türkischem Kaffee standen. Er war so süß, daß es mir den Mund zusammenzog, und ich machte den Fehler, das Täßchen bis zum Grund auszutrinken, wo ich auf den schrecklich bitteren Satz kam, der mir zwischen den Zähnen knirschte. «Ich will zur Landroverwerkstatt und schauen, ob sie einen Kotflügel haben», sagte der Inhaber. Das schien mir verlorene Mühe, da wir ja eben von dorther kamen und dort, soweit ich sehen konnte, kein Kotflügel zu finden war. «Wir wollen es probieren», sagte er und ging. Eine Stunde verging, und gerade als ich soweit war, das Fahrzeug zu nehmen und wegzufahren, kam der Besitzer zurück und verkündete, er habe einen neuen Landrover-Kotflügel genau der richtigen Größe aufgetrieben. «Den letzten in Istanbul», versicherte er mir. Er und der Inspektor diskutierten über den Preis; mir schien er sehr vernünftig. Sie waren sogar gewillt, noch eine kostenfreie Schmierung vorzunehmen, und außerdem schlug der Inhaber vor, eine Liste über den Wageninhalt zu machen, die wir beide unterzeichnen sollten. Ich brauchte etwa eine Viertelstunde, um mich an den ganzen vielfältigen Inhalt zu erinnern. In der Zwischenzeit stand der Inspektor über mir, strahlend wie ein stolzer Vater. «Es sind Griechen», sagte er auf französisch mit Blick auf den Chef, «und ich bin auch Grieche von Rhodos.» Meine Sympathien für den Inspektor wuchsen rasch, und sie machten mir soviel Mut, daß ich ihm den Bericht zeigte, den die griechische Polizei über unseren Zusammenstoß mit dem Lastwagen geschrieben hatte. Was da stand, besagte, nachdem es übersetzt war, nichts über den Unfall. Es enthielt nur den Namen des Lastwagenfahrers und die Adresse seiner Versicherung in Kaválla.
Das Fahrzeug sollte in vier Tagen fertig sein. Als ich ins Hotel zurückkam, waren die Jaccoux ausgegangen, und Ahmad erzähl-

te mir, Jaccoux hätte anderswo für uns Zimmer bekommen. Mir schien hier ein Mißverständnis vorzuliegen, und so tischte ich ihm noch einmal meine Routine-Erzählung von den Gebirgen und Frankreich auf, und diesmal gelang es mir, Ahmad für eine Abmachung über vier Tage zu gewinnen. Als Jaccoux zurückkam (es war fünf Uhr früh, als ihr Zimmer endlich frei geworden war), war er sprachlos: ihm hatte Ahmad am Morgen erzählt, das Hotel sei ausgebucht. «Quel pays!» murmelte Jaccoux. Was für ein Land! Vier Tage in Istanbul – wären es doch vierzig gewesen! Wir schwelgten in den Wundern der Stadt. Wir fuhren mit einem Schiff und kreuzten dabei siebenmal zwischen Europa und Asien (das auf der andere Seite des Bosporus, Istanbul gegenüber, liegt). Wir aßen am Meer (der Werkstattinhaber gab uns den Namen seines Lieblingsrestaurants in Tarabya, etwas über zwanzig Kilometer von Istanbul entfernt am Ufer des Bosporus). Das Essen war einfach wunderbar. Es gab köstlich gewürzte heiße und kalte Hors d'œuvres, Fleisch und Fisch und herrlich süße, mit Honig gewürzte türkische Kuchen. Die Stadt war ungemein schön, vor allem nachts, wenn man von den Höhen herabschauen und die Schiffe nach allen Richtungen fahren sehen konnte, während sanftes Licht um die Moscheen spielte. Wir schwammen. Wir bummelten. Wir genossen die Köstlichkeiten der Stadt und ließen uns von ihr bezaubern.

Die vier Tage gingen vorüber, und fast widerstrebend verlangten wir unser Fahrzeug zurück. Es sah sogar besser aus als vorher. Alles war instandgesetzt, man hatte es gewaschen und sein Blau fleckenlos blank poliert. Der Inspektor war da mit seinem «Bericht», der tatsächlich in Englisch abgefaßt war. Wir bezahlten die ziemlich bescheidene Rechnung und waren wieder bereit, uns nach Osten, in Richtung Anatolien und Pakistan zu wenden.

Anatolien

Die ganze Türkei hat eine einheitliche Zeit, die von Istanbul. (Nach dem Guide bleu wird es in dem Augenblick, da man die türkisch-iranische Grenze überschreitet, eineinhalb Stunden später.) Auf unserer Reise nach Osten fuhren wir mit der sinkenden Sonne um die Wette, nicht nur wegen der fehlenden Zeitangleichung in der Türkei, sondern auch, weil die Tage ohnehin kürzer wurden. Bei Anbruch der Morgendämmerung steuerten wir ei-

nes der Fährboote an, die Wagen und Leute von Istanbul nach Skutari bringen, der ersten asiatisch-türkischen Stadt jenseits des Bosporus. Da es Samstag war, wartete eine Menge von Autos, voll mit picknickenden türkischen Familien, auf einen Platz in einem der Boote. Nach etwa einer halben Stunde gelang es Jaccoux mit einem jener unglaublich kühnen Manöver, für die Franzosen bekannt sind, an Bord eines Bootes zu kommen, knapp bevor der Steg eingezogen wurde. Danach nahmen wir Richtung auf Ankara. Auch wenn es uns die Karte nicht gesagt hätte, konnten wir nicht daran zweifeln: wir waren im Mittleren Osten. Die Autokennzeichen sprachen eine deutliche Sprache. Es gab Wagen aus Kuweit, Iran, Syrien und Pakistan. Ein libanesisches Auto, das wir überholten, wurde von einem sehr hübschen Mädchen gefahren. Anscheinend saß ihre ganze Familie mit drin – zwei weitere sehr hübsche Mädchen und die streng blickenden Eltern. Wir hielten zum Tanken, und sie hielten zum Tanken, und es gab eine sehr lebhafte und (auf ihrer Seite) von Gekicher unterbrochene Unterhaltung auf französisch. Kurz vor Ankara zweigte die Straße in die arabische Welt ab, und wir verloren die Mädchen und ihre Eltern und die Autos aus Kuweit und Syrien aus den Augen.
Durch sorgfältiges Lesen des Kleingedruckten im Guide bleu brachte Jaccoux es fertig, ein Restaurant ausfindig zu machen, das berühmt war für sein «Doner Kebab», dieses überall erhältliche, großartige türkische Gericht, das aus dünnen Scheiben gerösteten Lammfleischs besteht und meist mit einer Joghurtsauce serviert wird. Da wir nicht die geringste Ahnung hatten, wie wir durch Ankara kommen sollten, ließen wir den Wagen dort am Stadtrand stehen, wo die Straße vom Schwarzen Meer einmündet, und nahmen ein Taxi. Ankara ist eine klotzige, solide wirkende, festungsähnliche Stadt, die 1923 von Atatürk aus dem Wüstenboden gestampft und zur Landeshauptstadt gemacht wurde. Außer Wasser schien es alles zu geben, und eine staubige Wüstenwolke hing in der heißen Nachmittagsluft. Nach einem Festmahl mit Doner Kebab, Wein und Baklava erreichten wir wieder unser gründlich geheiztes Fahrzeug und fuhren nordwärts. Die Straßen waren gut, wenn auch etwas bergig, und bei Sonnenuntergang kamen wir in ein Städtchen namens Corum. Nach einigen Erkundungen entdeckten wir ein vom Guide bleu

mit Fähnchen bezeichnetes (also empfohlenes) Hotel, das einfach, aber bequem war. Corum schien bekannt durch seine Mützenfabrikation, und nach dem Abendessen kaufte ich mir ein sündhaftes, purpurrotes Ding, das – wie ich hoffte – Staub und Sand aus meinen Haaren fernhalten würde.
Bei Sonnenaufgang weckte uns – elektronisch verstärkt – der Ruf des Muezzins von der benachbarten Moschee. Wir machten uns auf den Weg zum Meer. Dieser Tag gehörte nicht zu unseren besten. Jaccoux und ich hatten Probleme mit dem Fahrstil des jeweils anderen. Jaccoux gehörte zur französischen Schule des Autofahrens und war sogar einer ihrer wichtigen Exponenten. Ihr Motto ist «Attaque» – Angriff. Ich dagegen war vom defensiven Fahren überzeugt, und ich fuhr so, als würden alle entgegenkommenden Wagen entweder von potentiellen oder tatsächlichen Irren gelenkt oder von Leuten, die am Steuer eine Herzattacke erleiden könnten. Der Landrover eignete sich nicht besonders gut für Offensiven auf langsamere Wagen, denn es gibt wenige, die viel langsamer sind als ein vollbeladener Landrover. Aber Jaccoux, der die Reflexe und das Temperament eines Rennfahrers hatte, brachte das Fahrzeug dazu, Kraftakte zu vollbringen, zu denen ich es im Prinzip für unfähig hielt. Zu dieser allgemeinen Atmosphäre kam hinzu, daß wir mehr oder weniger gezwungen waren, das Fahrzeug zu zweit zu lenken, denn da es das Steuer nach britischer Art rechts hatte, konnte der Fahrer ohne Hilfe des Beifahrers zu seiner Linken nicht sehen, was kam, vor allem wenn er einen Lastwagen oder Bus überholen wollte. Also gab es jedesmal, wenn wir überholten, eine Kette von Signalen wie «Ça ne va pas» (Das geht nicht) oder «Vas-y, mais vite, nom de Dieu!» (Fahr los, aber schnell, verflixt noch mal!) und ähnliches dieser Art. Das mag auf einem kurzen Ausflug unterhaltsam sein, aber wir saßen nun schon seit über einer Woche im Fahrzeug, und unsere Nerven – oder mindestens meine – zeigten eine gewisse Abnutzung. Obendrein hätte Jaccoux um ein Haar eine alte und offensichtlich etwas angeschlagene türkische Bauersfrau umgebracht, die hartnäckig ihre Kuh vor dem Fahrzeug über die Straße jagen wollte. Er bremste und ließ den Wagen schlittern wie einen Slalomski, und er verschonte damit die Dame und ihre Kuh – aber es ging um Millimeter. Wir hatten alle das Gefühl, es sei Zeit, ein wenig zu schwimmen, und

schließlich entdeckten wir so etwas wie einen Schwarzmeer-Strand. Die Wellen gingen hoch, und ich hatte idiotischerweise vergessen, meine Sonnenbrille abzunehmen, bevor ich ins Salzwasser ging. Die Sonnenbrille war eine Spezialanfertigung, bestimmt für die französische Bergsteigerschule, und eignete sich großartig zum Fahren wie für Gletschertouren. Ich tauchte unter einer Welle hindurch – und weg war die Brille. Wir suchten Meer und Ufer ab, doch blieb sie endgültig verloren. Daran ließ sich nichts ändern. Immerhin beschloß ich, wenn Jaccoux das Steuer übernähme, mich auf den Rücksitz zu legen – Michèle konnte als Navigator fungieren – und das beste zu hoffen.
Bei Sonnenuntergang kamen wir nach Trabzon im türkischen Armenien. Trabzon wurde von Griechen im ersten vorchristlichen Jahrhundert gegründet – also von nach-alexandrinischen Griechen. (Alexander zog nach der Überquerung der Dardanellen nach Syrien, dem späteren Palästina und Ägypten, wo er – selbstverständlich – Alexandria gründete. Unser Pfad wird den seinen erst wieder in Iran kreuzen.) Als wir schließlich das Guide-bleu-Hotel fanden – es lag auf der höchsten Anhöhe der Stadt –, war die Nacht hereingebrochen und waren wir unter anderem von einer Gruppe junger Türken mit Steinen beworfen worden; die Bürschchen hielten es offensichtlich für lustig, zu beobachten, wieviele Brocken sie von unserem Fahrzeug abprallen lassen konnten. Eines der kleinen Ungeheuer hatte sogar versucht, sich an dem auf den Heckeingang aufmontierten Rad festzuhalten, war aber beim ersten Schlagloch abgeschüttelt worden. Trotz dieser etwas unglücklichen Vorstellungszeremonie entpuppte sich Trabzon als eine farbige, liebenswerte Seebadestadt mit Schaufenstern voll von wunderbar aussehenden türkischen Kuchen, die anscheinend eine Spezialität dieser Gegend waren.
Am nächsten Morgen wandten wir uns beim Ruf des Muezzin in südliche und östliche Richtung. Dieser Teil der Türkei, der nahe der russischen Grenze liegt, machte einen sehr bergigen und gleichzeitig militärischen Eindruck. Die engen Strassen wanden sich steil bergauf und bergab. An einer Stelle, oben auf einem Paß, stießen wir auf zwei französische Damen, die mit einem Peugeot nach Teheran fuhren. Ihr Wagen war heißgelaufen; sie gossen Kühlwasser nach und schienen sich im übrigen wohlzufüh-

len. Schließlich, nach einer Menge schmutziger Straßen, fuhren wir auf die zentrale türkische Hochebene hinab, wo die nördliche Route durch die Türkei sich mit der mittleren vereinigt. Es war ein wildes und unglaublich schönes Land wie die russischen Steppen, mit großartigen Ausblicken auf Felder und Berge. Es wimmelte von Soldaten. Karawanen von Panzern und Jeeps waren über das Gelände verstreut, und um die Allgemeinwirkung zu verstärken, war der Himmel düster, der Wind stark und kalt, und von Zeit zu Zeit fiel mit Schnee vermischter Regen. Wir durchfuhren Erzurum, die größte Stadt der östlichen Türkei, und wandten uns ostwärts nach Agri, der letzten richtigen Stadt vor der iranischen Grenze. Die Straße war nicht mehr geteert und der Schmutz durch den Regen zu rötlichem Schlamm geworden. An einer Stelle wurden wir durch einen Erdrutsch gestoppt, der eine Reihe von Wagen und Lastwagen auf beiden Seiten blockiert hatte. Glücklicherweise war bei unserer Ankunft dort schon ein Bulldozer dabei, die letzte nasse Erde wegzuschaffen. Als wir Agri erreichten, war es stockdunkel, und wir suchten in den spärlich erleuchteten Straßen herum nach dem Accar Palas Hotel, dem einzigen, das im Guide bleu erwähnt war. Es war eine schreckliche, schäbig dumpfe Bleibe mit ungekämmt wirkenden Männern, die Michèle gierig beäugten. Wir setzten Michèle in ein Zimmer, das wir sorgsam verschlossen glaubten, und Jaccoux und ich gingen hinunter auf die Straße, um das Fahrzeug zu sichern. (Wir hatten eine Methode entwickelt, nach der wir das auf dem Dachträger befindliche Gepäck herunterholten und im Innern des Landrovers unter einer weißen Persenning verstauten, so daß es möglichst wenig Aufsehen erregte.) Als wir mit zwei Dosen Insektenvertilgungsmittel bewaffnet zurückkamen, berichtete uns Michèle, ein türkischer Herr sei irgendwie in ihr Zimmer gekommen, habe dann aber die Überzeugung gewonnen, daß es sich nicht auszahle, sie zu belästigen, und sei darauf wieder verschwunden. Die Zimmer waren völlig verschmutzt, in den Betten hatten eindeutig schon andere geschlafen (gewarnt vom Guide bleu, daß türkische Provinzhotels gewöhnlich die Betten in einem Zimmer einzeln vermieten, hatten wir uns versichert, daß wir alle in unseren Zimmern befindlichen für diese Nacht haben würden). Eingehendes Sprayen eliminierte das meiste der sichtbaren Fauna, und mir gelang es, zwischen zwei Decken, die etwas sauberer wirkten als die Bettücher, eine Art Lager zu errichten. Wir verbrachten eine fast schlaflose Nacht, und mit größter Erleichterung vernahmen wir den Ruf des Muezzin, der uns sagte, die Sonne gehe auf und es sei Zeit, ostwärts nach Iran zu fahren.

Iran

Die Straße von Agri zur iranischen Grenze war nichts als Schmutz, aber die Landschaft bot großartige Bilder. Zu unserer Linken ragte undeutlich der Ararat auf. (Einen flüchtigen Augenblick lang dachten wir daran, hinaufzuklettern, aber der Guide bleu informierte uns, daß die Straße, die zu seinem Fuß führt, dem Militär unterstehe und nur mit besonderer Erlaubnis der Militärbehörden benützt werden könne – vermutlich waren sie zu Noahs Zeiten noch nicht da.) Der Berg Ararat ist ein massiger, schneebedeckter Vulkangipfel, nicht sehr elegant, aber sicher ein guter Hafen bei einer Sintflut. Am späten Vormittag kamen wir wegen unserer schlaflosen Nacht mit verquollenen Augen am türkischen Grenzübergang Gurbulak an. Es waren schon Dutzende von Personen- und Lastwagen da, ein paar wollten einreisen, die anderen ausreisen. Die türkischen Beamten waren nicht sehr freundlich. «Iranisches Visum?» fragte einer, vermutlich im Blick auf unsere Reise. Die Jaccoux brauchten kein Visum für den Iran, und meines war in Ordnung, also ließ er uns durch, wobei er auf französisch sagte: «Allez et dépêchez-vous» (Fahren Sie, aber rasch). Zwischen der Türkei und dem Iran befand sich ein großes, solide aussehendes Eisentor, über das ein betagtes, uniformiertes Individuum wachte, das ganz den Eindruck erweckte, als habe es sein Hirn durch zu starke Sonneneinwirkung gänzlich vertrocknen lassen. «Iranisches Visum», kam der Befehl. Ich übergab meinen Paß, und der Mann studierte ihn, wobei er ihn verkehrt hielt, durch. Er blätterte eine Seite nach der anderen um, bis er zum afghanischen Visum kam. Es war ein recht hübsches Visum, und er verbrachte mehrere Minuten damit, es zu bewundern. Ich weiß nicht, wofür er es hielt, aber es schien ihn zu beglücken, und so ließ er uns durch das Tor. Jetzt mußten wir die Formalitäten auf der anderen Seite wiederholen. Dort hatte Jaccoux einen Zusammenstoß mit einem Gesundheitsbeamten. Aus irgendeinem, nur

Franzosen verständlichen Grund hatte sein Arzt den Stempel für die Wiederimpfung über den der ursprünglichen Pockenimpfung gedrückt. Der Gesundheitsbeamte fand, da seine Impffrist abgelaufen sei, erfülle er die Bedingungen für eine Einreise in den Iran nicht. Es entspann sich eine angeregte Diskussion, und gerade als ich glaubte, Jaccoux werde gleich den Herrn vom Boden heben und ein paarmal gegen seinen Schreibtisch knallen, tauchte wieder einer jener mysteriösen, sanft-stimmigen Fremden aus dem Nichts auf und erklärte unserem Mann mit großem Takt, was das Wort «Wiederimpfung» bedeutete. Inzwischen hatten wir über eine Stunde in den verschiedenen Zollhütten zugebracht – in das Fahrzeug schaute seltsamerweise niemand – und obendrein wegen der Zeitdifferenz eineinhalb Stunden verloren. Es war schon gegen Mittag, der Tag strahlend und warm, und als wir aus dem Zollhaus kamen, begrüßte uns eine Art Paradies. Eine wunderbar asphaltierte Straße führte durch Felder und Bergland und ging in eine ockerfarbene, gebirgige Wüste über. Alle paar Kilometer wurde die Landschaft von einer glänzend neuen Tankstelle mit automatischen Benzinpumpen unterbrochen. (In der östlichen Türkei wurden die meisten Pumpen von Hand betätigt, und es bedurfte der Überzeugungskraft eines Dschingis Khan, um ihre Besitzer dazu zu bringen, daß sie alles notwendige Naß herauspumpten.) Das war eine angenehme Überraschung, denn der Guide bleu für den Mittleren Osten stammte von 1965, und danach war das, worüber wir jetzt fuhren, eine Art Leidensweg. Glücklicherweise hatten die Iraner inzwischen ein großes Straßenbauprogramm durchgeführt, und die Strecke von der Grenze nach Täbris, der ersten größeren Stadt vor Teheran, war einfach großartig.

Täbris hat mindestens dreihunderttausend Einwohner und geht bis auf das achte Jahrhundert zurück. Es gibt dort häufig starke Erdbeben, und seine Abwässer werden, wie gewöhnlich in Iran, durch ein offenes Kanalsystem, das zwischen Gehweg und Straße munter plätschert, beseitigt, so daß die Stadt von Ferne an Venedig erinnert. Ich stand eben mit gespreizten Beinen über den anderthalb Metern rinnenden Wassers zwischen Fahrzeug und Gehweg und versuchte, ohne hineinzufallen, ein gewisses Quantum an lebenswichtigem Gepäck auszuladen, das aus den Tiefen des Wagens vom einen oder dem anderen der Jaccoux herausgereicht wurde. Da traf mich der Klang einer lieblichen englischen Stimme – einer weiblichen. «Ich finde, es ist sehr schön, ein paar englische Gesichter zu sehen», sagte sie. Anscheinend nahm sie unser englisches Nummernschild und den Landrover als sicheren Beweis für unsere Nationalität. Als ich mein Gleichgewicht zurückgewonnen hatte und einen Blick auf die Besitzerin der Stimme werfen konnte, entdeckte ich, daß sie eine entzückend aussehende blonde Elfe in schwarzen Slacks war, die anscheinend ziemlich viel Staub abbekommen hatten. In kurzen Worten erklärte ich ihr, wer wir waren und wohin wir wollten, und sie erzählte mir, sie sei Kunststudentin aus London und habe vor etwa zwei Monaten die Britischen Inseln genau mit den vom Gesetz erlaubten fünfzig Pfund verlassen. Per Anhalter war sie durch Iran gereist, allein, und jetzt war sie auf dem Rückweg nach England, ebenso per Anhalter, und sie dachte, sie würde dafür sechseinhalb Tage brauchen, dreieinhalb, um durch die Türkei zu kommen, wo es für sie allein, wie sie sagte, zu gefährlich sei, bei Nacht jemanden anzuhalten, und drei Tage in Europa, wo es das nach ihrer Aussage nicht sei. Ich erkundigte mich nach ihren Plänen für das Übernachten während ihres Aufenthalts in der Türkei, in noch frischem Gedenken an das Accar Palas Hotel in Agri, und sie berichtete uns, daß das gewöhnlich keine Schwierigkeiten mache, denn sowie die Polizei gewahr werde, daß sie allein reise, würde sie meist in das Postengebäude geholt. Da es noch früh war, schlug ich ihr vor, mit uns die Stadt zu erkunden, die nach dem *Guide bleu* eine berühmte blaue Moschee habe – eine Moschee, deren Gewölbe mit blauen Fliesen bekleidet seien, was sehr hübsch aussehe und in Iran sehr häufig vorkomme –, außerdem gebe es ein Museum. «Hoffentlich hat es dort keine Gefäße», sagte sie, «mir stehen Gefäße bis hier», und sie deutete auf ihre Stirn. Nach einem kurzen Besuch der Moschee, die durch verschiedene Erdbeben stark beschädigt worden war, gingen wir ins Museum. «Gefäße – noch mehr Gefäße», ächzte sie. Dann, als wir zu einem besonders packenden Stück Bildhauerkunst kamen, schlug sie vor: «Wir sollten es klauen; es würde sich auf Mamas Kaminsims sehr hübsch ausnehmen.» Die Anwesenheit eines bewaffneten Wachtpostens verhinderte jedoch den Diebstahl, und so stiegen wir in den zweiten Stock des Museums, der eine Foto-Ausstel-

lung beherbergte. Die meisten Fotos zeigten den Schah, und beim Anblick des ersten, fast lebensgroßen, meinte sie: «Wieder er! Ihn habe ich auch mehr als satt.» Nach etwas Tee und Kuchen ging sie ab in Richtung Türkei.
Nach einer wohlig durchschlafenen Nacht machten wir uns auf den Weg nach Teheran, wo wir am späten Nachmittag ankamen. Von der Straße aus gesehen, bot Teheran den Anblick eines wimmelnden, staubigen Kaninchengeheges aus Beton, das in der Septemberhitze dörrte. Verlockt durch die Aussicht auf einen Swimmingpool steuerten wir das Hilton Hotel an – in einer fast verfestigten Masse von Autos, die sich anscheinend so zufällig fortbewegen, wie es die Physiker den großen Gasmolekülen in erhitztem Dampf nachsagen. Jaccoux, durch jahrelanges Fahren im Pariser Verkehr gestählt, hatte das Steuer übernommen, und unterstützt von der Tatsache, daß der Landrover etwa doppelt so groß war wie die Miniautos, die die Teheraner Straßen verstopften, erzwang er sich einen Weg zum Stadtrand, wo das Hilton auf einer Hügelkuppe lag. Es gab natürlich einen wunderbaren Swimmingpool im Hilton, aber es gab dort auch einen Kongreß iranischer Zahnärzte, und es war «ausgebucht». Überall war «ausgebucht». Schließlich landeten wir in einem Hotel, das so neu war, daß man es offiziell noch gar nicht eröffnet hatte. Wir beschlossen, zwei oder drei Tage in Teheran zu bleiben, um ein wenig zu Atem zu kommen. Nach zwei Wochen auf den Straßen fühlten wir uns etwas angewelkt. Außerdem wollten wir das Fahrzeug zu einem gründlichen Kundendienst bringen. Mit dem Flugzeug machten wir einen kurzen Ausflug nach Isfahan, das ein paar der schönsten blauen Moscheen der Welt besitzt. Am 20. September hatten wir – und unser Gefährt – uns so gut erholt, daß wir nach Norden zum Kaspischen Meer fahren konnten.
Unsere Route, die am Demawend, dem mit 5671 Meter höchsten Berg des Iran vorbeiführte, entsprach wahrscheinlich mehr oder weniger dem Weg Alexanders. Nachdem er Persepolis, die Hauptstadt des persischen Großkönigs Darius III., Anfang des Jahres 330 erobert und anscheinend in Brand gesteckt hatte (manche Historiker halten das für einen Racheakt wegen der Plünderung Athens durch Xerxes, andere haben das Gefühl, das Feuer sei – man denke nur an Alexanders Hang zum Bauen –

durch Zufall ausgebrochen), machte er sich selbst zum König von Persien. Drei Jahre schon hatte er in Asien verbracht, und sein ursprüngliches Ziel war es gewesen, Kleinasien zu hellenisieren. Aber nun begann er selbst, Charakterzüge eines orientalischen Potentaten anzunehmen, und als er im selben Jahr nach Osten weiterzog, bestand das Heer schätzungsweise zu zwei Dritteln aus Persern und nur der Rest aus Mazedoniern. Er machte sich wie wir nach Norden auf, zum Kaspischen Meer.

Es ist unwahrscheinlich, daß Skilaufen um 330 v.Chr. sehr in Mode war, doch im heutigen Iran läuft man Ski. Wir kamen nahe dem Demawend an einem neuen Wintersportort vorbei, der alles hatte, was dazugehört, sogar ein paar kleine Lifte. Es war noch zu früh im Jahr für Schnee, aber die Jaccoux unterzogen die Sache einer fachmännischen Prüfung und fanden die Hänge im Vergleich zu dem, woran sie in Chamonix gewöhnt waren, sozusagen flach. Die leichte, frische Bergluft war eine Erquikkung nach der Wüstenniederung. Wir kamen in Richtung Kaspisches Meer rasch vorwärts; die Straße verlief jedoch etwas vom Meer entfernt, so daß wir keinen geeigneten Platz zum Schwimmen fanden. Wir hatten beschlossen, die Nacht in einer Stadt zu verbringen, die – mindestens der Karte nach – am Meer zu liegen schien, ein paar Kilometer von der russischen Grenze entfernt. Als wir aber ankamen, entdeckten wir, daß es hier weder einen Strand noch ein Hotel gab. So fuhren wir weiter nach Süden, nach Gurgan am Rand der Wüste. Gurgan ist zwar nur eine Stadt von 20000 Einwohnern; sie liegt indessen an der Straße nach Afghanistan und auch an der von Teheran nach Meshed, einer der heiligen Stätten des Islam, wohin man häufig pilgert. Daher gab es hier ein überraschend modernes und komfortables Hotel mit dem seltsamen Namen «Miami».

Um fünf Uhr früh am nächsten Morgen fuhren wir wieder nach Osten. Auf den etwa sechstausend Kilometern, die wir bisher fuhren, waren wir auf überraschend wenige wirklich schlechte Straßen getroffen. Gewiß waren die Straßen in der östlichen Türkei schmal und bergig, doch abgesehen von vielleicht drei- bis vierhundert Kilometern waren sie wenigstens gut gepflastert. Aber kaum hatten wir Gurgan in Richtung Wüste verlassen, begann ein ungefähr neunhundert Kilometer langes Straßenstück, das man gesehen haben muß, um daran zu glauben, daß es so etwas wirklich gibt. Es bestand aus Schmutz, Sand und kleinen Felsbrocken. Die Durchfahrt zahlloser Personen-, Lastwagen und Busse hatte es so wellig gemacht wie ein Waschbrett. Das brachte eine interessante Eigenheit, die für solche Straßen typisch ist, mit sich: man konnte nur mit zwei Geschwindigkeiten fahren, ohne daß es einen buchstäblich auseinanderschüttelte – entweder mit knapp zwanzig Stundenkilometern, wobei dann das Fahrzeug über jeden Höcker ächzte und rüttelte, oder mit neunzig, so daß es sozusagen von Höcker zu Höcker flog und dazwischen gelegentlich mit furchterregendem Krachen auf einem der größeren Steinbrocken landete. Zum allgemeinen Unbehagen trug auch die Außentemperatur von über vierzig Grad bei. So viel wenigstens zeigte unser Thermometer an, das wir über dem Armaturenbrett befestigt hatten, obwohl es im Schatten und durch die offenen Front-Grills gut belüftet war. (Es gehört zu den angenehmen Zügen eines Landrovers, daß er zwei Grills unterhalb der Windschutzscheiben hat, die geöffnet werden können und einen Strom frischer Luft hereinlassen.) Innerhalb einer halben Stunde waren wir von einer dicken Staubschicht bedeckt, und Michèle bemerkte, daß Jaccoux' und meine Haare weiß geworden seien. Jedes Überholen wurde zum Alptraum. Alle fahrenden Vehikel zogen eine dicke, undurchdringliche Staubwolke hinter sich her. Geriet man in eine solche Wolke hinein, sah man nichts, bis man etwa einen Meter vor den Hinterrädern des Fahrzeugs war, das man überholen wollte – oft denen eines Busses oder Lastwagens. Oft sah man sich dann mit einem entgegenkommenden Wagen konfrontiert, der ebenfalls eine Staubwolke hinter sich aufwirbelte, und mußte wieder in die Staubschleppe des Vordermanns zurücktauchen. Das übliche Vorgehen schien für jedermann dasselbe: man fuhr mit voll aufgeblendeten Scheinwerfern, weil man damit theoretisch die anderen Wagen warnend darauf aufmerksam machte, wo einer war in dem Staub. Die Scheinwerfer wurden indes bald vom Staub zugedeckt und waren nicht mehr sehr hilfreich. Irgendwann in der Mitte des Vormittags – Jaccoux saß am Steuer – begann das Fahrzeug heftig zu schlingern. Ein Reifen war geplatzt.

Wir brachten den Landrover mit etwas Mühe von der Hauptfahrspur weg und machten uns an den Reifenwechsel. Ein Wagen hielt neben uns – ein kleiner, offensichtlich sehr mitgenommener französischer Wagen. Die ebenfalls mit Staub bedeckten Insassen stiegen aus und fragten uns, ob sie helfen könnten. Es gab nicht viel zu tun für sie, und als sie weiterfuhren, bemerkten sie im Blick auf die Geräumigkeit unseres Fahrzeugs ein wenig neidisch: «Ici il y a l'avion et ça» (Hier taugt nur das Flugzeug und so was). Es war das erste Mal, daß wir einen Reifen wechseln mußten, und wir versuchten aus dem Landrover-Betriebshandbuch etwas Anleitung zu bekommen. Gelehrte Ratschläge, wie man Vergaser einstellt oder Luftreiniger, waren zwar in Menge zu finden, doch stand nirgendwo zu lesen, an welcher Stelle des Fahrgestells man den Wagenheber ansetzen sollte. Wir standen da und erwogen diese Frage. Michèle brachte unser Transistorradio heraus und stellte eine sowjetische Station ein, die die russische Version von «Has anybody seen my gal?» brachte. Unser erster Versuch mit dem Wagenheber war ein Mißerfolg; das Fahrzeug sank wieder in den Sand ein. (Die Vision, wie Alexander Tag für Tag, Woche um Woche über diese Straße marschierte, flog mir durch den Sinn.) Endlich entdeckten wir den richtigen Fleck nahe beim Rad und gingen an den Reifenwechsel. Der kaputte Pneu hatte einen fast zehn Zentimeter langen Riß, offensichtlich verursacht von einem scharfen Stein. Zum Mitagessen machten wir Rast in einer kleinen Wüstenstadt, die in einer Oase erbaut worden war. Mit einem Schlag war das Fahrzeug von neugierigen Schulkindern umringt, die uns nicht nur anstarren, sondern auch Zündhölzer und ausländische Münzen und Briefmarken haben wollten. Glücklicherweise hatten wir ein paar französische Centimes und französische und amerikanische Marken, und so führte man uns irgendwohin, wo wir essen konnten. Da es um die herbstliche Erntezeit war, gab es persische Melonen in Fülle. Eine gute persische Melone schmeckt wie Ambrosia; sie ist voll von köstlich süßem Saft, genau das richtige für den Wüstendurst, und ihre dicke Schale schützt sie anscheinend vor der Invasion durch Amöben, die frisches Gemüse in Kleinasien zu einer wirklichen Gefahr werden lassen. Seit wir die Türkei verließen, war unsere in lokalen Restaurants eingenommene Nahrung (wir hielten uns außerdem an die Vorräte im Landrover) zu endlosen Reisbergen degeneriert, gewöhnlich in Hammelfett gegart, was ihm eine etwas unappetitlich schmierige

Beschaffenheit gab, dazu der überall erhältliche Tee und gelegentlich Ziegenfleisch. Manchmal trieben wir auch frische Eier auf, die mit ungesäuertem Brot serviert wurden. Aber die Melonen würden uns, so hofften wir, Beriberi oder Schlimmeres vom Hals halten. Wir hatten immer mindestens zwei Melonen bei uns im Fahrzeug. Zwei Plastikkanister hatten wir im Hotel in Teheran mit Wasser gefüllt, das angeblich chloriert war. Wir hatten auch mehrere kleine Feldflaschen dabei, deren Inhalt von Michèle mit einer kräftigen Dosis Pernod versetzt worden war. Wir verloren zusehends an Gewicht, aber nach unseren Exzessen in den Restaurants der westlichen Türkei war das keine Katastrophe. Dreimal am Tag nahmen wir zum Schutz gegen Durchfall Mexaform-Tabletten ein, und so weit – unberufen! – blieben wir denn auch davor verschont.
Nach dem Mittagessen ging es zurück in die Wüste. Wir trafen auf einen Lastwagen, der vollkommen zusammengebrochen war. Den Fahrer nahmen wir bis zur nächsten Oase mit, und während wir dahinhopsten, sagte er immer wieder wie im Gebet: «Asphalt, Asphalt!» – anscheinend die einzigen fremdländischen Worte, die er kannte. Überall sah man Arbeitergruppen eine neue Straße bauen, die sich in wenigen Jahren durch diesen Teil des Iran ziehen und die West-Ost-Durchquerung des Landes zu einem Vergnügen machen würde. Bei Einbruch der Nacht kamen wir in Meshed an. Wir waren zu erschöpft, um noch etwas anderes zu tun, als das erste große Hotel zu suchen. Es war ein elegantes, mit einer unterirdischen Garage, und der Direktor bestand darauf, daß wir das Fahrzeug hineinbringen sollten. Das war eine ausgezeichnete Idee, nur daß es nicht durch das Tor paßte und Jaccoux fast das Oberteil abgerissen hätte, bevor er sich im Vierradantrieb-Rückwärtsgang befreien konnte. Unsere letzte Handlung, bevor wir uns für die Nacht verzogen, war das Reinigen des Luftfilters der Maschine mit Benzin. Das Betriebshandbuch für Landrover versicherte uns, es würde die gräßlichsten Folgen haben, wenn unter Wüstenbedingungen der Filter nicht tadellos saubergehalten werde. Und als wir ihn öffneten, befand sich wirklich im Innern eine Art von öligem Schlamm.

Afghanistan

Die hundertfünfzig Kilometer lange Strecke von Meshed zum

afghanischen Grenzort Islam Qala war die schlimmste bisher. Schon am frühen Morgen war die Hitze fast unerträglich. Als wir am iranischen Grenzposten Saadabad anlangten, hatten wir einfach genug. Wir sahen einen Kiosk mit Pepsi-Cola-Reklame, und alle hygienische Vorsicht über Bord werfend, tranken wir mehrere Flaschen hintereinander. Die Ausreise aus Iran ging in mehreren Stadien vor sich und erforderte Besuche bei verschiedenen Büros zur Überprüfung der Pässe und natürlich des Carnet. Glücklicherweise war die iranische Grenzpolizei, die ebenso unter der Hitze litt, nicht in der Stimmung, die Formalitäten zu verlängern, und in etwa einer halben Stunde waren wir unterwegs zur Grenze. Wir fuhren an einem Quarantänelager aus Armeezelten vorüber, der Unterkunft für alle Reisenden, die aus Afghanistan kamen. Sie mußten ein paar Tage hierbleiben, damit man sicherging, daß sie keine Cholera einschleppten. Cholera-Epidemien waren hier im Sommer häufig, und leider bot die Cholera-Impfung keine Garantie dafür, daß man nicht doch an dieser Seuche erkrankte. (Jemand bemerkte, der Unterschied zwischen der Schwere der Erkrankung nach der Impfung zu der ohne Impfung entspreche etwa jenem zwischen Impfreaktion und tatsächlicher Ansteckung.) Die Iraner gingen einfach kein Risiko ein, und das Lager schien voll von müßigen motorisierten Menschen, die einen Zwangsurlaub in der Wüste verbrachten.

Unzählige Reisende hatten uns gesagt, das Überschreiten der iranisch-afghanischen Grenze verlange die Geduld eines Hiob und die Seelenstärke eines James Bond (sie wurde überdies um sechs Uhr abends geschlossen). Deshalb waren wir angenehm überrascht, daß das erste Hindernis – eine Art Holztor – leicht überwunden war, nachdem wir einem freundlichen, wenn auch schläfrigen afghanischen Soldaten unsere Visa und Einreiseerlaubnis gezeigt hatten. Dann wurden wir zu einem kleinen Gebäude geleitet, wo ein afghanischer Zollbeamter uns bat, mehrere Formulare auszufüllen, die unsere persönlichen Besitztümer und das Fahrzeug betrafen. In der naiven Meinung, wir könnten jetzt nach Afghanistan einreisen, fuhren wir zu einem zweiten Holztor, wurden aber mit dem Auftrag zurückgeschickt, eine weitere Reihe von Gebäuden aufzusuchen, vor denen schon eine stattliche Reihe von Autos zu sehen war, darunter ein neu aussehender kleiner blauer Landrover. Seine Insassen entpuppten sich als ein amerikanisches Ehepaar in mittleren Jahren, das die gleiche Strecke wie wir gewählt hatte, sich aber für diese Reise klugerweise zwei Monate Zeit lassen wollte. Wir gingen zu einem Büro im Innern und sahen zur Begrüßung eine Szene, die aus einem Jonesco-Stück hätte stammen können. Soweit ich feststellen konnte, umfaßte das Darstellerverzeichnis drei Beamte, zwei davon in weißen Uniformen, einer in einem dunklen Anzug. Die Bank an der Wand war gedrängt voll von Personen aller Art, die so aussahen, als säßen sie schon seit Anfang der Zeiten da und müßten für ewig hierbleiben. Der übrige Raum war erfüllt von Menschen, die ziellos – zufällig kamen und gingen. Jemand – offensichtlich ein Diener – tauchte ständig auf und verschwand wieder: er brachte Tee für die Amtspersonen. Geld schien von einer Hand in die andere zu gehen, doch zu welchem Zweck konnte man nur ahnen. Der Schreibtisch des Beamten in Zivil war von Pässen jeglicher Färbung überhäuft. In der Annahme, daß man dies vermutlich von uns erwartete, legte ich unsere drei Pässe auf den Haufen, sie verloren sich jedoch bald unter der Menge neu daraufgeworfener Ausweise. Nach einer halben Stunde, in der mit dem wachsenden Stapel von Pässen überhaupt nichts geschah, entschied ich, es sei wünschenswert, irgendeine Aktion zu starten, und verließ den Raum, um zu sehen, ob es nicht irgendwo im Gebäude noch eine andere Amtsperson gab, die vielleicht wußte, was vor sich gehen sollte. Ich fand eine offene Tür, und als ich hindurchging, bedeutete mir ein uniformierter Beamter mit heftigen Gesten, ich hätte diesen Raum zu verlassen und in den anderen zu gehen. Als ich zurück war, hatten zwei der Offiziellen sich davon gemacht und der dritte sagte mir, als ich mich ihm näherte, er sei nur mit den Leuten befaßt, die Afghanistan verließen, und unser Problem, nämlich die Einreise in das Land, liege außerhalb seines Spezialgebietes. Eine weitere halbe Stunde verging. Der Mann in Zivil kam zurück und machte sich daran, sehr langsam und mit großer Sorgfalt ein riesiges Hauptbuch zu öffnen, das sonst auf der Stelle auseinandergefallen wäre. Inzwischen waren unsere Pässe ganz unten in dem Stapel, und es verrann wieder eine halbe Stunde, bis sie aufs neue oben lagen. Sie wurden aus jedwedem möglichen Blickwinkel überprüft – sogar mit der Oberseite nach unten –, und schließlich machte man mit einem Füllhalter, der ständig auslief und nachgefüllt werden mußte, verschiedene vermutlich wichtige Notizen in das große Buch. Ich wurde nach der Zulassungsnummer des Fahrzeugs gefragt, und als ich sagte: «HXC 146 H», trug man prompt ein: «HXC 146 8.» Alle möglichen Komplikationen vorhersehend, wenn die Nummer nicht korrekt angegeben war, versuchte ich, die 8 zum H – das heißt die «eight» zum «eitsch» – zu korrigieren, aber ohne Erfolg. Jedes Aussprechen des H schien die Verwirrung nur zu vergrößern. Kurz bevor er unsere Pässe wieder unter den Haufen zurückschieben wollte, sagte einer der Leute auf der Bank an der Wand mehrmals mit lauter Stimme «Äch, äch» und gab dabei einen Laut von sich, den ich als eine Art Niesen interpretiert hätte. Was es auch war, es schien zu wirken, und nicht lange danach konnten wir dem Soldaten am Tor unseren Paß zeigen und durften offiziell nach Afghanistan einreisen.

Man hatte uns gesagt, die Hauptstraßen in Afghanistan seien ausgezeichnet, dank einer Flut konkurrierender Straßenbauten von Russen und Amerikanern. Beide hatten Teile der Straße von der Grenze nach der Hauptstadt Kabul gebaut. Tatsächlich war dieser erste Teil, der nach Herat führte und von den Russen gebaut worden war, einfach unglaublich: eine breite, vierspurige Autobahn, anscheinend aus Beton, über die das Fahrzeug hinflog wie ein Vogel. Die Afghani waren sich in letzter Zeit der wirtschaftlichen Bedeutung des Tourismus bewußt geworden, und so konnte man etwa alle siebzig Kilometer an der Straße deutlich bezeichnete Tankstellen finden. Im allgemeinen waren es handbetriebene Pumpen, und einmal mehr mußte man ihre Besitzer oder Warte überreden, weiterzupumpen, bis der Tank voll war. Wir hatten in Iran auch unsere Kanister füllen lassen, nur für den Notfall. Die Bezahlung der lebenswichtigen Flüssigkeit war ein gewisses Problem. Das einzige Wort auf Farsi, der Sprache des westlichen Afghanistan, das wir uns hatten aneignen können, war «Harbuza» und bedeutete Melone. Die reifen afghanischen Melonen waren vielleicht noch besser als die persischen. Aber diese Sprachkenntnis war kaum eine Grundlage für eine so verwickelte kommerzielle Transaktion wie das Benzintanken. Es gab eine gewisse Tendenz der Pumpenmänner, Wechselgeld für jeden Schein in ziemlich willkürlichen Quantitäten zurückzugeben, doch eher aus Widerstreben, die nötigen

Rechenoperationen vorzunehmen, als aus anderen Gründen. Da unser Touristenbüchlein angab, das Benzin koste 25 Afghanis je Gallone, pflegten wir dem Tankwart ungefähr das zu geben, was wir für den genauen Betrag hielten, und das beste zu hoffen.
Die Landschaft war großartig, ein wildes Wüstenland, durchbrochen von da und dort aufragenden, streng wirkenden Bergen aus rötlichem Fels. Auf der Straße zogen große Kamelkarawanen hintereinander her, die Nomaden – den Kochi – gehörten. Sie wanderten, durch die Jahreszeit bedingt, vom Hochland Zentralafghanistans in die Niederungen des Südens, um neue Weide für ihre Schafherden zu finden. Die Männer, die wie Gestalten aus der Bibel aussahen, trugen oft wallende Bärte und in herrlichen Farben leuchtende afghanische Mäntel, die mit Schaffell gefüttert waren. Die ebenfalls bunt gekleideten, mit Silberschmuck behangenen Frauen hatten die wilde Schönheit von Zigeunerfürstinnen. (Es gibt eine Theorie – die «Bani-Israeli-Theorie» – über den Ursprung des afghanischen Volkes oder mindestens eines Teils dieses Volkes, die es mit den verlorenen Zehn Stämmen Israels in Verbindung zu bringen sucht. Die Verfechter dieses Standpunkts nennen als Beweis die charakteristischen Merkmale der Gesichter und die biblischen Namen im afghanischen Volk, während die Gegner, und ich glaube, die meisten Fachleute dieses Gebiets gehören heute dazu, darauf hinweisen, daß die in Afghanistan vorherrschende Sprache, Paschtu, indoiranisch ist und keine hebräischen Spuren aufweist und daß praktisch alle Afghanen Muslime sind, während Juden die Tendenz haben, auch angesichts aller möglichen Hindernisse an ihrem Judentum festzuhalten. Zudem war Afghanistan Schauplatz vieler Völkervermischungen, da fast ununterbrochen fremde Völker aus allen Himmelsrichtungen einbrachen, weshalb es sich schwer vorstellen läßt, irgendwelche Rassenmerkmale hätten sich unvermischt bis heute erhalten können.)
Am späten Nachmittag tauchten am Straßenrand Bäume auf, ein sicheres Zeichen für eine Oase, und etwas später lag die alte Stadt Herat vor unseren Augen. Sie wurde 330 von Alexander erobert und neu aufgebaut. Eines der festen Naturgesetze in Wüstengebieten lautet, daß die Kultur dem Wasser folgt. Toynbee schätzte, es gebe in diesen Gegenden etwa alle sechshundert Jahre Dürreperioden. In solchen Zeiten machen sich die Men-

schen auf Wanderschaft, und in der Vergangenheit begannen dann die Invasionen. Manche Wissenschaftler glauben, unser Planet werde nach und nach heißer – sogar die Polareis-Kappen scheinen langsam abzuschmelzen. Vielleicht war dieser Teil Kleinasiens zu Alexanders Zeit kühler, feuchter und freundlicher; sonst erscheint sein Zug von Griechenland durch diese Wüsten unglaublich. Wir steuerten ein neues, modernes, vor ein paar Jahren von den Russen erbautes Hotel an. Es hatte einen etwas grämlich wirkenden Swimmingpool, und als wir uns am Rand niederließen, kam eine Gruppe junger, athletisch aussehender Russen dazu. Sie entpuppten sich als Fahrzeugbau-Ingenieure, die ein paar russische Lastwagen von den Pamir-Höhen heruntergefahren hatten, um zu testen, wie sie sich auf den Wüstenstraßen bewährten. Ihre Reise, die erst begonnen hatte, würde mehrere Monate dauern. Sie trugen alle die gleichen blauen Trainingsanzüge, und später tauschten wir einige Erfahrungen über die Straßen aus; sie akzeptierten einen halben Liter britisches Motorenöl, das wir als Reservevorrat mitgebracht hatten, um zu sehen, wie es sich in ihren Lastwagen bewähre.

Nach kurzem Schwimmen gingen wir aus, um Herat zu erkunden. Es muß einer der schönsten Orte der Welt sein. In der untergehenden Sonne leuchteten die aus rotem Sandstein oder Tonziegeln erbauten Häuser und Minarette wie von einem sanften inneren Feuer durchglüht. Von den im fünfzehnten Jahrhundert entstandenen Moscheen gab es nur noch sechs; die übrigen waren teils durch Erdbeben, teils im Jahre 1885 absichtlich von den Briten zerstört worden, weil sie dachten, die Türme würden die Verteidigung der Stadt gegen die Russen erschweren. Pferdewagen mit kleinen Glöckchen setzten Tupfen in die friedvolle Stille der Stadt. Die Menschen waren äußerst freundlich, und wohin wir auch gingen, wurden wir von Kindern umringt, deren Eltern uns baten, Bilder von ihnen aufzunehmen. Wir besuchten eine alte Moschee, und als wir den bejahrten Wächter mit «Salam Aleichim» begrüßten, legte er in der hergebrachten afghanischen Grußgeste die Hand aufs Herz. Der Bazar war voll von wunderschönen afghanischen Gewändern, Karakul-Pelzmützen, mit Karakulfell gefütterten Mänteln und leichten Blusen in vielen Farben, die mit kleinen Spiegelchen geschmückt und feiner Stickerei verziert waren. Alles und jedes schien mit der

Einfachheit und Schönheit einer Oase in der roten, stillen Wüste in Einklang zu stehen.
Früh am nächsten Morgen machten wir uns nach Kandahar auf, der heute zweitgrößten Stadt Afghanistans, die ebenfalls von Alexander dem Großen gegründet worden war. Es versprach der heißeste Tag unserer Reise zu werden. Wir fuhren fast genau nach Süden; Kandahar, das nicht weit von der afghanischen Grenze mit Pakistan liegt, befindet sich auf dem gleichen Breitengrad wie die Sahara. Die Straße von Herat nach Kandahar, Alexanders Straße, führt geradewegs durch die Wüste. 1966 war sie von der U.S. AID asphaltiert worden. Die Hitze war unglaublich. Wie eine drohende Kraft, die alles in ihren infernalischen Griff nahm, schien sie in das Fahrzeug einzudringen. Alle paar Kilometer sahen wir in der Wüste phantastische Fata Morganas, Seen und Wälder, die selbstverständlich verschwanden, wenn wir näherkamen. Die Motortemperatur des Fahrzeugs stieg nach dem Anzeiger auf dem Armaturenbrett nahe an die Gefahrengrenze, aber wunderbarerweise kochte das Kühlwasser nicht über. Gegen Mittag fanden wir ein Oasendorf an einem Fluß. Die meisten Bewohner schienen lang ausgestreckt unter den Bäumen zu liegen. Ein paar schrottreife Lastwagen standen da, deren gleichsam skelettierte Motoren keine Hauben mehr hatten. Sie waren fast nur mit liegenden Menschen beladen und wollten in die eine oder andere Richtung. Wir hielten vor einer kleinen, schmutzigen Teestube mit Restaurant. Es gab so viele Fliegen, daß wir beschlossen, kein Essen zu riskieren, doch tranken wir ein Glas heißen, sogar kochendheißen Tee. Außerdem kauften wir unsere Tagesration an Melonen ein, und fanden eine Stelle unter einer Brücke, wo man die Melonen essen und schwimmen konnte. Michèle erregte neugieriges Starren, als sie in einem sehr modernen französischen Bikini von schwarzer Farbe erschien. Aber uns war zu heiß, um uns darum zu kümmern. Das Wasser war köstlich – Gott allein wußte, was alles darin schwamm. Aber auch uns darum zu kümmern, war es einfach zu heiß. Nach dem wohltuenden Bad aßen oder schlürften wir unsere Melonen und fuhren weiter nach Süden. Der restliche Nachmittag ging wie ein Fiebertraum vorüber, und bei Sonnenuntergang hielten wir beim Regierungshotel in Kandahar, einer etwas abgenutzteren Abart des Hotels in Herat. Eine

Schlange von Fahrzeugen stand davor, deren Insassen, wie sich herausstellte, den Nachmittag verschliefen, um nachts nach Herat weiterzufahren. (Man sagte uns die meisten Leute versuchten diese Strecke bei Nacht zu bewältigen, und daß wir Glück hatten, ohne Panne durchzukommen.) Eine englische Familie war hier gestrandet, weil irgendein Defekt an ihrem Landrover aufgetreten war und man in ganz Afghanistan kein Ersatzteil zur Behebung der Panne fand. Nun warteten sie schon ein paar Tage in aller Gemütsruhe auf das neue Teil, das aus England eingeflogen werden sollte.

Kandahar war ein wichtiger Umschlagsplatz an der alten Seidenstraße, die von China und Indien nach Europa führte und mehr oder weniger verschwand, nachdem Vasco da Gama im Jahr 1498 den Seeweg um das Kap der Guten Hoffnung entdeckt hatte. Die Stadt sah aber noch immer wie ein Basar aus. Fast alles nur Denkbare konnte man hier kaufen, von Haschisch bis zu Schießeisen, modernen wie antiken. Jaccoux fügte unserem ungebrauchten Waffenarsenal eine zweite «flingue», eine bösartig aussehende Automatik, hinzu. Während dieser heikle Handel besprochen wurde, saß ich auf einem Randstein und sah dem Bäcker zu, der in einem offenen Steinofen *Chapati*, ungesäuertes Brot, buk. Der Teig wurde zu einem großen, dünnen Pfannkuchen ausgezogen und dann in den Ofen geworfen; nach etwa einer halben Minute wurde ein warmes, appetitlich aussehendes Rundbrot herausgezogen. Beide Jaccoux kauften sich wunderschöne, mit Karakulpelz gefütterte Mäntel, um sich in der Alpen-Skisaison warm zu halten (der einzige Nachteil dieser Mäntel, so sagten mir Fachleute, bestehe darin, daß man den Geruch nach lebenden Schafen fast nicht loswerden könne), worauf wir uns ins Regierungshotel zurückzogen.

Am nächsten Morgen fuhren wir weiter, wieder auf der U.S. AID-Autobahn, die durch ein System von Autobahnzollstellen, nicht unähnlich jenen der New Jersey Turnpike, unterhalten wurde (an manchen Stellen sah man Männer, die mit Besen hinderliche Steine und Kiesel wegfegten). Ein Unterschied war vielleicht daß sich die afghanischen Wegzoll-Einnehmer nicht abgeneigt zeigten, günstig Dollars einzutauschen und in einem Fall sogar ein Mittagessen anzubieten – gegen Entgelt natürlich. Etwa in der Mitte des Nachmittags, nach einem Tag

Wüstenfahrt, kamen wir ins Tal von Kabul. Wieder hatte man das Gefühl, in einer Oase zu weilen, diesmal aber in einer, die von Bergen umschlossen war. In der Stadt fuhren wir direkt zu dem brandneuen Intercontinental-Hotel, das leicht zu finden war, denn es stand oben auf einem Hügel über der Stadt. Wir hatten Hunger. Etwa eine Woche lang hatten wir von einer Kost gelebt, die in erster Linie aus Reis, Eiern, Chapati, Tee und Melonen bestand. Die Aussicht auf eine westliche Mahlzeit lockte uns wie die Sirenen die antiken Seeleute. Und in der Tat bot das Intercontinental eine glänzende Auswahl internationaler Spezialitäten, die aus allen Winkeln der Erde nach Kabul geflogen wurden. Abgesehen von der Besichtigung Kabuls hatten wir zwei Dinge vor. In erster Linie mußte ich zur pakistanischen Botschaft in Kabul gehen und ein für allemal die Frage der Einreiseerlaubnis nach Pakistan klären. Ein kurzer Besuch auf der Botschaft bestätigte unseren Verdacht, daß die Straßen-Einreiseerlaubnis überflüssig war, wenn ich den Wagen nicht über die indische Grenze bringen wollte. Warum uns der Konsul in New York nicht über diese einfache Tatsache informieren konnte, blieb eines der vielen Geheimnisse des Ostens.
Für unseren zweiten Plan braucht es als Erklärung eine kleine historische Abschweifung. Nach seinem Zug durch Persien wandte sich Alexander einem Gebiet zu, das damals Baktrien hieß und heute im wesentlichen das nördliche Afghanistan ist. (Alexander scheint in der Tat einem Weg gefolgt zu sein, der mehr oder weniger mit der modernen Straße von Kabul zur pakistanischen Grenze identisch ist, und sich dann an einer Stelle nahe der heutigen Stadt Jalalabad in Afghanistan nach Norden gewandt zu haben.) Die Konsolidierung seiner Eroberungen in Baktrien nahm ihn von 330 bis 327 in Anspruch. Wie Fosco Maraini in seinem Buch «Where Four Worlds Meet» bemerkt, umfaßte seine Armee, als er 327 nach Indien aufbrach, «vierzigtausend Krieger, begleitet von mindestens der gleichen Zahl nichtkämpfender Hilfskräfte und Troßangehöriger beiderlei Geschlechts, Frauen und Kindern, Konkubinen, Sklaven, Künstlern jeder Art, Seeleuten und Schiffszimmerleuten, die die Erkundung des Meeres erleichtern sollten, Dichtern (den Sonderbotschaftern jener Zeit) und Philosophen, Handwerkern und Händlern, Kaufleuten und Sehern.» Ein weiteres glänzendes Buch

über Geschichte und Bevölkerung dieser Region – der Ostgrenze Afghanistans und der Nordwestgrenze Pakistans – trägt den Titel «The Pathans». (Pathanen ist der Allgemeinbegriff für die Stämme, die dieses Land bewohnten und noch bewohnen. Grob gesprochen sind es die heute muslimischen Menschen, die die eng verwandten Sprachen Paschtu und Pahktu sprechen.) Verfasser ist Sir Olaf Caroe, der sein ganzes Leben in diesem Gebiet verbrachte und der letzte britische Gouverneur des nordwestlichen Grenzlands war, bevor sich Pakistan 1947 loslöste. Er charakterisiert den Zug Alexanders als einen richtigen Beutezug. Caroe weist darauf hin, daß Alexanders ganze Indienexpedition (die am Ende fehlschlug, weil es ihm einerseits nicht gelang, die Mächte des Subkontinents zu überwinden, und er andererseits seine rebellischen Truppen nicht dazu bewegen konnte, weiter nach Osten zu ziehen) nur zwölf Monate dauerte. Wie Caroe es ausdrückt, war sein Weg «eine Einbahnstraße». Kurz danach, im Jahre 323, starb Alexander in Babylon. Ein Jahrhundert lang etwa wurde Baktrien von Heerführern seiner Armee und deren Nachkommen regiert. Dann fielen fremde Völker von allen Seiten in das Land ein, und im folgenden Jahrhundert herrschte ein wirres Durcheinander von Eroberungen durch Heere aus Persien und Indien. Zugleich drangen die religiöse Welt Zoroasters (auch Zarathustra genannt) von Persien und der Hinduismus von Indien her ins Land. Es gab sogar eine verhältnismäßig kurze, aber wichtige Zeit, in der der Buddhismus von Nepal und Indien herüberwirkte. Buddha war 563 v.Chr. in dem Gebiet geboren worden, das heute das südliche Nepal ist. In seiner ursprünglichen Gestalt des Hinajana oder des geringeren Wegs war der Buddhismus nicht eigentlich eine Religion mit einer Gottheit, sondern eher eine Lebensphilosophie, deren Begründer und Lehrer eben Buddha war. Als sich der Buddhismus aber entwickelte, wurde er zum Mahajana oder dem Buddhismus des größeren Weges und Buddha selbst zu einem Gott erhoben. In der Ursprungsform war die Lehre bilderfeindlich, und es gab keine Statuen oder Bilder des Buddha. Aber mit dem größeren Weg begann auch die Darstellung des Buddha in der heute vertrauten Form. Das Faszinierende ist, daß die ersten Buddha-Darstellungen, vielleicht im ersten oder zweiten vorchristlichen Jahrhundert, von griechischen oder griechisch-römischen Bild-

hauern nach dem Muster von Apollostatuen geschaffen wurden. Dadurch entstand eine ganz neue Kunstform, die unter dem Allgemeinbegriff Ghandarische Kunst bekannt ist. (Ghandara war der alte Name des Pathanen-Landes, das während des größten Teils seiner Geschichte den Schwerpunkt in den Ebenen um die heutige Stadt Peschawar in Pakistan hatte.) Der Buddhismus hinterließ in Ghandara keine bleibenden Spuren. Caroe bemerkt: «Auf eine seltsame Weise war dies für die Leute der Gegend zu dünne Luft; das Zeitalter ging vorüber wie eine Vision und es blieb keine Erinnerung daran.»
Was blieb, war eine großartige Kunst, hauptsächlich in Stein gehauen (wenigstens das Erhaltene ist aus Stein), Tausende von Bildwerken an Mauern und Felsen und freistehende Statuen von Buddha und seinen Schülern. Diese Skulpturen vereinigen das exotisch Geheimnisvolle des Ostens mit den kulturellen Fähigkeiten von Griechenland und Rom. (Ich sah ein Buddhahaupt mit schmalen, schläfrigen Orientalenaugen und einer vollendeten römischen Nase.) Oft sind die Gesichter dem Orient zugehörig, die Gewänder aber haben den griechischen Faltenwurf. Das ungewöhnlichste Beispiel der Ghandarischen Kunst wurde in Bamiyan (auch: Bamian) in Afghanistan, etwa zweihundertdreißig Kilometer nordwestlich von Kabul gefunden, in einem Tal, das zwischen den schneebedeckten Ketten des Hindukusch und Kohi-Baba liegt. Dieses Tal ist in den Bergen versteckt und war vermutlich einer der letzten Schlupfwinkel der Buddhisten, bevor sie von Eindringlingen aus Ost und West überrannt wurden. Dort schufen Künstler vermutlich im fünften oder sechsten Jahrhundert – wieviele es waren und wie lange sie brauchten, kann niemand sagen – an einer roten Sandsteinklippe riesige Buddha-Statuen, von denen die kleinere etwa 35 Meter, die größere 53 Meter hoch ist. Die Statuen sind teilweise zerstört worden: von den Gesichtern wurden – wohl absichtlich – Teile abgeschlagen, aber es blieb genug, um eine Vorstellung zu geben, wie großartig die Skulpturen gewesen sein müssen. Jedenfalls fuhren wir, als die Sache mit der pakistanischen Botschaft geregelt war, nach Nordwesten, nach Bamiyan.
Die Straße nach Bamiyan begann mit den besten Vorzeichen. Sie entsprach der von den Russen erbauten Hauptverkehrsstraße nach Norden zur russischen Grenze. Die Russen vollendeten die

Nordautobahn 1964 und verkürzten die Entfernung zur Grenze durch den Bau eines sechs Kilometer langen Tunnels unter dem Salang-Paß im Hochland um ein Drittel. Die Straße war gut gebaut, litt aber wie überall in diesem Weltteil unter der Tatsache, daß sie zu schmal war, um den Strom von Fahrzeugen, Menschen und Tieren aufzunehmen, der sie benützte. Überall gab es Karawanen von Mensch und Tier, und das Fahren wurde zum ständigen Hindernisrennen. Wir befuhren die Straße etwa fünfundvierzig Kilometer bis Charikar; dort mußten wir nach Westen abbiegen, um nach Bamiyan zu kommen. Ein winziger Wegweiser zeigte, wo es nach Bamiyan ging, und nach ein paar hundert Metern wurde die steinige Straße so schlecht, daß ich annahm, wir hätten uns verfahren, und zurückfuhr, um mich zu vergewissern, daß wir richtig eingebogen waren. Leider war uns kein Irrtum unterlaufen, und die nächsten fünf Stunden hopsten wir bei etwa dreißig Stundenkilometern über die schlechteste Straße, die uns bisher unterlaufen war. Die Landschaft dagegen war großartig. Es gab tiefe Schluchten, Bergpässe und Stellen, wo das Flußtal sich soweit öffnete, daß es den Blick auf wohlangebaute Kornfelder freigab. Es waren auch Kochi-Stämme unterwegs nach Süden, herrlich aussehende Menschen, doch als Jaccoux hielt, um ein paar Aufnahmen zu machen, zeigten sie sehr deutlich, daß sie, wenn wir die Kameras nicht weglegten, uns und unser Fahrzeug mit Steinen und vielleicht Schlimmerem angreifen würden. Sie verhielten sich sonst nicht feindselig; sie wollten jedoch von Touristen nicht als Kuriositäten betrachtet werden. Kurz vor Bamiyan weitete sich das Tal zu einem breiten, von Bergen umringten Becken, ein idealer Fleck, um sich sowohl von der Welt wie vor feindlichen Eindringlingen zurückzuziehen. Unser Bezinvorrat, die beiden vollen Kanister eingeschlossen, war inzwischen gefährlich klein geworden, und es war uns klar, daß wir bei der Rückfahrt in Schwierigkeiten geraten würden, wenn wir hier keine Tankstelle fanden. Der nächsten würden wir nämlich erst wieder auf der großen Hauptstraße begegnen. Glücklicherweise gab es eine kurz vor Bamiyan, und wir tankten unser Fahrzeug auf. Es war nun etwa zwei Uhr nachmittags, und wir beschlossen, uns in dem großen, etwas heruntergekommenen Regierungshotel vor der Stadt auch etwas einzuverleiben. Es lag auf einer Anhöhe, und von dort aus konnten wir das ganze

Tal und direkt gegenüber die Klippe mit den beiden Buddhas sehen. Obwohl wir zu weit entfernt waren, um etwas von den Einzelheiten der Skulpturen aufzunehmen, beeindruckte uns ihre massive Kraft. Sie standen von der Felsoberfläche zurückgesetzt in Höhlungen, die ausgeschlagen worden waren, bevor die Bildhauerarbeiten begannen. Da wir jetzt genug Treibstoff hatten, planten wir, vor Sonnenuntergang noch etwa sechzig Kilometer nach Band-e-Amir weiterzufahren, wo es eine Kette berühmter tiefer Bergseen gab. Wir wollten bei einem der Seen kampieren und am nächsten Tag zurückkommen und uns den Buddhas widmen.

Die Fahrt zu den Seen war noch härter als die nach Bamiyan, und die halbe Zeit hatte man das Gefühl, man müsse sich seinen Weg selber bahnen. Das Land war wild und bergig und unglaublich schön. Nach ein paar Stunden kamen wir auf einen hohen Felsen und sahen unten den ersten See liegen: ein kobaltblauer Kreis, umgeben von massiven roten Klippen. Durch geschickten Einsatz des Vierradantriebs gelang es Jaccoux, uns ins Tal hinunter zu manövrieren, wo wir gleich unterhalb des einen Sees unser Lager aufschlugen. Dieser See befand sich in einer Art Mondkrater, dessen Ränder sich ein Stück über den Talboden erhoben. Über den Kraterrand floß ständig Wasser herunter – zweifellos wurde der See irgendwo von einem Bach gespeist –, das in einer Reihe von kleinen Wasserfällen und -läufen ins Tal hinunter rann. Band-e-Amir mußte etwa 3000 Meter hoch liegen, und als am Spätnachmittag die Temperatur rasch fiel, ahnten wir, daß uns eine recht kalte Nacht bevorstand. Wir beschlossen, unsere Hochgebirgs-Campingausrüstung auszuprobieren – die Doppeldachzelte und die Daunenschlafsäcke. Die Zelte schienen mindestens ein Ingenieur-Diplom zu verlangen, wenn man sie aufstellen wollte, aber Michèles Erfahrung als einstige Pfadfinderin half uns zum Erfolg. Jaccoux begab sich in eines der kleinen Zelte und tauchte nach wenigen Minuten wieder mit der Erklärung auf, das sei kein Zelt, sondern ein Sarg. Als die Zelte standen, gingen wir daran, unsere erste Mahlzeit im «Gasthaus Landrover» zuzubereiten. Wir öffneten eine Dose italienische Canelloni, eine Dose Leberpastete und einen Beutel Schweizer Gemüsesuppe und ließen die Sachen heiß werden. Dann wurde der Tisch gedeckt. Das Ergebnis war ausgezeichnet, und zum Klang von

Hirtenflöten – unsere Lagerstätte lag nicht weit von einem Schäferdorf entfernt – zogen wir uns zu friedlichem, wenn auch etwas kaltem Schlaf zurück. Als wir am anderen Morgen erwachten, waren die Zelte mit Reif bedeckt und viele der kleineren Rinnsale unseres Sees gefroren. Nach kurzem Herumklettern um den See und einem Frühstück mit Kaffee, Brot und Marmelade sammelten wir wieder unsere Habe ein, verstauten sie im Fahrzeug und wollten abfahren. Jaccoux versuchte zu starten. Nichts, kein Ton, kein Flackern, kein Licht, keine Hupe. Ganz offensichtlich war die Batterie tot. Das schien kaum glaublich, da wir den Wagen eben gründlich hatten warten lassen – sogar der Dachgepäckträger war neu verschweißt worden –, und das in einer Werkstatt in Kabul, die in erster Linie die Omnibusse für den Lokalverkehr betreute. Trotz unserer – wie wir glaubten – eingehenden Instruktionen hatte niemand daran gedacht, den Wasserstand der Batterie zu prüfen. Als wir sie aufmachten, stellte sich heraus, daß keines mehr darin war. Um unser Fahrzeug aus dem sandigen Talboden abschleppen zu können, wäre nach meiner Ansicht nicht viel anderes als ein Panzer in Frage gekommen. Jaccoux indessen erinnerte sich daran, daß wir unter unseren Sachen zwei Plastikflaschen mit destilliertem Wasser hatten, die für einen eventuellen Gebrauch in äußersten Notfällen in Reserve lagen. Wir gruben sie aus, öffneten sie und leerten den Inhalt in unsere fast verdurstete Batterie, die sich wunderbarerweise soweit erholte, daß die Maschine ansprang. Ich glaube nicht, daß ich jemals zuvor ein so erfreuliches Geräusch vernahm, wie das des laufenden Motors an diesem Morgen in Band-e-Amir.

Die Fahrt zurück nach Kabul verlief ereignislos. Wir hielten noch bei den Buddhas und kletterten um sie herum. Anscheinend wurden sie restauriert, denn sie waren von Gerüsten und Geräten umgeben. Es war, mindestens im Prinzip, möglich, das Innere der Skulpturen durch eine Reihe von Tunnels und Durchgängen zu erklimmen, aber einige waren wegen der Reparaturarbeiten gesperrt. Aus der Nähe gesehen zeigte sich, daß die Felsen viele kleine Höhlen enthielten, in denen zweifellos buddhistische Mönche gelebt hatten. An den Wänden und Decken einiger dieser Höhlen konnte man verblaßte Reste von Wandmalereien entdecken, die den tibetanischen *Thankas* (Rollbildern auf grobem Leinen) ähnelten; früher müssen einmal alle Höhlen damit ausgeschmückt gewesen sein. Dank der aufreibenden Schnellfahrerkünste Jaccoux' auf den ungeteerten Straßen kamen wir bei Einbruch der Nacht auf der Autobahn an, und gegen acht Uhr waren wir in Kabul. Wir verbrachten einen Tag mit dem Auskundschaften der Basare. Für Andenken-Jäger war Kabul ein Paradies. Nie hatte ich eine solche Auswahl von Bildwerken und Schnitzereien, bemalten Stoffen, alten und modernen Schußwaffen und Kleidungsstücken aller Art gesehen. Zwei Dinge fielen mir besonders auf: erstens die faszinierenden Volkskunstarbeiten aus Marmor und Onyx. Die Afghanen sind Spezialisten in der Darstellung von Früchten; Birnen werden aus weißem Marmor gemacht und Äpfel aus einer Vielzahl von Farben.

Zweitens waren es die sehr verschiedenartigen, überaus unheimlichen, an Totems erinnernden Holz- oder Steinfiguren aus Nuristan. Nuristan ist ein Teil Afghanistans im Hindukusch, nahe der Grenze nach Pakistan. Wahrscheinlich drang Alexanders Heer durch diesen Landstrich in den Subkontinent ein. Bis zur muslimischen Eroberung Afghanistans praktizierten die Stämme dieser Täler eine heidnische Religion, die auch totemistische Naturdarstellungen einschloß. Wer nicht floh oder sich zum Islam bekehrte, wurde umgebracht. (Nuristan bedeutet «Land des Lichts», wobei vermutlich das Licht des Propheten gemeint ist.) Die Überlebenden zogen über die Pässe in die Bergregion des Tirich Mir bei Chitral, wo sie – nach Maraini – noch immer an ihrer ursprünglichen Religion festhielten. Man nennt sie deshalb Kafirs – «Unreine» oder «Heiden» –, und das Land, in dem sie wohnen, ein paar kleine Täler in Chitral, trägt den Namen Kafiristan. Wir hatten die Absicht, auch nach Kafiristan zu reisen, wenn wir schon nach Pakistan kamen. Die heutigen Nuristani indessen schufen statuarische, große Holzfiguren mit vielen, finster starrenden Gesichtern, die noch ihrer ursprünglichen heidnischen Tradition entstammen mußten. Sie erinnerten an primitive Wächter-Gottheiten. (Die Muslime sind natürlich bilderfeindlich, und darum gibt es keine religiöse plastische Kunst im eigentlichen Sinn des Wortes.) Wir beschlossen auch, eine Mahlzeit in einem der Gasthäuser der Stadt zu wagen. Abgesehen von den vielen Hippies, die sich damals im Land aufhielten, hauptsächlich wegen des leichten Zugangs zu Dro-

gen, sah das Etablissement reizlos und ziemlich schäbig aus, und nach einem Blick auf das Speisebuffet flohen wir zu den Fleischtöpfen des Intercontinental zurück. Afghanistan ist bekannt dafür, daß man sich hier leicht mit Leberentzündung ansteckt, und sogar Dr. de Haynin, unser freundlicher ärztlicher Schutzgeist, hatte sich hier eine milde Form davon eingehandelt.
Am nächsten Tag ging es weiter nach Osten. Wir hatten vor, Nuristan zu besuchen, was für uns einen ziemlichen Umweg bedeutete, aber kurz hinter der Kabulschlucht – unmittelbar hinter Kabul folgt die Straße dem Kabulfluß durch eine sehr tiefe, eindrucksvolle Felsenschlucht – begann das Fahrzeug, Symptome einer stärkeren Störung in den Eingeweiden zu zeigen. Immer wenn wir Gas gaben, erklang ein schrecklich rasselndes Geräusch. Schließlich hielten wir, und Jaccoux reinigte etwa eine Stunde lang den Vergaser und stellte ihn neu ein, aber ohne Erfolg. Wir dachten erst daran, nach Kabul zurückzukehren, doch da der Wagen lief, solange wir auf ebenem Gelände waren und nicht zuviel Gas geben mußten, beschlossen wir, das Risiko einzugehen und gleich zur pakistanischen Grenze zu fahren. Die afghanische Grenzstation Tor Khama (auch: Torkham), wo wir früh am Nachmittag anlangten, war modern und gut organisiert. So fuhren wir denn am 29. September knatternd und schnaubend, aber uns immer noch kräftig vorwärtsbewegend am Fuß des Khyber-Passes nach Pakistan ein und begannen den dritten Teil unserer Reise nach Chitral und zum Tirich Mir.

7 Das Tal von Brumboret

Am 14. August 1947 wurde Pakistan ein unabhängiges Land. Das Wort «Pakistan» wurde 1933 von einem jungen muslimischen Studenten in Cambridge mit Namen Choudhri Rahmat Ali geprägt. Wie er in seiner Schrift «Jetzt oder nie» erklärte, ist Pakistan sowohl ein persisches wie ein Urdu-Wort, zusammengesetzt aus den Anfangsbuchstaben der verschiedenen Heimatländer, nämlich Pandschab (oder: Pundschab), Afghania (nordwestliche Grenzprovinz), Kaschmir, Iran, Sind, Tukharistan und Belutschistan. (Tukharistan ist vermutlich Turkestan, die Nordregion Afghanistans, und das «Stan» kommt von Belutschistan, einem Bezirk, der heute zu Pakistan gehört und im Süden an Iran und Afghanistan stößt.) Einige andere, in dem Akronym genannte Gebiete – Sind, Pandschab, Teile von Kaschmir – gehören natürlich zum heutigen Land Pakistan. Ostpakistan (heute der unabhängige Staat Bangladesch), angrenzend an Indien, Burma und den Golf von Bengalen, stand nicht auf der Liste. Und Iran wurde sehr wahrscheinlich deshalb einbezogen, um blutsverwandten Völkern, die miteinander verbündet sein würden, einen Gemeinschaftssinn zu geben, und nicht aus irgendwelchen territorialen Ansprüchen. Die «Pakistan-Idee», das heißt, die Idee, wonach die Muslime des Subkontinents ein eigenes Heimatland haben sollten, ist mindestens hundert Jahre alt. Wie viele Pakistani es, wenigstens heute, sehen, entstand der Drang der Muslime, einen eigenen Staat zu bilden, aus dem Gefühl heraus, sie könnten in einem vorherrschend von Hindus bestimmten Land kein volles religiöses Leben führen. (In dieser Hinsicht ähneln die Einstellungen der Pakistani stark denen der Juden, die Israel schufen, und es gehört zu den traurigen Ironien dieser Zeit, daß die beiden Länder, deren Ursprünge soviel Gemeinsames haben, so heftig gegeneinander sind.) Dazu kam, daß Männer wie Muhammad Ali Jinnah (Dschinnah), ein charismatischer Rechtsanwalt, der Pakistans erster Generalgouverneur nach der Teilung war (er starb im September 1948 siebzigjährig an Tuberkulose, kurz nachdem er sein Amt übernommen hatte), sich ebensosehr, wenn nicht noch mehr, über die Möglichkeit Sorgen machten, die Muslime würden in einem großen Hindustaat eine einflußlose politische Minderheit werden. Jinnah, heute in Pakistan nur unter dem Namen Quaid-i-Azam, der große Führer, bekannt, gehörte zu den ersten Anregern der Moslem-Liga, einer 1906 gegründeten Organisation, die die Interessen der muslimischen Minderheit auf dem Subkontinent fördern sollte. Die meiste Zeit seines Lebens galt sein Hauptinteresse der Beseitigung der britischen Herrschaft, und in dieser Hinsicht hatte er gemeinsame Interessen mit der indischen Kongreß-Partei, mit der er fast bis zur Teilung eng zusammenarbeitete.

Die Teilung des Subkontinents war eine äußerst blutige und schmerzliche Sache, und die Narben kann man noch immer überall in Pakistan sehen. Während der Aufstände, Plünderungen und Massaker, die passierten und in die Hindus wie Muslime verwickelt waren, kam mindestens eine halbe Million Menschen ums Leben, und dreizehn Millionen Flüchtlinge überschritten die Grenze zwischen den beiden neuen Ländern nach der einen oder anderen Seite. Ganze Bevölkerungsteile wie die Sikhs im Pandschab, dem fruchtbaren Gebiet, das sich von Indus in Pakistan bis gegen Neu Delhi erstreckt, wechselten ihr Land. Zu Hunderttausenden kamen Menschen in die größeren Städte wie Karachi und hatten nicht mehr mit sich, als was sie auf den Armen tragen konnten. Als Land begann Pakistan fast bei Null. Es gab keine Zivilverwaltung, keine Industrie, keine Flugverbindungen, schrecklich schlechte Wohnverhältnisse und sehr wenig medizinische Versorgung. Vor diesem Hintergrund muß der Besucher des modernen Pakistan die oft verwirrenden und manchmal frustrierenden Phänomene ansehen, auf die er trifft, und wie es auch sein mag, jeder, der Pakistan besucht und etwas über die Bedingungen weiß, unter denen es sich entwickelte, muß von dem ungeheuren Fortschritt, den das Land in knapp dreißig Jahren machte, beeindruckt sein.

Nachdem wir Chamonix am 5. September verlassen und uns so eng wie möglich an die Route des Alexanderzuges durch Kleinasien gehalten hatten, gelangten wir am frühen Nachmittag des 29. September in den afghanisch-pakistanischen Grenzort Tor Khama, am Fuß des Khyber-Passes. Der Landrover hatte auf unserer Fahrt durch Pakistan ein starkes Motorklopfen entwickelt, und wir wollten so bald wie möglich eine passende Werkstatt aufsuchen, bevor die Dinge schlimmer wurden. Vorher

jedoch mußten wir über die Grenze und über den Khyber-Paß. Ich war nicht sicher, was uns an der Grenze erwartete. Unsere Reise fand kurz nach dem Brand der Al-Aksa-Moschee in Jerusalem statt, und nach der Lektüre verschiedener englisch-sprachiger Zeitungen unterwegs war mir klar, daß es eine ganze Menge anti-amerikanischer Gefühle in den muslimischen Ländern gab, auch wenn wir bisher nicht damit konfrontiert worden waren. Andererseits hatten viele Franzosen, die vor kurzem in Pakistan gewesen waren, die offensichtliche Herzlichkeit bemerkt, die die Bevölkerung Frankreich und vor allem de Gaulle entgegenbrachte. Jedenfalls präsentierten wir unsere verschiedenen Pässe einem schweißgebadeten und sehr freundlichen pakistanischen Zollbeamten. (Die Temperatur betrug nahezu vierzig Grad und die feuchte Schwüle war kaum zu ertragen.) Nachdem er sie eine Weile studiert hatte, zeigte er auf mich und fragte: «U.S.?» Ich sagte ja, und dann deutete er auf die Jaccoux und sagte: «Franzosen?» worauf sie nickten. «Im gleichen Wagen?» fragte er, wie wenn er überrascht wäre. Als ich ihm erklärte, wir seien schon fast einen Monat im selben Wagen, lächelte er freundlich, als ob das ein großartiger Witz wäre, und bald danach wurden wir entlassen und durften zum Khyber-Paß fahren.
Die Historiker stimmen anscheinend darin überein, daß Alexander 327 v.Chr., als er aus dem Land, das heute Afghanistan heißt, in das mit dem heutigen Namen Pakistan zog, nicht den Khyber-Paß benützte. Vermutlich überschritt er das Gebirge etwa hundertfünfzig Kilometer weiter nördlich. Warum er das tat, ist Gegenstand von Spekulationen. Vielleicht war er sich der geographischen Tatsache bewußt, daß er, wenn er die Khyber-Route nahm, die Flüsse Kabul und Indus überwinden mußte, keine einfache Sache ohne Brücken, bevor er wirklich den Fuß auf den Subkontinent setzen konnte. Oder vielleicht hatte man ihn vor den zahllosen Möglichkeiten für Hinterhalte in dem zerklüfteten Gelände um den Paß gewarnt. Er scheint eine Hilfstruppe unter seinem Heerführer Hephaestion den Kunar entlang geschickt zu haben, der eine Art Brücke darüber bauen sollte. Dennoch war der Khyber-Paß das Einfallstor für die meisten Heere, die von Westen kamen, und ganz sicher das der Mogul-Armeen, die seinen Spuren in den folgenden Jahrhunderten nach Indien folgten. Seit der Schaffung Pakistans im Jahr

1947 waren die Beziehungen zwischen Pakistan und Afghanistan nicht besonders herzlich (Afghanistan stimmte als einziges Land gegen die Aufnahme Pakistans in die Vereinten Nationen), wahrscheinlich deshalb, weil – abgesehen von den Schwierigkeiten des Geländes – keiner der Pässe nördlich des Khyber eine befahrbare Straße besitzt. Landschaftlich gesehen war der Khyber ein wenig enttäuschend. Die Umgebung war unglaublich zerklüftet und kahl, und die Straße wurde von den Felsen zu beiden Seiten so eingeengt – weshalb sie ja so ideale Möglichkeiten für Hinterhalte boten –, daß man von der Landschaft nicht viel zu sehen bekam. Die Khyber-Straße war stark mit Lastwagen- und Omnibus-Konvois befahren, und die größte Gefahr für einen Fahrer aus dem Westen bestand darin, daß er vergaß, an den Linksverkehr nach englischem Vorbild zu denken. Der erste und auffallendste Eindruck, den die sichtbare Bevölkerung machte: sie schien fast ganz aus männlichen Wesen zu bestehen, und alle Männer jenseits der Pubertät waren schwer bewaffnet. Noch nie sah ich eine solche Ansammlung von Waffen. Sie reichten von schweren Maschinengewehren und sogar leichten Geschützen bis zu Dolchen. Fast jeder Mann trug mindestens einen Patronengurt und man mußte sich einfach daran gewöhnen, daß man, wohin man auch im Grenzgebiet ging, von Leuten umringt war, die Gewehre trugen. Es gab mehrere lokale Gewehrfabriken, die Waffen nach europäischen und amerikanischen Mustern genau kopierten. Zum Teil liegt der Grund für soviel Bewaffnung in den Blutfehden, für die das Grenzgebiet berühmt ist. Sie reichen Generationen zurück und führen oft zur Ausrottung ganzer Familien. In seinem bemerkenswerten Buch über diese Stämme schreibt Sir Olaf Caroe, der ein Leben lang unter ihnen lebte und der letzte Gouverneur der nordwestlichen Grenzprovinz war: «Nur eine Generation zurück rief ein gewisser Mohmand Malik (die Mohmands sind einer der Grenzstämme, und Malik ist ein Stammeshäuptling oder -ältester), den ich kannte, zu einem Festmahl nach Gandab, um ein Zeichen der Versöhnung mit anderen Stammesangehörigen zu geben, die seinen Vater und alle seine Verwandten umgebracht hatten. Er allein war übrig geblieben, noch ein Kind, mit dem sie Mitleid gehabt und das sie für zu jung zum Töten gehalten hatten. Als er zum Mann herangewachsen war, lud er sie mit schön zur Schau gestellter Freundlichkeit unter sein Dach ein, und als alle da waren, erschossen er und seine Gefolgsleute alle bis auf den letzten Mann. Sogar die Gesetze der Gastfreundschaft müssen zurückstehen vor der wohlüberlegten Feindschaft einer ererbten Blutfehde.»

Und er fährt fort: «Aus Gründen dieser Art sah ich mich einmal 1947 in eben diesem Gandab bei einem Gastmahl mit etwa zweihundert Stammesangehörigen als einziger unbewaffnet. Jeder Malik, der beim Mahl saß, trug sein Gewehr über der Schulter hängend, und als ich bat, mir die Magazine zu zeigen, sah ich, daß jede Waffe geladen war. Das störte die Scherze und die Fröhlichkeit nicht; es war sogar eben bei dieser Gelegenheit, daß ich die Geschichte von dem Massaker in Gandab vor einer Generation erfuhr, die mir später bestätigt wurde.»

Auf einer so stark befahrenen Strecke wie der Khyber-Straße ist der Besucher ganz sicher. In großen Teilen der Grenzgebiete jedoch ist man es – vor allem bei Nacht – nicht, und die pakistanische Regierung garantiert die Sicherheit von Reisenden in den Stammesgebieten nicht, wenn sie sich von den Hauptstraßen entfernen. (Es gibt unter anderem viel Schmuggel von Afghanistan, um die extrem hohen Importzölle zu umgehen, die die Regierung auf ausländische Waren verlangt, und die Schmuggler sind vor allem nachts unterwegs.) Da wir einen lahmenden Landrover hatten und ich in Rawalpindi erwartet wurde, fuhren wir direkt nach Peschawar, der ersten großen Stadt nach der Grenze und in vieler Hinsicht geistiger Mittelpunkt des Pathanenlandes.

Vom Sommerklima in Peschawar wird gesagt, es gehöre zu den unangenehmsten der Welt. Die Temperaturen reichen bis zu fünfzig Grad, dazu kommt die drückende Monsunfeuchtigkeit. Sogar Ende September war es ziemlich schrecklich, und wir brauchten alle unsere Kraft, uns zum Dean's Hotel zu schleppen, einem berühmten Viktorianischen Anwesen mit kleinen Häuschen rund um das Hauptgebäude. Dieses Hotel gehörte zur Oberoi-Kette, einem indischen Unternehmen, das später von Pakistan übernommen und betrieben wurde. Das Hotel war einfach, aber bequem, und mich freute vor allem, daß dort ein lokales Bier ausgeschenkt wurde. Pakistan ist als muslimisches Land deutlich alkoholfrei, aber in Murree, einem Höhenort bei

Rawalpindi, wird ein gutes Bier gebraut, und in den größeren Städten bekommt man Murree-Bier. Wir drei konsumierten mehrere Maß, aber kaum genug, um die Flüssigkeit zu ersetzen, die uns aus allen Poren gesickert war. Immerhin jedoch genug, daß wir trotz der mörderischen Hitze schliefen.
Früh am nächsten Morgen machten wir uns auf die Straße, die vor der Teilung die berühmte Hauptstraße von der Grenze nach Kalkutta im Osten gewesen war. Die Landschaft war tropisch üppig – wir sahen Bananen- und Tabakpflanzungen – und der Kontrast zu der nackten afghanischen Wüste hart. Es konnte einen kaum wundern, daß soviele Mogulkaiser vom Tal von Peschawar verlockt wurden, und viele von ihnen wie Babur und Akbar hatten eine Sommerresidenz in Kabul und überwinterten in Peschawar, dessen Klima im Winter wunderbar ist. Diese historischen Erinnerungen helfen zu verstehen, warum viele Afghanen eine Art Eigentümerinteresse an diesem Teil Pakistans haben und weshalb Spannung zwischen den beiden Ländern herrscht. Manche Afghanen sähen es gerne, wenn dieses Gebiet zu einem unabhängigen Staat würde, den sie Pahktunistan oder Puschtunistan nennen. Die gegenwärtige Grenze, Durandlinie genannt, wurde 1893 von einer britischen Kommission unter Sir Mortimer Durand festgelegt. Im allgemeinen folgte die Grenze den Gebirgszügen, die die beiden Länder trennen, wenn sie auch manchmal Pathanenstämme auseinanderreißt, die auf jeden Fall jahreszeitenbedingt über sie hin und her wandern. Man bekommt den Eindruck, daß die meisten Stammesangehörigen, die zur Zeit der Teilung eine gewisse Wahlfreiheit für ihren Status hatten (sie hätten als unabhängige Fürstenstaaten überdauern können) und für die Vereinigung mit Pakistan optierten, diesem loyal gegenüberstehen und sogar ein wichtiges Element in den Streitkräften des Landes darstellen. In der Geschichte hatten die Stämme viel engere Verbindungen in sich selbst und untereinander als mit jeder größeren nationalen Einheit, aber das mag sich ändern. (Zur Illustration folgendes: Ich traf in Islamabad einen kleinen, neun- oder zehnjährigen Jungen, der zweisprachig war: er konnte Urdu, die Nationalsprache, und Pahktu, die Stammessprache, die auf der pakistanischen Seite der Grenze gesprochen wird. Paschtu, der weichere Dialekt, ist die Sprache auf der afghanischen Seite. Er lehrte mich den Unterschied zwischen

dem Urdu-Zahlensystem und den Pahktu-Zahlen – in Urdu heißt zum Beispiel fünf «pansch», in Pahktu aber «pansai». Als ich ihn fragte, ob er Pathane sei, sagte er: «Nein, Pakistani.») Solange sich die wirtschaftliche Lage der Stämme verbessert, wie es bisher war, ist es unwahrscheinlich, daß die Vorstellung eines unabhängigen Pahktunistan große Anziehungskraft gewinnt.

Nach etwa einer Stunde Fahrt kamen wir an den Indus. Der Lauf des Indus in Pakistan verletzt praktisch die Gesetze der Schwerkraft. Der Indus entspringt den Gletschern an der pakistanisch-chinesischen Grenze, eigentlich in China. Dann fließt er fast genau nach Westen, nach Pakistan. Zuerst wendet er sich ein paar Kilometer lang südlich, dann nach Nordwesten, bis er Skardu im Hochgebirgsland von Baltistan erreicht – eine von Pakistan verwaltete «politische Agentur». (Pakistan unterhält auf der Grundlage einer nur teilweisen Eingliederung eine Anzahl solcher Agenturen um Kaschmir herum, vermutlich als Protest und Symbol dafür, daß die Pakistani den gegenwärtigen Status von Kaschmir nicht als endgültig ansehen. Die Inder dagegen tun das, und das indische Kaschmir – von der pakistanischen Presse ständig als «besetztes Kaschmir» bezeichnet – wird von ihnen einfach als ein weiterer indischer Bundesstaat angesehen.) Dann geht sein Lauf weiter nach Nordwesten in einer tiefen Schlucht an der Stadt Gilgit vorbei, dem Hauptort der Gilgit-Agentur, von dort südlich in Richtung Peschawar und noch weiter nach Süden, dann leicht nach Westen, bis er endlich nahe Karachi in das Arabische Meer mündet. Am Unterlauf des Indus bei Mohenjo Daro und Harappa finden sich Spuren der vielleicht ältesten Kultur auf dem Subkontinent. Die Artefakte und Figuren dieser Indus-Völker sind auf ein Alter von mindestens fünftausend Jahren datiert worden; offenbar wurden sie von einer agressiveren, aber kulturell weniger entwickelten Kriegerrasse überrannt, aus der die arische Bevölkerung des Subkontinents hervorging. An der Stelle, wo die Peschawar-Straße auf den Indus trifft, befindet sich die berühmte Attock-Festung, ein massiger Bau, den der Mogulkaiser Akbar im späten sechzehnten Jahrhundert errichtete. Dort überspannt den Indus eine etwas wacklig aussehende, aber offensichtlich solide Brücke, die die Briten Ende des neunzehnten Jahrhunderts bauten.

Jenseits des Indus veränderte sich die Landschaft; die feuchte

Fruchtbarkeit machte einem trockeneren, halb bergigen Gelände Platz, das für die Grenzregion charakteristisch ist. Kurz bevor wir nach Rawalpindi – überall in Pakistan nur «Pindi» genannt – kamen, fuhren wir durch die Margalla-Berge und über den Margalla-Paß mit seinem berühmten Monument für General John Nicholson, bekannt als der «Löwe des Pandschab», der 1857 während des Aufstandes oder, wie die Pakistani lieber sagen, während des Ersten Unabhängigkeitskrieges gegen die Briten getötet wurde. Viele Schriftsteller meinten, die Margalla-Berge bezeichneten eigentlich die Grenze zwischen Europa und Asien. Die Völker, die hier leben, haben sich kulturell und religiös stets nach dem Mittleren Osten und Persien ausgerichtet. Die Pathanen sind eine Art Übergangs-Menschenschlag, und sogar ihre Sprache enthält mehr Persisch als anderes. (Urdu verwendet die persische Schrift.) Nach den Margalla-Bergen gewinnen, beginnend im Pandschab, die Rassen, Sprachen und Religionen des Subkontinents die Oberhand. Das war anscheinend schon zu Alexanders Zeiten so. Sein Heer überquerte zuerst den Hindukusch, den Gebirgszug, der die Nordwestgrenze zwischen Pakistan und Afghanistan bildet, und zog dann nach Süden in das Gebiet, das heute Swat heißt. Es war und ist eines der schönsten und fruchtbarsten Täler in ganz Asien, und Alexander war so entzückt davon, daß er hier eine Stadt eroberte und mit einer Garnison belegte: Ora, oft unter dem Namen Udegram bekannt, deren Ruinen noch zu sehen sind. Dann marschierte er weiter südöstlich nach Taxila. Taxila war eine der großen Städte Asiens – es liegt nahe bei den Margalla-Bergen –, ein Handelszentrum, das lange Zeit einer der letzten Stützpunkte der griechisch-buddhistischen Tradition blieb, bis ins vierte nachchristliche Jahrhundert hinein. Daraus ging die großartige Schule der Ghandarischen Kunst mit ihren Tausenden von Darstellungen Buddhas und seiner Schüler hervor, geschaffen von Künstlern, bei denen der Einfluß griechischer religiöser Kunst sofort ins Auge fällt.

Maraini schildert Alexanders kulturellen Schock bei seinem ersten wirklichen Zusammentreffen mit dem Subkontinent. Er schreibt:

«Nachdem die Griechen nach Indien eingedrungen waren, ver-

brachten sie einige Zeit in Taxila. Und hier muß sich Alexander zum ersten Mal bewußt geworden sein, daß er den Fuß in eine neue, fremde, unverständliche Welt gesetzt hatte, eine Welt, die sich nicht in Begriffe umsetzen ließ, die er schon kannte. Persien konnte zur Not in griechischen Augen als eine aufgeblasene, übertriebene Abart griechischer Vorstellungen im äußersten Extrem angesehen werden, aber Indien war kaum faßbar, überwältigend und monströs, eine ständige Herausforderung für jede intellektuelle Haltung und emotionale Einstellung. Und doch war es Alexanders brennender Wunsch, nach Spuren der mythischen Reise des Dionysos durch diese fernen Länder zu suchen! Die indischen Götter, die brahmanische Philosophie und ihre Rituale, die nackten Asketen, die alle kulturelle Verfeinerung verachteten, die merkwürdige Kleidung, die soziale Schichtung des Kastensystems – alle diese Dinge verwirrten ihn und stießen ihn ab. Was er am Ende empfand, war nicht eigentlich Furcht, sondern einen dunklen Widerwillen. Nicht zufällig waren während des großen Abenteuers die Schlachten seines indischen Feldzuges die blutigsten von allen: ein klassisches Beispiel ist das Treffen, das er im Mai/Juni 326 am Ufer des Hydaspes (heute Jhelum) gegen die Streitmacht des Königs Poros (König des Pandschab) mitten in der Regenzeit ausfocht. Diese Schlacht, die in einem entsetzlichen Chaos von Menschen, Pferden und Elefanten endete, war ein Kampf in Morast und Sumpf, den Dschungel vor sich und den hochgehenden Fluß im Rücken.»

Maraini fährt fort:

«In Indien kämpfte Alexander nicht einfach, um zu gewinnen: sein Ziel war die völlige Vernichtung des Feindes. Vielleicht hat ihn deshalb die Tradition in Indien völlig vergessen. Sein Name überlebte nur in Form des Ungeheuers ‹Skanda›, mit dem Mütter ihre widerspenstigen Kinder bedrohen. Doch so seltsam das erscheinen mag, seine Ambitionen wurden letztlich von seinen eigenen Männern vereitelt. Als die Heersäule etwas weiter als bis zum Gebiet des heutigen Lahore gelangt war und einen Nebenfluß des Sutlej – des letzten Flusses im Pandschab – erreicht hatte, drohten die Truppen zu meutern. Alexander ließ das ganze Heer zur Parade aufziehen und hielt eine machtvolle Rede über das Weltreich und den Ruhm für jeden einzelnen Krieger. Er zitierte

Herakles und Dionysos, Achilles und Zeus als Beispiele, aber es war alles umsonst. Schließlich gab er die Niederlage zu und ließ sie zum Marsch nach Hause umkehren.»

Wir fuhren nach Pindi, das auf den ersten Blick wie ein drückend heißer, wimmelnder Basar wirkte. Nachdem wir unsere Post von einem Monat eingesammelt hatten, begaben wir uns in das neue Hotel Intercontinental, das nicht nur einen großartigen Swimmingpool hatte, sondern auch einer der gesellschaftlichen Mittelpunkte der Stadt war. Ich nahm sofort Kontakt mit meinen Kollegen an der Universität auf, die damals vorläufig auf einem Gelände untergebracht war, das in der Mitte zwischen Pindi und Islamabad lag. In den folgenden paar Jahren sollte sie an ihren endgültigen Standplatz, eine Reihe eleganter, neuer Bauten in Islamabad umziehen. Meine Kollegen freuten sich, von mir zu hören, aber sie waren etwas überrascht, daß ich so früh kam. Wegen der sehr ernsten Studentenunruhen – einige Studenten waren dabei getötet worden – im vergangenen Frühjahr, die mit den Ereignissen vor dem Sturz des bisherigen Präsidenten Ayub Khan einhergingen, war der Semesterbeginn um einen Monat verschoben worden, was niemand mir zu sagen für nötig gehalten hatte. Es bedeutete, daß ich während des Oktobers keine Vorlesungsverpflichtungen haben würde. (Andrerseits waren die Winterferien gestrichen worden, um die verlorene Zeit wieder einzuholen.) Die Kollegen ermunterten mich sehr, den Monat mit Reisen in Pakistan zu verbringen, und das paßte ausgezeichnet zu unserem Plan, so viel wie möglich vom Bergland zu sehen, bevor im November Schnee fiel. Der Landrover wurde in die nächste Werkstatt gebracht, und dort diagnostizierte man seine Krankheit als Kohleablagerungen auf dem Motorblock als Folge der übermäßigen Verwendung von afghanischem Benzin, das einen sehr geringen Oktangehalt haben mußte. In Pakistan wurde unter der Bezeichnung «Flugzeugbenzin» ein sehr oktanhaltiger Spezialkraftstoff verkauft, und nach seiner Verwendung funktionierte der Wagen wieder normal. (Deshalb nahmen wir, wohin wir auch fuhren, immer einen Kanister «Flugzeugbenzin» mit, um das lokale Gebräu zu würzen.)

Das nächste Problem bestand in der Planung für diesen Monat. Die Geographie des Grenzgebietes ist ja äußerst kompliziert.

Der Indus folgt seinem beschriebenen launenhaften Lauf durch das Gebirge. Es gibt in Pakistan vier große Bergketten. Im äußersten Nordosten, an der chinesischen Grenze, liegt das Größere Karakorum-Gebirge (der Name bedeutet auf turkestanisch «schwarzer Kies»). Die Berge dieser Kette, die an den Baltorogletscher grenzen (Baltoro bedeutet auf baltistanisch «Lebensspender»), haben einerseits ortsübliche Namen und andererseits Geometerbezeichnungen, nämlich K-Nummern. Der K 2, auch als Godwin Austen bekannt, ist über 8600 Meter hoch und der zweithöchste Berg der Welt. (Nicht weit davon entfernt gibt es den K 1, den höchsten Berg der Gasherbrum-Kette, der jedoch «nur» 7800 Meter hoch ist.) Der Baltorogletscher muß nach allen Berichten ein furchtbarer Ort sein, vor allem wegen seiner plötzlichen Temperaturstürze bei Einbruch der Nacht. Der K 2 liegt über sechzig Kilometer vom nächsten Dorf entfernt, im Gebiet der Baltistan-Agentur, wo alles Reisen für Nicht-Pakistani genau geregelt und sehr eingeschränkt ist. Wir erfuhren sogar, daß wir für eine Fahrt ins Hinterland ein Gesuch mit sechs Kopien an den Minister für Kaschmir-Angelegenheiten in Islamabad einreichen müßten, mit exaktem Streckenplan. Da wir über die Gegend fast nichts wußten, abgesehen von dem, was wir einigen Bergsteigerberichten entnehmen konnten (weder in Pindi noch in Islamabad schien jemand viel darüber zu wissen), waren unsere Chancen, einen Streckenplan einzureichen, nicht eben günstig. Man sagte uns auch, es würde mindestens vierzehn Tage dauern, bevor ein solches Gesuch bearbeitet werden könne, und da wir im ganzen nur dreißig hatten, kam der Besuch des Baltoro für uns leider nicht in Frage. Dagegen erfuhren wir, es gebe keine Schwierigkeiten, wenn wir nach Skardu, der Hauptstadt von Baltistan wollten; von dort aus könnten wir mit dem Jeep einige interessante Fahrten machen. Also setzten wir Skardu oben auf die Liste.

Südlich vom Größeren Karakorum-Gebirge liegt das Kleinere. Auch diese Berge sind durchaus nicht zu verachten. Der höchste ist der Rakaposhi bei Gilgit und Hunza, mit seinen rund 7773 Meter der siebzehnthöchste Berg der Welt. Gilgit gehörte zu den Gebieten mit eingeschränkter Aufenthaltserlaubnis (unter anderem bauten dort zur damaligen Zeit die Chinesen zusammen mit der pakistanischen Armee den Karakorum Highway, der Sinkiang mit Zentralpakistan verbinden sollte). Aber auch hier würden wir, wenn wir uns in einem begrenzten Gebiet bewegten, die Gilgit-Agentur besuchen können, jedoch nicht Hunza an der chinesischen Grenze. Abgesehen vom Rakaposhi ist die bergsteigerische Hauptattraktion in Gilgit der Nanga Parbat, der mit 8126 Meter als der neunthöchste Berg der Welt gilt. (Wenn man Gilgit als Mittelpunkt nimmt und darum einen Kreis mit etwa einhundertfünfzig Kilometer Radius schlägt, umfaßt diese Fläche mehr hohe Berge, als es sonst irgendwo auf der Erde gibt, einschließlich Nepals.) Der Nanga Parbat – dessen Name «nackter Berg» bedeutet – ist der westlichste Himalaya-Berg. Das Himalaya-Gebirge beginnt mit verhältnismäßig unscheinbaren Vorbergen in Pakistan, und dann erhebt sich ohne sichtbaren Grund der Nanga Parbat in nahezu völliger Vereinzelung. Danach gewinnt die Kette an Höhe und zieht sich nach Süden und Osten durch Nordindien und Nepal, an dessen Ostgrenze der für sich stehende Gipfel des Kanchenjunga, des dritthöchsten Bergs der Welt, aufragt. (Katmandu liegt weit südlich von Gilgit und Pindi.) Der Nanga Parbat hat eine Geschichte, die zu den dramatischsten der hohen Berge gehört. Er ist ein deutscher Berg in dem Sinn, wie der Mount Everest ein englischer Berg ist. Bevor er schließlich 1953 erstiegen wurde, forderte er zweiunddreißig Menschenleben; es waren meistens Deutsche, was eine Art nationaler Bergsteigerrekord darstellen dürfte. Auch die Expedition von 1953 war deutsch, und es scheint in ihr ziemlich viel innere Reibereien und Animositäten gegeben zu haben. Jedenfalls machte sich am 2. Juli der große deutsche Bergsteiger Hermann Buhl, der später in den Himalaya-Bergen Nepals ums Leben kam, mit seinem Mannschaftskameraden Otto Kempter zum Gipfel auf. Etwa tausend Meter unterhalb des Gipfels gab Kempter auf, und Buhl, der in den Alpen für seine Solo-Klettertouren berühmt war, ging allein weiter. Um sieben Uhr abends, nach sechzehn Stunden Aufstieg, war er auf dem Gipfel, machte Aufnahmen und hißte die Flaggen von Tirol und Pakistan. Dann machte er sich ruhig an den Abstieg, und als die Dunkelheit einbrach, befand er sich in fast 8000 Meter Höhe an einer Stelle, wo er nicht einmal sitzen konnte. Buhl ließ sich nicht entmutigen; er verbrachte die Nacht stehend oder langsam und stetig abwärtskletternd. Am nächsten Tag schaffte er es, bis Sonnenuntergang

zu seinen überraschten Kameraden, im ersten Lager abzusteigen, die nicht gedacht hatten, sie würden ihn lebend wiedersehen. Der Nanga Parbat stand weit oben auf unserer Liste dessen, was wir sehen wollten.
Westlich von Gilgit, an der nördlichen Grenze mit Afghanistan, beginnt die Kette des Hindukusch, die ihren Höhepunkt im Tirich Mir (rund 7690 Meter) in Chitral findet. Chitral war früher ein Fürstenstaat und ist heute einfach ein Distrikt von Pakistan. Marainis ekstatische Schilderung des Tirich Mir hatte vor allem anderen unsere Reise nach Pakistan angeregt. Wir wollten auch die Kafiren aufsuchen, eine Gruppe von etwa tausend Menschen, die eine alte heidnische Religion haben und behaupten, Nachkommen der Krieger Alexanders zu sein. Dieses Territorium war zugänglich; man brauchte keine Genehmigung, um dort zu reisen, und wir hofften, wir könnten auch ein wenig klettern, ganz bescheiden, entweder in Swat, im südlichen Chitral oder in den Himalaya-Vorbergen von Gilgit. Das alles zusammen war ein ziemlich ehrgeiziges Programm für einen knappen Monat Landrover-Reise, und wir genehmigten uns darum ein paar Rasttage in Pindi, um die Dinge organisatorisch vorzubereiten.
Als erstes mußte geregelt werden, wie wir an die verschiedenen Orte kommen würden. Die Straßen im Grenzgebiet waren einigermaßen gräßlich, nirgends asphaltiert und oft gerade breit genug, daß ein einzelner Jeep durchkam. Überdies waren sie häufig in erster Linie Militärstraßen und für den zivilen Verkehr, wenn überhaupt, nur sporadisch und mit Sondergenehmigung zugänglich. Andrerseits unterhielten die Pakistan-International-Airlines ein gutes Flugnetz zur Grenze, darunter nach Gilgit und nach Skardu. Wir hatten mit mehreren Leuten gesprochen, die dorthin geflogen waren, und den Eindruck gewonnen, daß sie zu den sehenswertesten – und riskantesten – Gebirgsflügen überhaupt gehörten. Zur Zeit unseres Besuchs verwendeten die PIA Fokker Friendships für diese Flüge. Diese Flugzeuge erreichen eine Höhe von etwa 5500 Meter, und ein Blick auf die Karte zeigt, daß die Bergketten, die sie überwinden mußten, kaum unter 6000 Meter hoch sind. Das bedeutete, daß die Maschinen über Pässe fliegen mußten, die ihnen ein paar hundert Meter ersparten. Dazu hatten die Wetterbedingungen mitzuspielen. Jemand erzählte uns: «Wenn sich irgendwo auf der Strecke eine

Wolke zeigt, starten die Piloten nicht.» Oft geschah es, daß glücklose Touristen in Gilgit oder Skardu tagelang festsaßen und auf ihr Flugzeug nach Pindi warten mußten. Die Regierung unterhielt kleine Rasthäuser in diesem Gebiet, die zum Teil von Touristen und zum Teil von offiziellen Besuchern benützt wurden, die etwas im Grenzgebiet zu tun hatten. Es war fast unmöglich in Pindi klare Informationen über diese Einrichtungen zu bekommen, vor allem nicht über die in Baltistan, und so beschlossen wir nach dem Grundprinzip «on ne sait jamais» (man weiß nie), soviel an Ausrüstung mitzunehmen, daß wir zur Not überall schlafen konnten. Das bedeutete, daß wir unsere beiden Hochgebirgszelte, drei Daunenschlafsäcke und eine hübsche Menge an Essen und Kleidung, darunter Stepp-Anoraks und Bergschuhe, einpacken mußten. Jaccoux, Bergführer von Beruf, gehört zu den besten Fachleuten der Welt für die Ausrüstung von Expeditionen, und ich war immer wieder verblüfft darüber, wieviel Zeug er in eine Segeltuch-Tasche und einen Rucksack stopfen konnte. Wir brachten es sogar fertig, einen batteriebetriebenen Rasierapparat und eine Reiseapotheke unterzubringen, ohne daß das ganze überquoll. Wir entschlossen uns, als erstes Skardu anzugehen, da es dort auf 2400 Meter Höhe am ehesten kalt werden würde. Zu diesem Zweck suchten wir in Pindi ein Reisebüro auf. Sie stellten uns dort unsere Tourist Introduction Cards aus, offizielle Dokumente, die genau angaben, wohin man sich in den beschränkt zugänglichen Gebieten begeben durfte, und ohne die man nicht einmal Flugtickets bekam. Niemand im Reisebüro war je in Baltistan gewesen, aber man hatte eine Liste von Dörfern bei Skardu, die man nach den Bestimmungen aufsuchen durfte, und war bereit, sie alle – «on ne sait jamais» – auf unseren Karten einzutragen. Der Rest war unsere Sache. Es sei nicht nötig, versicherten die Reisebüroleute freundlich, irgendwelche Rückflüge vorzubuchen, denn: «Die Flugzeuge kommen immer fast leer zurück», sagten sie. Dieser Rat sollte für uns, wie sich herausstellte, recht verhängnisvoll sein.

Im Herbst starteten die Flüge zur Grenze um fünf oder sechs Uhr morgens, wenn der Himmel am klarsten war. Da es plötzliche Streichungen geben konnte, wenn das Wetter nicht ideal war, mußte man um vier Uhr früh die PIA anrufen, um zu erfahren, wie es aussah. Da Jaccoux das Packen erledigt hatte, übernahm ich freiwillig diese harte Aufgabe. Ich erreichte zu dieser Stunde einen munter wirkenden PIA-Angestellten, der sagte, alles sehe gut aus. Als wir auf dem Flughafen ankamen, fanden wir den Warteraum – die Grenzflüge hatten ihren eigenen Terminal – voll mit schläfrig aussehenden «Grenzgängern». Skardu liegt selten am Weg der Touristen, und es waren auch keine zu sehen. Die wenigen vorhandenen Frauen trugen entweder den Gesichtsschleier oder waren ganz in zeltähnliche *Burkas* gehüllt, die die Frauen wie ein Grabtuch verdecken und aus denen sie durch eine gitterähnliche Öffnung oben in die Welt hinausschauen können. Das ganze sieht wie ein Kleider-Käfig aus. Die Stellung der Frau in Pakistan entwickelte sich sonst positiv. In den größeren Städten gingen schon viele unverschleiert und wenige, sehr wenige, trugen sogar einen Mini-Rock. (Die meisten so etwas wie einen sehr hübschen Hosenanzug mit langer Jacke.) An der Grenze jedoch war *Purdah* (die völlige Isolierung der Frau) das übliche, und sogar in einer Stadt wie Pindi sah man fast keine Frauen. Wenn es auch Ausnahmen gab, so schienen doch keine Sekretärinnen, Ärztinnen, Kellnerinnen oder Dienstmädchen, vor allem in Privathäusern, zu existieren, ebensowenig wie Empfangsdamen. Natürlich gab es Schauspielerinnen, vor allem Filmschauspielerinnen. Filme gehörten zu den volkstümlichsten Unterhaltungen im Land; die Pakistani drehten etwa einhundertfünfzig pro Jahr (übrigens sitzen in den Kinos Männer und Frauen getrennt), außerdem importieren sie noch welche, meist schreckliche, aus dem Westen. Zu jener Zeit gab es in Pakistan eine sehr populäre Schauspielerin, die Rosina hieß. (Muslime haben in Pakistan im allgemeinen nur einen Namen. Tragen sie mehr als einen Namen, ist der Rest meist ein Titel wie Khan oder Beg oder Aayyid, wobei letzteres einen direkten Abkömmling des Propheten bezeichnet.) Rosina wurde bei einem Autounfall unmittelbar vor Islamabad verletzt. Sie wollte mit ihrer Mutter nach Swat fahren, um dort an einem Film zu arbeiten. Nach dem Unfall schrieben die Zeitungen, nicht weniger als achtzehn Filme, bei denen sie in den nächsten Monaten hätte mitwirken sollen, müßten während ihrer Genesungszeit aufgeschoben werden. Es gibt Anzeichen dafür, daß die jüngere Generation der Frauen den alten Traditionen zu trotzen beginnt, vor allem in den großen Städten. Auch in meinem Auditorium an der Universität befanden sich ein paar unverschleierte Mädchen, die gleichberechtigt mit den Männern mitarbeiteten. Doch ist Purdah noch immer psychologisch tief verwurzelt, und wenn sie auch nicht mehr buchstäblich durchgeführt wird wie auf dem Land, so ist die pakistanische Gesellschaft noch immer sehr auf den Mann ausgerichtet.

Der etwa eine Stunde dauernde Flug nach Skardu war der schönste Gebirgsflug, den ich je machte. Von Pindi aus waren die hohen Berge nicht zu sehen, aber sowie das Flugzeug etwas Höhe gewann, begannen sie im Norden aufzutauchen. Die Maschine flog in nordwestlicher Richtung über die Margalla-Berge ins Pathanenland, dann zum Eingang des Kagan-Tales, einem schönen Stück Erde, das wir etwas später im Landrover noch besuchen wollten. Die Berge waren jetzt zu beiden Seiten des Flugzeugs etwa in derselben Höhe wie wir. (Der höchste Berg im Kagan-Gebiet ist der Malika Parbat, ein Himalaya-«Vorberg» von etwa 5200 Meter Höhe.) Man hatte das Gefühl, bei einer leichten Abdrift würde die Maschine auf einem der Gipfel landen. (Die PIA-Piloten, die sehr freundlich und offensichtlich auch sehr tüchtig sind, haben auf diesen Flügen gern Gäste in der Piloten-Kabine. Als wir dies erfuhren, verbrachten wir die meiste Zeit des Fluges im Cockpit, von wo aus die Gebirgslandschaft einfach unglaublich aussah. Die ganze Nordgrenze vom K 2 – einer unwirklich aufragenden Pyramide – bis zu den Himalaya-Bergen des indischen Kaschmir lag vor unseren Augen. Einer der PIA-Piloten sagte zu uns: «Wir würden diesen Flug für keinen anderen auf der Welt eintauschen.») Am Ende des Tales ist der Babusar-Paß, 4145 Meter hoch, über den eine schmale Jeepstraße in die Gilgit-Agentur führt und der acht Monate im Jahr vom Schnee blockiert ist. Die Hauptstraße nach Gilgit nimmt den Weg über Swat und schließt an die chinesische Nordstraße an. Nach dem Paß flog die Maschine am Nanga Parbat vorüber. Ich glaube nicht, daß es sehr viel mehr als ein Kilometer Entfernung war. Der Gipfel war etwa 2500 Meter höher als wir. So gesehen wirkte der Nanga Parbat wie eine ruhige Festung aus Schnee und Eis, und seine mörderische Bergsteiger-Geschichte war schwer vorstellbar. Danach erreichten wir den Indus mit Gilgit im Westen und Skardu im Osten. An dieser Stelle wurde der Skardu-

Flug wirklich schwierig, denn die Maschine bog in Schräglage in die Indusschlucht ein, deren Wände zu beiden Seiten beunruhigend nahe waren und unsere Flughöhe beträchtlich überragten. Dann ging es nach Skardu hinunter, dessen kleines, staubiges Flugfeld auf einer von Bergen umstandenen Hochebene liegt. Es gab wenig oder eigentlich keine Toleranz für Irrtümer, und uns war nun klar, warum die Piloten nicht flogen, wenn die Sicht nicht einwandfrei war.

Unser erster Eindruck von Skardu war der einer fast vollständigen Einöde: dürres Wüstenland, mit Felsblöcken bedeckt, dicht am Indusufer eine spärliche Vegetation. Am Flugzeug wurden wir von einem Beamten der PIA abgeholt, der ziemlich überrascht schien, daß wir kamen, aber fand, unsere Tourist-Cards seien in Ordnung. Er sagte uns, der PIA-Jeep sei bereits zur ungefähr zwanzig Kilometer entfernten Stadt gefahren, würde aber in etwa einer Stunde wieder da sein und uns dann zum Regierungs-Rasthaus bringen, das zufällig von verschiedenen Regierungsbeamten voll belegt sei. Der Tag war strahlend und wolkenlos. Wir setzten uns in die Sonne, betrachteten die großartige Berglandschaft und warteten auf die weitere Entwicklung der Dinge. Ein junger Europäer – wie sich herausstellte, ein deutscher Bergsteiger – tauchte aus dem PIA-Office auf und stellte sich vor. Er nahm unser Flugzeug zum Rückflug nach Pindi, und er erzählte uns, er sei ein paar Tage in Skardu hängengeblieben, weil das Wetter zum Fliegen nicht klar genug gewesen sei. Er war von Deutschland auf dem Landweg als Anhalter hierhergekommen und hatte für eine deutsche Klettermannschaft, die den Nanga Parbat besteigen wollte, das Terrain erkundet. Nach ein paar Minuten ging er an Bord der Maschine, die in einer Staubwolke abhob, fast die Berge streifend. Kurz danach hörten wir wieder Flugzeuglärm und dachten zuerst, unser Pilot sei aus irgendeinem Grund umgekehrt. Als die Maschine jedoch landete, wurde deutlich, daß sie nur Fracht transportierte. (An klaren Tagen flog die PIA in so kurzen Abständen wie möglich zur Nordgrenze, um das gute Wetter auszunützen.) Während eine große Zahl von Baltistani ausschwärmte und das Flugzeug entlud, kam die Crew heraus, und der Pilot gesellte sich zu uns. «Jetzt ist Apfelzeit», sagte er, «sie sollten die Äpfel probieren. Sie sind wunderbar.» Als wir ihn fragten, von wo wir die schönste Aussicht auf die hohen Berge hätten, antwortete er lachend: «Vom Flugzeug natürlich.» Nachdem er uns Glück gewünscht und eingeladen hatte, ihn in der Pilotenkabine zu besuchen, wenn wir je bei einem seiner Flüge dabei sein sollten, startete er in einer weiteren Staubwolke. Eine halbe Stunde später hielt ein Jeep mit dem grünweißen PIA-Zeichen; wir verstauten uns und unser Gepäck darin und hoppelten über die staubige Straße, die nach Skardu führte. Ein paar Bäume säumten die Straße, aber im ganzen wirkte das Land, als seien wir auf dem Mond. Skardu ist ein zusammengedrängtes, staubiges Dorf mit einer ständigen Bevölkerung von etwa tausend Menschen. An ein paar größeren Straßen waren offene Buden, in denen Lebensmittel und Kleidung verkauft wurden. Haustiere, Ziegen und Hunde streiften umher. Wir fuhren durch das Dorf, an einem großen Armee-Camp vorbei – in diesem Teil des Grenzlandes gab es starke Truppenverbände –, und hielten vor einem hübsch aussehenden, weißen Bungalow, dem Regierungs-Rasthaus. Auf dem staubigen Hofplatz saßen mehrere Männer und sonnten sich auf ihren Stühlen. Sie entpuppten sich als Regierungsbeamte, von denen die meisten mit einem Wasserkraftwerks-Projekt befaßt waren; es sollte nach seiner Fertigstellung Skardu mit Strom versorgen. (Es gab einige Generatoren im Ort, die zwischen Sonnenuntergang und neun Uhr vormittags für eine dünne Beleuchtung sorgten.) Durch diese Beamten war das Haus wirklich voll belegt, aber man sagte uns, wir könnten ohne weiteres unsere Zelte auf dem Vorplatz aufstellen, und das Rasthaus würde uns gerne beköstigen, wenn wir es so einrichteten, daß wir vor den Beamten aßen. Als wir die Zelte aufgestellt hatten, machten wir uns auf den Weg, um Skardu zu erkunden. Auf der einen Seite des Rasthauses befand sich das Domizil des politischen Beamten, der die Regierung in Skardu vertritt. Es war Sonntag, und man sagte uns, das sei sein freier Tag, und wir müßten bis zum nächsten Morgen warten, um unsere Ausweise vorzulegen. (Freitag ist zwar der traditionelle Feiertag der Muslime in Pakistan – in den Moscheen gibt es besondere Freitags-Gottesdienste –, aber Sonntag ist als Hinterlassenschaft der Briten der Tag, an dem die Ämter geschlossen sind.) Auf der anderen Seite des Rasthauses standen Polizeistation und Gefängnis. Wir machten einen Besuch bei der Gendarmerie, um zu

sehen, ob wir etwas wegen einer Fahrt mit dem Jeep ins Hinterland abmachen könnten. Trotz einiger sprachlicher Schwierigkeiten brachten wir es fertig, zwei müden Gesetzeshütern, die verwirrt unsere Tourist-Cards studierten, das Wesentliche verständlich zu machen. Offensichtlich hatte Skardu wenige, vielleicht auch gar keine Besucher, und die meisten Reisenden schienen nicht weiter zu kommen als bis zum Flugfeld.
Unsere erste Entdeckung war der große Amtssitz der Beobachter der Vereinten Nationen, der die unsichere Waffenstillstandslinie in Kaschmir überwachte. Er lag hoch auf einem Damm über dem Indus. Offensichtlich waren sie ausgefahren zum Überwachen, denn es konnte kein Lebenszeichen von ihnen gesichtet werden. Als nächstes wanderten wir an einem großen Sportplatz vorbei, auf dem Soldaten Fußball spielten. Sie winkten uns freundlich zu und rannten weiter umher. Jaccoux machte in einiger Entfernung einen eindrucksvollen Felsgipfel aus, und wir marschierten in seine Richtung, weil wir dachten, er könnte eine schöne Aussicht auf das Tal bieten. Als wir etwa auf halbem Weg waren, erblickten wir jemanden, der uns heftig winkend nachrannte. Wir blieben stehen, und als der junge Mann außer Atem bei uns anlangte, erklärte er uns mit Gesten und wenigen, zur Unterstreichung eingestreuten englischen Worten, daß der Berg Militärgelände sei, das wir nicht betreten durften. So gingen wir in den Ort zurück, geleitet von unserem Führer, der uns in den Läden als Dolmetscher diente. Es gab nicht viel zu kaufen. Wir kehrten deshalb zum Rasthaus zurück, und unser Führer verschwand.
Um sechs Uhr wurde das Abendessen serviert – Reis mit Curry-Hammelfleisch und Tee –, dann setzten wir uns in den schwach beleuchteten Gemeinschaftsraum, um noch etwas zu lesen, bevor wir uns in unsere Zelte zurückzogen. Die verschiedenen Beamten kamen kurz, um uns zu begrüßen und vermutlich auch zu prüfen. Als sie uns französisch sprechen hörten, fragte uns einer: «Kommen Sie aus Frankreich?» Weil ich sehen wollte, was passieren würde, hielt ich mit der Wahrheit ein wenig hinter dem Berg und sagte ja. Er berichtete uns, er habe mit der Zivilverteidigung zu tun; sein Hauptquartier sei in Pindi, er selbst aber reise im Grenzgebiet umher, um – wie er es ausdrückte – «den Leuten Vertrauen zur Zivilverteidigung zu geben». Mir war nicht ganz

klar, welches Geschehen er in Skardu erwartete, aber da er keine weitere Erklärung abgab, wollte ich nicht fragen. Dann erging er sich in langen Lobreden über General de Gaulle und bemerkte, er könne nicht begreifen, wie die Franzosen ihn abwählen konnten. Die armen Jaccoux, die – um es milde zu sagen – nie sehr große Bewunderer des Generals gewesen waren, konnten sich kaum mehr beherrschen. Ich aber konterte, indem ich sagte, wir verstünden unsererseits nicht, wie Pakistan Feldmarschall Ayub Khan, der doch als «de Gaulle Asiens» bekannt sei, von der Macht entfernen konnte. Damit endete die Sache etwa unentschieden. Daraufhin stürzte er sich in leidenschaftliche Proteste gegen Inder, Zionisten und Amerikaner. «Die Inder sind die Aggressoren hier und die Zionisten die im Mittleren Osten», sagte er mit erhobener Stimme, und die Amerikaner seien schlecht, weil sie auf die Seite der Inder und der Zionisten getreten seien. Das war eine ziemlich verbreitete Meinung in Pakistan. Da Pakistan ein muslimischer Staat ist, überraschte es mich nicht, daß es so anti-israelisch war. (Es gibt auch einen gewissen Antisemitismus im Land. Die Regierung gibt sich Mühe, zwischen Zionisten und Juden zu unterscheiden, aber diese Feinheiten gehen in der Hitze des Gefechtes manchmal unter. Gelegentlich erscheinen Artikel und Leserbriefe in den englischsprachigen Blättern wie *Pakistan Times* oder *Dawn* in Karachi, die schlicht und einfach antisemitisch sind. Ich las einmal einen Brief, in dem über den «jüdischen Einfluß» bei der Auswahl ausländischer Filme, gewöhnlich drittklassiger Western, geklagt wurde. Es gibt in den größeren Städten auch Sammlungen zugunsten von Al Fatah und anderen Guerilla-Gruppen, die anscheinend die Phantasie vieler junger Leute in Pakistan anregten.) Die Empfindungen Amerika gegenüber waren viel komplizierter. Sie schienen auf der weitverbreiteten Vorstellung zu beruhen, wir hätten uns bei den meisten großen Zwistigkeiten zwischen den beiden Ländern auf die Seite der Inder gestellt. Andrerseits wird im allgemeinen in ganz Pakistan anerkannt, daß die Vereinigten Staaten eine lebenswichtige Rolle bei der Entwicklung des Landes spielten, und das hat sehr viel Wohlwollen geschaffen.

Nach einer Weile erschöpften sich die Tiraden und wir tauschten Zigaretten aus – pakistanische und französische. Ich sprach über meine Aufgaben an der Universität. Wir nahmen alle noch einen Tee als Schlaftrunk und gingen dann zu Bett, jeder in seiner Bleibe. Am nächsten Morgen, bei Tagesanbruch, wurden wir vom Assistenten des politischen Vertreters, einem sehr intelligenten, freundlichen jungen Mann mit starkem Bartwuchs besucht. Er fragte uns, was wir gern tun würden, und wir antworteten, wir hätten gern Ausflüge gemacht, bei denen wir möglichst viel von der Gebirgslandschaft sehen konnten. Er schlug vor, wir sollten nach Norden fahren, nach dem ungefähr hundert Kilometer entfernten Khapalu an einem Nebenfluß des Indus. Dort, so meinte er, könnten wir, wenn wir ein wenig in die Berge über der Stadt kletterten, die hohen Gipfel des Größeren Karakorum-Gebirges sehen. (Glücklicherweise stand auf unseren Tourist-Cards Khapalu unter den erlaubten Orten.) Wir mieteten also einen Jeep und packten Zelte und Schlafsäcke ein. Der Jeep tauchte auf, mit Fahrer und Ersatzfahrer und – etwas merkwürdig – unserem «Führer» vom Vortag, dessen Anwesenheit ein wenig auffällig wirkte, der aber außer einem gutmütigen Lächeln keine Erklärungen bot. Wir quetschten uns in den Jeep und fuhren los. Zuerst folgte die Straße dem flachen Industal, doch bald kletterte sie zum oberen Rand der Schlucht, wo sie sich unsicher festhielt. Sie war so schmal, daß das Vorbeifahren – wenn wir auf ein anderes, gewöhnlich der Armee gehörendes Fahrzeug stießen – ein heikles, wenn nicht unmögliches Unterfangen war. Zuerst steuerten die Fahrer ihre Wagen so nah wie möglich aneinander heran – keiner gab einen Fußbreit Raum preis. Dann pflegten die beiden Jeeps zu halten, und es entspann sich eine ausgedehnte Diskussion, wer wohin zurückfahren müsse. Der Verlierer hatte dann in der Spur zurückzufahren, bis man eine Art Ausbuchtung finden konnte, die dem Gewinner die Vorbeifahrt ermöglichte. Wir legten etwa fünfundzwanzig Kilometer in der Stunde zurück, die ausgedehnte Teepause im Basar eines kleinen Dorfes am Weg nicht gerechnet. An der Stelle, wo das Industal in Richtung China abzweigt, folgten wir unserem Nebenfluß. Die Straße stieg stellenweise so stark an, daß der Hilfsfahrer sich auf die Motorhaube setzte, um dem Jeep etwas zusätzliche Zugkraft zu geben, sogar bei Vierradantrieb. An manchen Stellen stieg das Vorderende des Wagens in so steilem Winkel nach oben, daß weder der Fahrer noch wir die Straße vor uns sehen konnten. Als wir nach fast sieben Stunden Khapalu erreichten, waren wir alle von dem Gehopse im Jeep braun und blau geschlagen und fühlten uns sehr erleichtert, daß wir aussteigen konnten. Khapalu ist ein phantastisch schöner Ort, eine Flußoase in einer weiten Schleife des Wasserlaufs gelegen. Genau gegenüber dehnt sich ein flacher Wüstenstreifen, der sich teils in schneebedeckte Berge hineinzieht, die wie scharfe Nadeln aufragen und ein imposantes Rund bilden. Das Rasthaus in Khapalu war sehr anziehend, und da es keine Gäste hatte, benützten wir die hölzernen Bettgestelle dazu, mit unseren Schlafsäcken recht komfortable «Nester» zu bauen. Der Ort war in mehreren Stufen über dem Fluß erbaut und hatte ähnlich wie in Nepal Terrassenfelder. Der ganze Anblick war ausnehmend harmonisch und lieblich.

Wir wollten einen hohen Aussichtspunkt finden, von dem aus man die Karakorum-Berge bei Sonnenuntergang betrachten konnte. Doch vorher wanderten Jaccoux und ich zum Fluß hinunter, wo ein alter Schiffsmann mit einem *Zak* – einem Floß aus Holzstämmen, an denen aufgeblasene Ziegenhäute befestigt waren – hin und her über den Fluß fuhr und Menschen und Tiere übersetzte. Er war einverstanden, für ein paar Rupien mit uns eine Rundfahrt zu machen, ein landschaftlich schöner, wenn auch nasser Trip auf dem Fluß. Danach machten wir uns auf den Weg zu den Hochweiden hinter dem Dorf, um einen Ausblick auf die Karakorum-Berge zu gewinnen. Als wir durch die Felder hinter dem Ort aufgestiegen waren, ging gerade die Sonne unter, und Jaccoux, der sich im Gebirge wie ein geölter Blitz bewegen kann, kletterte zum Gipfel einer großen Felssäule, um zu schauen, wie die Aussicht sei, während Michèle und ich uns auf den Rückweg zum Rasthaus machten. Rasch wurde es sehr dunkel, und nach kurzer Zeit tappten wir über terrassierte Felder und durch die Höfe anderer Leute. Immer abwärts gehend fanden wir schließlich den Fluß und das Rasthaus. Eine Stunde verging, dann zwei, und kein Jaccoux kam. Ich machte mir keine Sorgen, denn ich hatte erlebt, wie Jaccoux sich und seine Klienten in den Alpen aus unmöglichen Situationen aller Art befreite, doch Michèle wurde mit jeder Minute unruhiger. Also beschloß ich, wir sollten eine kleine Suchaktion starten. Wir machten uns mit dem alten *Chokidar* – dem Wächter – des Rasthauses auf den

Weg; er trug eine Öllaterne, die gespenstige Schatten auf den Pfad warf. Zuerst mobilisierten wir unseren Fahrer und seinen Gehilfen. Während wir weitergingen, fragte mich der Fahrer, ob ich unseren «Führer» – den Mann, der uns am Tag zuvor durch den Basar begleitet hatte – aufgefordert hätte, mitzukommen. Ich war sehr überrascht, denn ich hatte gedacht, der Fahrer habe ihn mitgenommen. Der aber sagte, der Mann sei Polizei-Offizier und anscheinend uns zugeteilt, wohl um darüber zu wachen, daß wir nirgendwo hingingen, wo wir nicht sollten, und gleichzeitig, daß wir uns nicht unterwegs in Schwierigkeiten brachten. (In Pakistan ist es grundsätzlich verboten, irgendwo eine Brücke zu fotografieren, und nun, da ich wußte, daß unser Mann ein Hüter des Gesetzes war, begriff ich, warum er Jaccoux ständig gebeten hatte, die wenigen, haarsträubend wackeligen Brücken auf dem Weg zwischen Skardu und Khapalu nicht zu fotografieren.) Unsere nun mit mehreren Laternen bewaffnete Prozession wanderte durch das Dorf hinauf, immer wieder klagend «Jaccoux! Jaccoux!» rufend. Nach etwa einer Stunde gaben wir auf und kehrten zum Rasthaus zurück, wo wir – überflüssig zu sagen – natürlich Jaccoux vorfanden, der auf einem Weg hinten herum heimgekommen war. Er lag auf einem Bett und las fröhlich bei Taschenlampenlicht in einem Buch. Er erzählte, er sei gerade noch vor Sonnenuntergang oben angekommen, aber eine nahe Bergkette habe den Blick zum Karakorum-Gebirge versperrt, so daß wir nichts versäumt hätten. Nach einem guten Abendessen, das laut «Tourist Offical (sic) Bill» aus «drei Portionen Reis, drei Curry-Kartoffeln, gebratenem Huhn, Chapati (ungesäuertem Brot) und Tee» bestand, legten wir uns zu erquickendem Schlaf nieder.

Am nächsten Morgen, gleich nach Sonnenaufgang, erblickte ich plötzlich an den Rändern des flachen Wüstenstreifens am gegenüberliegenden Ufer die Spitze einer langen Karawane von Männern und einigen wenigen Pferden, die wie eine Schar eindringender Krieger aus den Bergen auftauchte. Der Chokidar sagte etwas wie «Italiener», aber nicht viel anderes als Erklärung. Wir wußten, daß ein paar Bergsteiger-Expeditionen hier in diesem Gebiet gewesen waren, darunter eine polnische in der Nachbarschaft des K 2 und eine italienische, die den K 6 (einen etwa 7600 Meter hohen Gipfel im Karakorum-Gebirge) angehen wollte, aber nach einem Blick auf die Karte hatten wir angenommen, sie seien wohl westlich von Skardu dem Indus entlang ins Gebirge gezogen. Offensichtlich stimmte das nicht, denn nach ein paar Minuten wurde klar, daß das, was wir beobachteten, die Rückkehr einer großen Bergsteigerexpedition mit mindestens fünfzig Trägern war, die sich später als Bewohner von Khapalu entpuppten; Bergsteiger waren es, wie sich später herausstellte, sieben, dazu ein Arzt und ein pakistanischer Offizier, der als Verbindungsmann und Vertreter der Regierung fungierte. (Alle offiziell anerkannten Expeditionen erhalten Verbindungsleute von der Armee zugeteilt. Diese Leute rekrutieren die Träger und stellen sicher, daß sich die Expeditionen innerhalb des Geländes halten, das ihnen von der Regierung genehmigt wurde. Hat die pakistanische Regierung eine Expedition zugelassen, übernimmt sie die Verantwortung für sie in dem Sinn, daß sie, falls es Schwierigkeiten gibt, der Expedition durch Einsatz von Hubschraubern und anderswie behilflich ist.) Am späteren Vormittag waren alle auf der anderen Flußseite versammelt, und auf dem diesseitigen Ufer standen eine große Zahl von Dorfbewohnern, Ehefrauen und Kinder. Jetzt entstand das Problem, wie die Expedition über den Fluß kommen sollte, was bei dieser Lage der Dinge nur mit dem Zak geschehen konnte. Bald wurde klar, daß der Schiffsmann und seine Helfer eine Art Verzögerungstaktik anwandten, vermutlich um eine Preiserhöhung zu erreichen. Der Fährmann hatte aus allen Ziegenhäuten des Zak die Luft abgelassen und sie losgebunden. Nun blies er sie emsig wieder auf, wobei er alle paar Minuten innehielt und eine hitzige Diskussion mit den übrigen Dorfbewohnern auf der anderen Flußseite führte. Aus dem Tonfall konnte ich mir denken, daß sie ihm ankündigten, was passieren würde, wenn sie ihn unter die Hand bekämen, falls er sich mit seinem Zak nicht sehr beeilte. Diese Art zu argumentieren schien einiges Gewicht zu haben, und nach einigen hastigen Manövern mit den Ziegenhäuten bewegte sich der Fährmann in Richtung auf die Träger, die Italiener wild gestikulierend etwas weiter stromaufwärts zurücklassend. Da bemerkte ich, wie sich einer aus der Gruppe ruhig entfernte und im Fluß ein Fußbad nahm, und er tat das mit solcher Nonchalance, daß ich annahm, der Mann müsse eine Persönlichkeit von einiger Bedeutung sein. Nachdem die erste Zak-Ladung von Trägern übergesetzt war, rief ein Mann in Armee-Uniform – offensichtlich der Verbindungsoffizier – über den Fluß, der Fährmann solle sofort zurückkommen und ihn aufnehmen und mit ihm die Sache besprechen. Als er auf unserer Seite ankam, entpuppte er sich als ein rauher, freundlicher junger Pakistani, der in wenigen Minuten die Dinge soweit unter Kontrolle hatte, daß er uns einlud, mit ihm den Fluß zu überqueren, während das eigentliche Übersetzen mit Hilfe eines zweiten Zak seinen Anfang nahm. Wir gingen zu den Bergsteigern am anderen Ufer, und es stellte sich heraus, daß sie – abgesehen von dem Mann, der sich das Fußbad genehmigt hatte – Amateur-Bergsteiger aus den Abruzzen waren. Er war, wie ich es nach seiner Kaltblütigkeit vermutet hatte, Bergführer in Norditalien, und Jaccoux und er hatten schon lang voneinander gewußt. Er kam später bei einem Unfall in den Alpen ums Leben. Wir überquerten wieder den Fluß, diesmal in Gesellschaft des Expeditionsarztes, eines sehr kleinen, äußerst amüsanten älteren Mannes, Veteran mehrerer Bergsteiger-Expeditionen in Asien, der bemerkte, er könne nicht schwimmen. Als wir in dem angeschwollenen Fluß dahinglitten, begann der Dottore in dramatischem Tonfall Dante zu rezitieren, als erwarte er jeden Augenblick, es sei sein letzter auf Erden. Unser Bergführerfreund sagte, der K 6 sei eine viel härtere Nuß gewesen, als man vorher angenommen habe, und sie seien in etwa 6000 Meter Höhe durch schwere Schneefälle gestoppt worden. Keiner war verletzt worden, aber sie waren nun seit fast zwei Monaten unterwegs und wünschten sehr, wieder nach Hause zu kommen. Sie wollten die Nacht über im Rasthaus bleiben, was uns wenig Platz gelassen hätte. So beschlossen wir, wieder flußabwärts nach Skardu zu fahren.

Kurz bevor wir dorthin kamen, wurden wir Zeugen einer merkwürdigen Szene. Die Straße war sehr staubig, und vor uns befanden sich zwei Staubwolken – Fahrzeuge, die nach Skardu fuhren. Als wir näher kamen, sahen wir, daß das dahinkriechende Fahrzeug ein Armee-Jeep war, der hinter einem traktorgezogenen Wagen mit Baumstämmen herfuhr. Der Traktor bewegte sich sehr langsam vorwärts und wirbelte eine Unmenge Staub auf. Der Jeep signalisierte, daß er überholen wollte, aber entweder hörte der Traktorfahrer ihn nicht oder kümmerte sich nicht darum. Jedesmal wenn der Jeep versuchte, den Traktor zu überholen, schwenkte der zur Straßenmitte und blockierte die Durchfahrt. Nach ein paar Kilometern endlich war der Jeep in der Lage, vorbeizukommen; daraufhin blockierte er dem Traktor, der – wie wir jetzt sahen – mit einer ganzen Baltistani-Familie besetzt war, den Weg. Aus dem Jeep sprang ein Offizier, rannte zum Traktor und zerrte den Fahrer herunter. Dann stieß er ihn in den Jeep, der zum Gefängnis neben dem Rasthaus von Skardu fuhr. Offensichtlich konnte unter dem damals in Pakistan geltenden Kriegsrecht ein Offizier fast jedermann verhaften. Ein paar Wochen später wären wir selbst fast verhaftet worden. Wir fuhren auf unserem Weg nach Swat im Landrover nach Peschawar. Beim Fort Attock hatten wir den Indus überquert, und Jaccoux hielt, um aus etwa anderthalb Kilometer Entfernung ein Foto des alten Forts zu machen. Ich saß hinten im Fahrzeug und las die *Pakistan Times*, als ich Tumult hörte und beim Aufschauen Jaccoux umringt von einer großen Menschenmenge erblickte. Ich dachte mir nicht viel dabei, denn überall, wo man auf dem Subkontinent reiste, zogen Besucher Neugierige an. Doch kurz danach hörte ich Michèle mit lauter Stimme sagen: «Aber wir sind erst nach Pakistan gekommen und wußten das nicht.» Nun erst merkte ich, daß etwas ernstlich nicht in Ordnung war, stieg aus dem Landrover aus und ging zu der Menschenansammlung hinüber. Ein junger Mann in Zivilkleidern, zorniger als ich je jemanden gesehen hatte, wollte Michèle ihre Kamera wegnehmen. Später erzählte mir Jaccoux, daß ein nach Peschawar fahrender Bus plötzlich gestoppt habe und dieser Mann herausgesprungen sei, der sich als Offizier identifizierte. Er habe versucht, ihm die Kamera zu entreißen und zu zerschlagen. Da Jaccoux unglaublich stark ist, konnte er den Fotoapparat mühelos verteidigen, und nun war der Offizier dabei, dasselbe bei Michèle zu versuchen. Inzwischen hatte die Menge – mitreisende Zivilisten im Bus – den Offizier soweit beruhigt, daß er uns nicht mehr verhaften wollte, wenn wir ihm den Film gäben. Um weitere Schwierigkeiten zu vermeiden, händigten wir ihm die beiden leeren Filmrollen aus. Später bemerkten wir, daß kurz vor dem Fort ein kleines Schild gewesen war, welches das Fotografieren verbot, aber wir hätten Hellseher sein müssen, um zu wissen, daß das auch über einen Kilometer entfernt Gültigkeit hatte. Da das Fort aus Mogulzeiten stammt, konnte man sich nur schwer vorstellen, welche Geheimnisse durch ein solches Bild verraten worden wären, aber es war nun einmal so. In Skardu sahen wir am nächsten Morgen den Traktorfahrer wieder auf seinem Vehikel; offenbar war auch ihm nicht allzuviel passiert. Nach der Rückkehr ins Rasthaus, das noch immer voll war, stellten wir unsere Zelte auf. Einer der im Rasthaus wohnenden pakistanischen Ingenieure kam zu uns und fragte, wann wir nach Pindi zurückwollten. Da wir die Möglichkeiten von Skardu mehr oder weniger erschöpft hatten – mindestens soweit man sie ohne Sondergenehmigung, tiefer im Land umherzureisen, wahrnehmen konnte –, sagte ich ihm, wir würden sicherlich am kommenden Tag zurückfliegen. Er sah mich etwas befremdet an und fragte: «Haben Sie sich die Rückflugbuchung bestätigen lassen?» Ich wiederholte die Information des Reisebüros in Pindi, daß dies nicht nötig sei, weil die Flugzeuge fast leer zurückkämen. Nun sagte man mir, die Maschinen seien deshalb fast leer, weil sie bei dem schwierigen Start – sie mußten möglichst schnell soviel Höhe gewinnen, daß sie über die nächste Bergkette kamen – nur sieben oder acht Passagiere pro Flug mitnehmen konnten, und das bei vierundvierzig Plätzen. «Wenn die PIA die neuen Flugzeuge mit den stärkeren Motoren bekommt, wird es anders, aber jetzt ist es nun einmal so.» Infolgedessen, so sagte er mir, gab es eine Warteliste mit Priorität für Militärpersonen, Beamte und so weiter, und die war, soviel er wußte, schon so lang, daß für die nächsten zwei Wochen kein freier Platz mehr vorhanden war. Das erschien mir als reines Phantasiegebilde, aber nach ein paar weiteren Gesprächen mit anderen Leuten im Rasthaus wurde mir klar, daß wir in beträchtlichen Schwierigkeiten steckten. Außerdem wußte ich etwas, was sie nicht wußten, nämlich daß die italienische Expedition in ein, zwei Tagen in Skardu eintreffen würde und ebenfalls nach Pindi zurückwollte, was die Lage weiter komplizieren mußte. Die Ingenieure sagten uns, sie würden am übernächsten Tag abreisen, also mußten wir versuchen, wenn das Wetter mitmachte, am nächsten Morgen ein Flugzeug zu bekommen, koste es, was es wolle. Jetzt war es zu spät am Tag, um noch mit irgendwem Kontakt aufzunehmen. Daher beschlossen wir, am nächsten Morgen auf dem Flugplatz zu erscheinen, als ob alles in bester Ordnung wäre, und das beste zu hoffen.

Der nächste Morgen war hell und klar, und bei Anbruch der Dämmerung packten wir unsere Habe in einen gemieteten Jeep und fuhren zum Flugplatz. Wir wurden von dem PIA-Mann begrüßt und gefragt, wann wir abzufliegen gedächten. «Heute natürlich», antwortete ich so unbefangen, wie ich konnte. «Ich fürchte, das wird unmöglich sein», sagte er in einem Ton, der andeutete, weitere Diskussionen seien sinnlos. Da ich ziemlich viel in recht abgelegenen Weltgegenden gereist bin, habe ich eine besondere Technik im Umgang mit Situationen entwickelt, die besonders dann hoffnungslos scheinen, wenn man sie geradewegs angeht, zumal die «Logik», so wie sie gegeben ist, ganz auf Seiten der Bürokratie zu stehen pflegt. Vor allem in Asien ist fast nichts so, wie es den Anschein macht: alles hat eine gewisse Elastizität, wenn es in richtiger Weise angepackt wird. Die Grundlage dieser Technik ist, daß ich denjenigen, der über die wichtigen Papiere – Flugtickets, Genehmigungen, Karten und so weiter – verfügt, davon überzeuge, daß sein Leben unendlich angenehmer sein wird, wenn er mich vom Hals bekommt, als wenn er durch strikte Anwendung der Regeln und Bestimmungen höchstwahrscheinlich damit rechnen muß, mich einige Tage lang um sich zu haben. Also erging ich mich in sehr lauten, leidenschaftlich erregten Reden, die bis in alle Einzelheiten hinein deutlich machten, was ich vom Reisebüro samt PIA hielt, weil sie uns in diese Situation gebracht hatten; ich schnurrte eine lange Liste von weitgehend erfundenen Ministerien herunter, denen ich die Sache so rasch wie möglich berichten würde. Jaccoux bemerkte später, ich hätte ziemliche Ähnlichkeit gehabt mit König Lear in der Blüte seiner Jahre. Ein paar Minuten später war der arme Mann – inzwischen überzeugt, daß fast alles besser sei, als uns noch weiter zu sehen – bereit, in seinem Büro noch einmal nachzuschauen, ob sich etwas machen lasse. Nach einigem Studium entdeckte er, daß durch die Ausfälle infolge einer Schlechtwetterzeit in der vorigen Woche noch an diesem Tag zwei außerplanmäßige Flüge stattfinden würden, so daß er uns wahrscheinlich irgendwie unterbringen könnte. Die nächsten zwei Stunden wärmten wir uns in der Sonne, dann kam das erste Flugzeug. Wir wurden mit vier weiteren Passagieren zusammen an Bord gedrängt und hinten verstaut, damit der Kahn maximal steigfähig war, und ab ging es am Nanga Parbat vorbei zurück nach Pindi.

Es wäre schön gewesen, hätten wir hundert oder hundertfünfzig Kilometer durch das Industal zwischen Skardu und Gilgit nach Westen fahren können. Aber das war genehmigungspflichtiges Gebiet, und die meisten Leute, die wir fragten, meinten, dorthin mit dem Landrover zu fahren, komme wahrscheinlich nicht in Frage. Als wir etwas später nach Gilgit reisten, taten wir es daher wieder im Flugzeug und erlebten wieder einen großartigen Flug am Nanga Parbat vorbei. (Die politische Geschichte der Gilgit-Agentur wird in einem ausgezeichneten Buch von Ian Stephens mit dem Titel «The Pakistanis» behandelt. Stephens war viele Jahre lang Herausgeber der indischen Zeitung *Statesman* und lebte die längste Zeit seines Lebens auf dem Subkontinent.) Wie schon früher erwähnt, gab es zur Zeit der Teilung 1947 mehr als 560 Fürstenstaaten. Der letzte britische Vizekönig, Lord Mountbatten, berief am 25. Juli 1947 die Herrscher dieser Staaten zu einer Konferenz nach Delhi. Er schlug vor, die Herrscher der Staaten, die nicht unabhängig werden wollten, sollten bis zum 15. August entscheiden, welchem der beiden Großstaaten sie sich angliedern wollten. Stephens schreibt: «Wie sich jedoch herausstellte, war die Zeit, die diesen altmodischen und oft wenig entschlußfreudigen Persönlichkeiten blieb, um ihre Wahl zu treffen, zu kurz, und als der Tag der Unabhängigkeit kam, hatten sich noch drei Staaten, ein kleiner und zwei sehr große und wichtige, gefährlicherweise noch nicht entschieden. Es ist erstaunlich, daß es nicht viel mehr waren.» Der kleine Staat Junagadh, an der Westküste zwischen Bombay und Karachi gelegen, hatte eine Hindubevölkerung, aber einen muslimischen Herrscher. Er wählte Pakistan, was sich als unhaltbar erwies; ernsthafte Tumulte brachen aus, die dazu führten, daß indische Truppen eingriffen und der indische Staat das Gebiet übernahm. Der zweite Staat war Hyderabad, östlich von Bombay. Er umfaßte eine Fläche von etwa 212 000 Quadratkilometern, war also fast so groß wie Großbritannien und hatte eine Bevölkerung von über sechzehn Millionen Menschen. Er hatte eine lange islamische Tradition, und der Nizam entschloß sich, Hyderabad unabhängig zu erhalten. Da es aber ringsum von der Indischen Union umschlossen war, wurde es schließlich Indien einverleibt. Der dritte Staat war Kaschmir.

Die Bevölkerung Kaschmirs zählte nur etwa vier Millionen Menschen, weitgehend Muslime, aber an Fläche war es noch größer als Hyderabad. Kaschmir ist ein ausgesprochenes Gebirgsland, und das einzige Gebiet, das stark bevölkert war, das berühmte fruchtbare Tal mit der Stadt Srinagar und ihren bekannten Mogulgärten, lag im Zentrum. Westlich reichte es bis Skardu und Gilgit, aber die Verbindungen zwischen diesen rauhen Gegenden und dem Tal waren wegen der Berge so schwierig, daß sie eigentlich kaum existierten. Kaschmir hat eine lange, verworrene Geschichte von Invasionen und Eroberungen bis zurück zu den Moguln, die von den Sikhs abgelöst wurden. An deren Stelle traten die hinduistischen Dogra, eine Dynastie aus dem Süden, der auch der 1947 abdankende Maharadscha entstammte. (Es sei erwähnt, daß Nehrus Vorfahren aus Kaschmir kamen, was teilweise erklären kann, warum die Kaschmir-Frage in Indien so starke Gefühle auslöste.) Sehr wahrscheinlich wollte der Maharadscha von Anfang an der Indischen Union beitreten, zögerte aber im Blick auf die Tatsache, daß fast achtzig Prozent der Bevölkerung Muslime waren. Wie sich zeigte, wurden die Dinge von den Pathanen-Stämmen dem Maharadscha aus den Händen genommen. Stephens schreibt dazu:

«Zu dieser Zeit und bis in den November hinein waren die Beziehungen (wenn es sie gab) der quasi-autonomen Pathanen-Stämme zu Pakistan völlig unsicher. Man hatte Diskussionen begonnen und hegte die Hoffnung, diese unruhigen Menschen würden sich für die Eingliederung in den neu gebildeten Staat entscheiden, und wenn auch nur – zynisch gesagt – deshalb, weil sonst ihre Schadensmöglichkeiten größer wären. Aber die nötigen Jirga (Stammesversammlungen) waren nicht abgehalten worden. Fairerweise muß man sagen, daß sich die pakistanischen Behörden vor den Stämmen fürchteten und sich bewußt waren, daß ihnen – mindestens einstweilen – die Kraft fehlte, sie physisch in Schach zu halten. Die pakistanische Armee gab es noch kaum; sie bildete sich eben aus der ehemaligen Armee des ungeteilten Indien, von dem kleine Stücke noch immer auf der Karte hin und her geschoben wurden. Hindu- und Sikh-Einheiten blieben auf pakistanischem Boden, Moslem-Einheiten auf dem Indiens. Jahrzehntelang hatten sich die Stämme als hartnäckig gefährlicher Dorn im Fleisch der viel stärkeren britischen Herrschaft erwiesen. Noch

1937/38 banden allein die in Waziristan monatelang 50 000 Mann der Imperialen Streitkräfte in einem blutigen Guerillakrieg.»

Jedenfalls erklärten im Herbst 1947 die Stämme, zu rasendem Hindu-Haß aufgepeitscht, einen «Jihad» (Dschihad) – Heiligen Krieg – und fielen in Kaschmir ein. Ende Oktober brachte die indische Armee mit Flugzeugen Truppen nach Srinagar, und die Pakistani versuchten, den Stämmen Verstärkung zu liefern. Fast vierzehn Monate lang wurde in Kaschmir fortwährend gekämpft. Am Ende gab es eine Waffenstillstandslinie, die noch immer von den Vereinten Nationen überwacht wird. Das erregte in Pakistan ein Ausmaß an Unwillen, das nicht unterschätzt werden sollte. Kein Pakistani, mit dem ich zusammentraf, und mochte er sonst noch so aufgeklärt sein, konnte den gegenwärtigen Zustand akzeptieren.
Wie das übrige Kaschmir wurde auch Gilgit von den Ereignissen betroffen. Es war im Vertrag von Amritsar, der 1846 den ersten Krieg zwischen Briten und Sikhs beendete, unter die Herrschaft der Dogra gekommen. Vermutlich als Belohnung dafür, daß sie in diesem Krieg auf der Seite der Briten geblieben waren, hatten die Dogra die Herrschermacht in Kaschmir erhalten. Da aber der westliche Teil des Territoriums sehr abgelegen war und wenig verwertbare Ressourcen bot, wurde ihm weder von den Dogra noch von den Briten großes Interesse entgegengebracht. Das änderte sich plötzlich um die Jahrhundertwende, als die Briten die Überzeugung gewannen, die Russen drängten durch das Hochland von Pamir südwärts nach Indien. Die Briten schickten eine Expeditionstruppe nach Gilgit und Chitral, und vermutlich waren dies die ersten Europäer, die dieses Gebiet je sahen. Um ihre Stellung zu sichern, stellten sie eine paramilitärische Einheit auf, die Scouts genannt wurde. (Die Gilgit Scouts bilden noch heute eine Militärformation in Gilgit.) Um die Tatsache zu unterstreichen, daß diese aus den Eingeborenen der Region rekrutierten Männer, die von britischen Offizieren kommandiert wurden, außerhalb der regulären Armee standen, waren sie khakibraun gekleidet, nicht scharlachrot, wie es der Tradition entsprach. Bald danach war dies die Farbe der Kampfanzüge in der ganzen britischen Armee. Zur Zeit der Teilung wurden die Gilgit Scouts von zwei jungen britischen Offizieren geführt,

einem Major Brown und einem Captain Mathieson, deren Hauptquartier weiter unten am Indus in Chilas war. Die Gilgits waren seit den ersten afghanischen Invasionen im vierzehnten Jahrhundert Muslime, und als der Dogra-Maharadscha einen Vertreter schickte, der Gilgit regieren sollte, drohte der Ausbruch von Gewalttaten zwischen den Hindu- und Sikh-Händlern im Dorf und den jeweiligen Einwohnern. Die jungen Offiziere nahmen selbst die Dinge in die Hand und setzten den Gouverneur in Schutzhaft. Bald danach verbrachte, laut Stephens, «der Hindu-Gouverneur die Nachmittage damit, friedlich in Gesellschaft der für seine Haft Verantwortlichen dem Polospiel zuzuschauen». (Polo wurde in Zentralasien erfunden, die Gilgits behaupten sogar, es stamme aus Gilgit.) Als es November war, hatte Gilgit sich in aller Form Pakistan angeschlossen und wurde von einem Vertreter des neuen pakistanischen Staates, der damals in Karachi seine Hauptstadt hatte, regiert.

Bei unserem Besuch in Gilgit hatten wir ungewöhnlich großes Glück. Jaccoux, über den *Elle* im Sommer zuvor einen ziemlich aufsehenerregenden Artikel gebracht hatte, war vom französischen Kulturattaché in Pindi zum Mittagessen eingeladen worden. Michèle und ich waren nicht eingeladen, und wir sahen ihm ziemlich neidisch nach, denn wir ahnten schon, daß er mit einem ausgezeichneten Essen, begleitet von einigen erstklassigen französischen Weinen – einem Luxus, den man in Pindi sonst nicht bekommen konnte – beglückt werden würde. Wir wurden aber durch seinen Bericht etwas getröstet. Er war bei dem Essen mit einem Bewohner von Gilgit zusammengetroffen, der sich ihm als Gastgeber und Führer in der Agentur angeboten hatte. Und tatsächlich machte uns Jaccoux wenig später mit einem überaus typischen, intelligenten jungen Pakistani bekannt, der seit etwa sechs Jahren in Gilgit lebte. Ursprünglich kam er aus Sind, dem flachen Landwirtschaftsgebiet im südlichen Pakistan. Einige Zeit später erklärte er, wie er aus dem Bauernland in das Hochgebirge des Nordens gekommen war. Seine Familie gehörte zu den großen Landbesitzern in Sind. Einige davon haben eine sehr interessante Geschichte, die verbunden ist mit der Art und Weise, wie der Islam sich auf dem Subkontinent einwurzelte. Für einen Außenseiter erscheint diese Religion oft wie ein monolithischer Block ohne Brüche und Schismen. In der Wirklichkeit jedoch hat es die immer gegeben und gibt es sie noch, und außerdem eine große Zahl davon abgeleiteter Sekten mit einer zahlreichen Gefolgschaft. (Am bekanntesten ist wohl die Ismaili-Sekte, deren geistlicher Führer der Aga Khan ist. Als ich in Islamabad war, machte der Aga Khan dort einen kurzen Besuch und wurde von seinen Anhängern wie von der durch Präsident Yahya vertretenen Regierung begeistert begrüßt. Ich hatte das Glück, an einer großen Tee-Einladung teilnehmen zu können, die der Islamabad-Club, ein vornehmer Sportclub der Stadt, für ihn gab; assistiert von seiner schönen jungen Braut verteilte er Trophäen an die Gewinner des Squash-Turniers, das der Klub veranstaltet hatte. Die Pakistani sind als Squash-Spieler berühmt, und eine Khan-Familie, Pathanen, weder mit Präsident Yahya noch mit dem Aga verwandt, stellte zwei neue Weltmeister.) Meist sind diese Sekten verhältnismäßig klein und können auf einen einzelnen Pir, Heiligen oder Sayyid zurückgeführt werden – einen geistlichen Führer also, der sich als unmittelbaren Erben des Propheten ansah. Für diese Sayyids war es durchaus üblich, als Zeichen der Hochachtung Landschenkungen von ihren Anhängern entgegenzunehmen, und im Lauf der Jahre sammelte sich ein Grundbesitz an, der oft mehrere Dörfer einschloß. Die Familie unseres neuen Freundes hatte auf diese Weise große Ländereien in Sind erworben, und er selbst hatte dort mehrere hundert Morgen Land geerbt. Aber da er jung und von etwas rebellischem Temperament war, hatte er eine Reihe von Reformen im Besitzsystem durchsetzen wollen, und das hatte zu einem Zusammenstoß mit der Familie geführt. Die Dinge verschlimmerten sich noch, als er ein schönes und sehr intelligentes Mädchen heiratete, das erfolgreich sein Studium als Ärztin abgeschlossen hatte. Sein Vater, der strikt Purdah praktizierte, verbot seiner Schwiegertochter, in Sind ihrem Beruf nachzugehen, und so war das junge Paar nach Gilgit gezogen, so weit weg, wie man nur denken konnte, und in ein Gebiet, in dem Ärztemangel herrschte. Er versuchte an der Entwicklung der Fremdenverkehrsindustrie in Gilgit mitzuwirken, das mit seinem großartigen Bergland ideal wäre für jene Art von Wandertouren, die Nepal so beliebt machen.

Wir verabredeten ein Zusammentreffen auf dem Flugplatz von Gilgit, und wir waren sehr froh, als wir ihn beim Aussteigen aus dem Flugzeug dort trafen. Gilgit ist trotz seiner Abgelegenheit im Vergleich mit Skardu fast ein Fremdenverkehrsort und hat sogar ein Rasthaus, das wie ein Miniatur-Hilton aussieht. (Damals ging das Gerücht, die Intercontinental-Kette plane ein Chalet am Rand von Gilgit zu bauen, mit Blick auf den Indus und den Rakaposhi, den höchsten Berg in der Umgebung.) Es stellte sich heraus, daß unser Führer einen eigenen Jeep mit Fahrer hatte, die er uns beide während unseres Aufenthalts in Gilgit zur Verfügung stellte. Ursprünglich hatten wir gehofft, Hunza besuchen zu können, das etwa hundert Kilometer weiter nördlich am Hunza-Fluß liegt und das einen Mir zum Oberhaupt hat, der nach allen Erzählungen höchst wohlwollend, aufgeklärt und Besuchern gegenüber gastfreundlich sein mußte. (Hunza soll auch nach volkstümlicher Ansicht eine Bevölkerung haben, die ausnehmend alt wird. Ein berühmter Bergführer in Chamonix, mit dem wir vor unserer Abreise aus Frankreich sprachen, erzählte uns, er sei bei einer Expedition beteiligt gewesen, die eine französische pharmazeutische Firma ausschickte, um herauszufinden, ob die Hunza etwas bieten könnten, das sich vermarkten ließe. Anscheinend ergab die Expedition nicht viel, und die Frau unseres Freundes, die viele Hunza unter ihren Patienten hatte, sagte, soweit sie es beurteilen könne, sei ihre Lebenszeit und ihr Gesundheitszustand nicht länger oder besser als der anderer Leute. Wie die meisten Bergbewohner, die in großen Höhen leben, sehen die Hunza sehr gesund und kräftig aus, aber das kann, wie bei den Sherpa in Nepal etwa, täuschen.)

Wie schon früher erwähnt liegt Hunza am neuen chinesisch-pakistanischen Karakorum Highway von Sinkiang, und aus diesen und anderen Gründen war es zur Zeit unserer Reise für Nicht-Pakistani nahezu unmöglich, für einen Ausflug dorthin eine Genehmigung zu erhalten. Also einigten wir uns auf einen Abstecher nach Naltar, ein Hochgebirgs-Lagerdorf an einem Nebenfluß des Hunza, etwa sechzig Kilometer von Gilgit. Mit dem Wetter hatten wir kein großes Glück. Es war kalt und es schneite, aber wir konnten einige Skihänge sehen, die als Abfahrten für Angehörige der pakistanischen Luftwaffe hergerichtet waren, eine der angesehensten Elitegruppen von Männern im Lande. (Ich sprach mit verschiedenen Studenten, welche Laufbahn sie am liebsten in Pakistan einschlagen würden, und die drei

Möglichkeiten, die sie anführten, waren Luftwaffe, Regierungsdienst und wissenschaftliche Forschung, in verschiedener Reihenfolge.) Wir verbrachten im dortigen ungeheizten Rasthaus eine recht kalte Nacht, aber da man uns vorher gesagt hatte, daß in Gilgit Lebensmittel rar und teuer seien, hatten wir welche aus Pindi mitgebracht und konnten nun zwei oder drei großartige Mahlzeiten auf unserem Gebirgsgaskocher zubereiten.

Für den nächsten Tag war uns ein Polo-Match versprochen. Polo ist in Gilgit ungeheuer populär, das Spielen wie das Zuschauen. Jeder kleine Ort hat seine eigene Mannschaft und sein eigenes Feld, und es gibt auch eine Liga, die alljährlich um die Meisterschaft spielt. Dieses Treffen ist in Pakistan weit herum bekannt, und viele Leute machen in der Woche einen Ausflug nach Gilgit, in der um die Meisterschaft gespielt wird. Wieder hatten wir viel Glück, denn unser Besuch fiel auf die beiden ersten Tage des Treffens, und unser Freund hatte versprochen, besonders gute Plätze im Stadion für uns alle zu reservieren. Als wir kurz vor Beginn ankamen, war das Stadion voll besetzt; jedermann trug Feiertagskleidung. Auf unserem Weg zum gedeckten Pavillon und unseren Plätzen ganz vorne kamen wir am Mir von Hunza vorbei, dessen Mannschaft am zweiten Tag spielen sollte. Ich bemerkte auch ein kleines Gedicht neben dem Eingangstor. Es war von einem J. K. Stephens, den meine allgemeine Ignoranz in Sachen Polo nicht näher zu identifizieren erlaubt. Es heißt:

«Laß andre Leute andre Spiele spielen,
der Spiele König bleibt das Spiel der Könige.»

Das traf mich als merkwürdige Ironie, denn die Briten hatten Polo von den Zentralasiaten übernommen, die es erfanden.

Es gab zwei Musikkapellen, die abwechselnd spielten. Die Gilgit Scouts, die früher erwähnten Milizleute, waren mit ihrer Regimentsmusik da, die außer mit flotten Uniformen auch mit Dudelsackpfeifern prunkte. Dazu kam eine sehr ansehnliche Gruppe von ortsansäßigen Musikern mit verschiedenen seltsam geformten Trompeten, Trommeln und anderen Instrumenten, und sie nahmen ihre Tätigkeit auf, sowie die Scouts eine Atempause brauchten. Man hatte mir gesagt, daß asiatisches Polo etwa dieselbe Beziehung zu dem internationalen Spiel hat wie eine allgemeine Schlägerei zu einem Boxkampf nach den Regeln des Marquis of Queensbury. Nach den Bestimmungen des internationalen Polo sollte ein «Boarded field» nicht mehr als dreihundert Yards (etwa 274 Meter) lang und hundertsechzig Yards (146 Meter) breit sein. In der Gilgit-Agentur sind die Felder dort, wo man den raren ebenen Boden findet, und einer der lokalen Experten sagte uns, in der Regel seien die Mannschaften, die in den flacheren Gegenden leben, wo es am meisten ebenen Boden gibt, die besten der Region. Ich würde schätzen, daß das Feld in Gilgit, das von zwei parallelen, einen Meter fünfzig hohen Steinwällen begrenzt war, um die hundert Yards (91 Meter) Länge und fünfzig Yards (46 Meter) Breite hatte. Im internationalen Polo gehören vier Mann zu einer Mannschaft, während es bei der Gilgit-Version sechs waren. Im internationalen Polo werden die Ponys häufig gewechselt, in Gilgit wechselte man sie während der zwei Zwanzig-Minuten-Abschnitte nicht aus. Es gab, abgesehen von den kurzen Pausen zwischen den Spielhälften, keine Spielunterbrechungen, es sei denn, daß jemand verletzt wurde. Im internationalen Polo schreiben strenge Regeln vor, wie man die Schläger benützen darf. Man darf sie zum Beispiel nicht quer über die Beine des Ponys schwingen. In Gilgit gab es dafür überhaupt keine Regeln; die Spieler zerbrachen ihre selbst gemachten Schläger häufig entweder an einer der Mauern oder an anderen Spielern oder Pferden. Dann rannte ein «Trainer» auf das Feld und versuchte unter Gefahr für Leib und Leben, den schlägerlosen Reiter mit einem neuen Stock zu versorgen. Im Gilgit-Polo gab es auch ein interessantes Manöver, das nach den Regeln erlaubt war. Wenn der Ball in die Luft sprang, durfte der Spieler ihn fangen und mit ihm auf dem Pferd über die Ziellinie rasen, um einen Punkt zu machen. Ein anderer Spieler konnte ihn nur dadurch stoppen, daß er heranritt und den Mann samt Ball aus dem Sattel hob. Ich hörte von einem legendären Gilgit-Polospieler, der daraus eine Spezialität machte und so stark war, daß er seinen Mann als Gefangenen auf dem Pferd festhielt und samt Mann und Ball über die gegenüberliegende Ziellinie galoppierte, womit er Punkte erzielen konnte.

Der Match des ersten Tages fand zwischen Gilgit und Chilas statt und wurde durch einen Wettbewerb eingeleitet, bei dem die Reiter beider Mannschaften mit langen Lanzen über das Feld galoppierten und in den Boden gesteckte kleine weiße Pflöcke aufzuspießen versuchten. Während die Pferde über das Feld stürmten, spielte die örtliche Musikkapelle mit voller Lautstärke, und wenn es einem gelang, einen Pflock aufzunehmen, wurde allgemein «Shabash-shabash!» geschrien, was auf Urdu «Gut gemacht» heißt. Der Match selbst begann, als ein vornehm aussehender Offizier der Gilgit Scouts den Ball zwischen die beiden Reiterlinien warf. Ein Durcheinander von preschenden Pferden und geschwungenen Schlägern brach los, das ganze begleitet von den in höchsten Tönen klagenden Blechinstrumenten und dröhnenden Trommeln. Das Spielfeld war so klein, daß Menschen und Tiere ständig miteinander und mit den Mauern kollidierten, und es war schwierig zu sehen, wie sie es anstellten, daß sie sich gegenseitig keinen ernstlichen Schaden zufügten. (Unter den Leuten, mit denen ich darüber sprach, scheint es unterschiedliche Meinungen darüber zu geben, wie gefährlich diese Art Polo ist. Mehrere sagten, es gebe fast nie ernsthafte Verletzungen. Andererseits zitiert H. W. Tilman, der berühmte britische Bergsteiger, in seinem Buch «Two Mountains and a River», das zum Teil von Gilgit handelt, einen Augenzeugenbericht seines ebenso berühmten Kletterkameraden Eric Shipton über ein solches Wettspiel. Shipton sagte ziemlich lakonisch, das Spiel, das er in Gilgit gesehen habe, sei gleich zu Anfang durch zwei schwere Unfälle unterbrochen worden. Am zweiten Tag unseres Treffens, bei einem Match zwischen den Gilgit Scouts und Hunza, das die Scouts mit Leichtigkeit gewannen, gab es einen schrecklichen Zusammenstoß zwischen zwei Pferden mit ihren Reitern, von denen einer der Offizier war, der den ersten Poloball geworfen hatte. Er fiel besinnungslos zu Boden und wurde ins Krankenhaus gebracht. Später am Tag hörten wir, er sei nicht allzu schwer verletzt, und das Spiel ging denn auch, nachdem er weggeschafft worden war, mehr oder weniger mit demselben Elan weiter.) Wenn aus irgendeinem Grund die Augen vom Anblick der anstürmenden Reiter und Pferde müde wurden, konnte man sie nach allen Richtungen zu den bis 6000 Meter hohen schneebedeckten Bergen erheben, die das Tal umringten und über dem Dorf aufragten.

Vor und nach jedem Match, den wir uns ansahen, waren wir zum Mittag- und Abendessen im Haus unseres Freundes eingeladen.

Die muslimische Sitte der Gastfreundschaft ist besonders im Grenzgebiet sehr ausgeprägt. (Bei den Pathanen etwa – Gilgit ist streng genommen keine Pathanen-Siedlung – erhalten die Gäste des Blutfeindes selbst auf dem Höhepunkt einer Stammesfehde sicheres Geleit.) Wir wurden mit immer neuen Delikatessen gefüttert. Eine der Spezialitäten von Gilgit sind getrocknete Aprikosen, mit Nüssen gefüllt – ein köstliches Konfekt. Es gibt auch getrocknete, mit Nüssen gefüllte Kirschen. Uns bot sich einfach keine Möglichkeit, ihre Gastfreundschaft zu erwidern. Sogar als wir unsere aus Frankreich mitgebrachten Dosen- und Pulvernahrungsmittel für sie mitbrachten, wurden sie für unser Essen zubereitet und zusammen mit pakistanischen Delikatessen serviert – unter anderem mit einem süßen Milchpudding, der mit feinen eßbaren Silberplättchen zu Tisch gebracht wird. Unser Gastgeber hatte eine der größten Sammlungen von Gebirgsbüchern, die ich je sah, in allen möglichen Sprachen. Aus reiner Freude an der Sache hatte er mehrere Expeditionen begleitet, und Jaccoux versorgte ihn mit den letzten Neuigkeiten und Klatschgeschichten aus den europäischen Alpen. Unsere Zeit in Gilgit war so schön, daß wir nur sehr ungern den Rückweg am Nanga Parbat vorbei nach Pindi antraten.
Für den Rest unserer Erkundungsunternehmen im Grenzland konnten wir den Landrover benützen. Wir hatten den Plan, in verschiedene Täler zu fahren, die südlich und westlich der Gilgit-Agentur liegen. Unmittelbar südlich befindet sich der Hazara-Distrikt, in dem das Kagan-Tal liegt; darüber fliegen die Gilgit-Maschinen. Westlich vom Kagan-Tal, durch eine hohe Bergkette davon getrennt, ist der ehemalige Fürstenstaat Swat, der im Sommer 1969 dem Staat Pakistan einverleibt wurde. Nördlich von Swat liegt Kalam, ein kleiner, wilder Pathanen-Distrikt, der Streitobjekt zwischen Swat und dem benachbarten ehemaligen Fürstenstaat Dir war. Alle sind inzwischen an Pakistan angegliedert worden. Dir liegt an der pakistanisch-afghanischen Grenze, und nördlich davon ist Chitral, ebenfalls ein ehemaliger Fürstenstaat, der von Dir über den Lowarai-Paß zugänglich ist. Da diese Gebiete nicht in Kaschmir liegen, brauchte man keine Sondergenehmigung, um sie zu besuchen, und konnte mehr oder weniger dort nach Belieben herumstreifen. Die Bergstämme in diesen Distrikten sind Besuchern gegenüber im allgemeinen ziemlich,

oft sogar sehr gastfrei, doch manchmal auch recht rauh und stets schwer bewaffnet, und so ist eine gewisse Vorsicht nötig, wenn man von den Hauptstraßen abgeht. Im offiziellen Touristenführer für Swat befindet sich unter dem Stichwort «Camping» eine interessante Bemerkung. Es heißt dort: «Besucher, die an abgelegenen Stellen kampieren, müssen den *Teshildar* (den örtlichen Verwaltungsbeamten) benachrichtigen und zwei Mann Begleitung mitnehmen.» Warum zwei und nicht drei, wird dem Leser nicht erklärt. Die Schrift wurde geschrieben, bevor Swat an Pakistan angeschlossen wurde, und inzwischen hat sich die Anwesenheit der pakistanischen Armee im Grenzgebiet sehr fühlbar gemacht, das – ob zum Guten oder zum Schlechten – sehr viel zivilisierter wurde.

Wir hatten das Kagan-Tal als Schauplatz unserer bescheidenen Kletterversuche gewählt. Dafür hatten wir mehrere Gründe. Der erste war, daß wir in Pindi einem jungen Engländer begegneten, der seine ganze Bankbeamtenfreizeit mit Bergsteigen zubrachte. Er zeigte uns Bilder und Karten des Kagan-Tals, und daraus sahen wir, daß es eine Anzahl von Gipfeln der Fünftausender- und Sechstausender-Klasse bot, bei denen wir eine Chance hatten. Unsere – das heißt Michèles und meine – Kletterstimmung war nicht ganz so, wie sie hätte sein können. Michèle hatte im Frühsommer offiziell angekündigt, daß sie sich vom Bergsteigersport zurückziehe, aber wir hofften, sie zum Rückzug aus dem Ruhestand zu bewegen, wenn das Wetter gut war. Ich meinerseits hatte in Chamonix eine ungute Erfahrung gemacht, als ich auf einer kleinen Trittleiter unter einem Überhang etliche hundert Meter über dem Vallée Blanche schwebte und einfach nicht weiterkam. Wenn ich ans Klettern dachte, fühlte ich mich noch ein wenig sonderbar. Jaccoux, den anscheinend nichts aus der Ruhe bringt, sagte nur immer wieder: «On verra bien» (Wir werden sehen), sein Lieblingsausspruch, wenn seine Klienten Anzeichen von strapazierten Nerven zeigten. Wir hatten schließlich den Malika Parbat, einen Sechstausender, zum Ziel gewählt, den höchsten Berg im Tal, der anscheinend erst ein oder zweimal bestiegen worden war. (Für eine wirkliche Bergsteiger-Expedition ist er zu leicht und für wirkliche Neulinge zu schwer.) Da wir in einem Tag von Pindi ins Kagan-Tal fahren konnten, hatten wir die Möglichkeit, die gesamte Bergsteigerausrüstung – Zelte,

Eispickel, Steigeisen, Proviant, Kocher und zusätzliche Kleidung – ohne Mühe im Wagen zu verstauen. Man hatte uns gesagt, daß der Oktober vom Wetter her gesehen ein ziemlich unzuverlässiger Monat sei. Wir konnten es gut treffen, doch wenn es einmal zu schneien anfing, sollten wir so rasch wie möglich abfahren, denn gewöhnlich bedeutete das, daß die Straße für den Winter blockiert war.

Die Fahrt ins Kagan-Tal war ausnehmend schön. Wir verließen Pindi auf der Hauptstraße Lahore-Peschawar, fuhren an der Abzweigung nach Taxila vorbei, dem Tal, in dem verschiedene griechische, persische und buddhistische archäologische Funde erhalten blieben, und kurz bevor wir zum Indus kamen, bogen wir nach Norden ab und hielten auf die schneebedeckten Berge zu, die von Zeit zu Zeit von der Straße aus zu sehen waren. Die Straße wand sich durch Ackerland und stieg dann plötzlich zu der wichtigen Grenzgemeinde Abbottabad an. Abbottabad hat seinen Namen von dem berühmten Sir James Abbott, der im neunzehnten Jahrhundert hier in diesem Grenzland lebte. Abbott gehörte zu der bemerkenswerten Schar britischer Soldaten und Staatsmänner, die hier an der Grenze Spuren bis zum heutigen Tag hinterließen. Unter anderem ist Abbott im Pathanenland nicht vergessen worden, daß er während des zweiten Sikh-Krieges sich mit den Stämmen zusammentat und bei ihnen blieb. Er hielt den Margalla-Paß und blockierte die Straße, die von Pindi nordwärts führte, was schließlich die Kapitulation der Sikhs erzwang. Abbott wurde für die Pathanen zum legendären Helden, und Sir Olaf Caroe schildert in seinem Buch eine Begegnung, die er 1927 mit einem berühmten Hundertjährigen der Gegend, Quasim Khan, hatte. Caroe schreibt: «Abbott kam 1847 nach Hazara, als Quasim Khan zwanzig Jahre alt war. Ich fragte den alten Mann, ob er mit ihm zusammengetroffen sei. ‹Ja›, sagte er, ‹mehr als einmal, und ich kann mich gut an ihn erinnern. Er war ein kleiner Mann, mit borstigen Haaren im Gesicht und freundlichen Augen, und wir liebten ihn. Er war kaum größer als ich (der alte Quasim maß nicht viel mehr als einen Meter fünfzig!). Ich war in der Jirga (dem Stammesrat), als er uns fragte, ob wir standhalten und gegen die Sikhs kämpfen würden, wenn er uns zur Seite stünde. Wir schworen, daß wir das tun wollten, und wir hatten Tränen in den Augen, und auch

Abbott Sahibs Augen waren feucht. Und wir hielten stand! Er war unser Vater, wir waren seine Kinder. Es gibt keine Engländer wie Abbott Sahib mehr.»»

Abbott entdeckte auch die Gebirgsgemeinden von Murree und Nathia Gali nördlich von Pindi, wohin die Briten aus der mörderischen Sommerhitze von Rawalpindi flohen und wohin noch immer jeder, der kann, flieht, wenn die Temperaturen auf sechsundvierzig Grad und höher steigen. (Das Klima im Winter ist großartig. Tagsüber ist der Himmel klar und warm, und nachts friert es nur selten.) Diese Gemeinden, vor allem Murree, haben eine herrlich viktorianisch-indische Atmosphäre, alte Hotelkästen und lange, baumbestandene Spazierwege. Die höchste Stelle in Murree heißt Kashmir Point, und von dort kann man das Tal hinunter praktisch bis Srinagar schauen. Abbottabad ist eine wichtige Militärbasis, und auf seinem großen Basar kauften wir für unsere Tour Birnen und Orangen, die dort gewachsen waren. Von Abbottabad führt die Straße nordwärts und dann leicht ostwärts nach Balakot, einer Stadt, die sozusagen an der Grenze zum indischen Kaschmir liegt. Von dort ging es auf einer gefährlichen, ungeteerten Straße ins Kagan-Tal weiter. Der Anblick der Berge war großartig und wird vom Musa-ka-Musalla (dem «Gebetsteppich Moses») beherrscht, einem schneebedeckten Viertausender. Die ersten siebzig Kilometer in Richtung auf die Stadt Kagan gingen über einigermaßen breite Straßen, die – so wurde behauptet – bei jedem Wetter passierbar seien. Von Kagan nach Naran, einer etwa zwanzig Kilometer langen Strekke, schrumpfte die Straße zu einer einfachen Jeep-Fahrspur zusammen, und an einer Stelle, nahe bei einem Holzfällerlager, mußten wir eine halbe Stunde warten, bis ein Bulldozer die Spur wiederhergestellt hatte, die bei einem Erdrutsch abhanden gekommen war. Während wir warteten, stürzte ein großer Baumstamm, den die Holzfäller auf dem Hügel über uns losgelassen hatten, durch den Wald herunter, ein paar Meter vom Wagen entfernt über die Straße und dann mit schrecklichem Krachen unten in den Fluß. Glücklicherweise war die Fahrbahn wiederhergestellt, bevor noch mehr Baumstämme herunterkamen, und vorsichtig fuhren wir nach Naran weiter, wo wir am späten Nachmittag ankamen. Wir waren darauf gefaßt, uns selbst das Essen kochen zu müssen, doch stellte sich heraus, daß ein

Chokidar-Koch Dienst hatte, der im Dorf etwas Reis und Huhn auftreiben konnte. Er fand auch zwei kräftige Burschen für uns, die bereit waren, als Träger zu fungieren und uns am nächsten Tag an den Fuß des Berges zu führen. Wir packten unsere Habe in ein paar Segeltuchsäcke, breiteten unsere Schlafsäcke auf den hölzernen Pritschen in einem der Zimmer aus und krochen hinein zu einem fröstelnden, dünnen Nachtschlaf.

Am nächsten Morgen erschienen unsere Muskelmänner bei Tagesgrauen, und wir zwängten uns kältezitternd in den Wagen. Es ging eine ungeteerte, schlüpfrige, von Eis, Schnee und nassem Dreck bedeckte Straße, die einem buchstäblich die Haare zu Berge stehen ließ, hinauf zum Safr-Muluk-See, einem kleinen schönen Bergsee in etwa 3000 Meter Höhe. Auf allen Seiten ragten tief verschneite Berge empor, und über dem See hingen trübe, düstere Wolkenfetzen. In den Alpen gilt fast allgemein die Regel, daß schlechtes Wetter am Morgen nachmittags nur noch schlimmer wird. Da ich in diesem Land nicht heimisch war, versuchte ich unsere Träger in meinem äußerst beschränkten Urdu zu fragen, wie ihrer Meinung nach die Aussichten auf eine Besserung seien. Zum Himmel deutend fragte ich: «Pani?» (Wasser?) Darauf nickten beide eifrig Zustimmung. Als nächstes versuchte ich: «Baraf?» (was wörtlich Eis bedeutet). Ich nahm an, daß dieses Wort auch die Vorstellung Schnee mit umfaßte. Und sie nickten noch eifrigere Zustimmung. Kaum hatte ich das gefragt, begann dichter Schnee zu fallen. Wir merkten, daß es uns erwischt hatte und der Landrover in großer Gefahr war, für den Winter eingeschneit zu werden; also beschlossen wir, rasch den Rückzug anzutreten. Das erwies sich als äußerst glücklicher Entschluß, denn das Wetter wurde immer noch schlechter, und Jaccoux, der ein ausgezeichneter Bergfahrer ist, mußte den Wagen mit zehn Stundenkilometern nach Naran zurückschleichen lassen. Da Naran in Regen und Schnee nicht so aussah, als ob man hier viel Zeit zubringen sollte, entschieden wir uns zur Rückfahrt nach Pindi. Unser Benzinstand schien unheimlich niedrig, aber jedermann versicherte uns, in Kagan sei das Naß in Fülle vorhanden. Also machten wir uns daran, noch einmal zwanzig Kilometer zu fahren.

Diese Fahrt von Naran nach Kagan war fast unglaublich. Regengüsse hatten die Straße in ein schmales, rutschiges Flußbett verwandelt. An einer Stelle kündigte Michèle an, sie werde jetzt zur Seitentür hinausspringen, wie sie hoffte, weg von dem Felsen, der abrupt zu dem nun reißenden Fluß abfiel. Jaccoux war zu sehr damit beschäftigt, den Wagen unter Kontrolle zu halten, als daß er die Gründe für diesen etwas überstürzten Entschluß hätte erfragen können, und als ich mich danach erkundigte, sagte sie, sie habe, vom Rücksitz über seine Schulter schauend, bemerkt, daß die Vorderräder des Landrovers zu dem Felsen links gerichtet waren, der Wagen selbst aber langsam und unerbittlich nach rechts über den Rand wegrutschte. Ich weiß nicht, wie Jaccoux es fertigbrachte, ihn noch rechtzeitig aufzuhalten, aber wir waren alle drei ganz schön erschüttert. Im Schritt-Tempo fuhren wir dahin und hielten oft an, um große Steine wegzuräumen, die auf die Straße gefallen waren. Schließlich erreichten wir Kagan. Der Benzinstand war nun nahe bei Null, und dummerweise hatte ich vergessen, die Kanister nachzufüllen. Nichts, was auch nur entfernt einer Tankstelle ähnlich sah, war aufzufinden, und die wenigen sichtbaren Einwohner drängten sich ziemlich verloren vor kleinen Feuern zusammen, die sie in den offenen Basar-Räumen angezündet hatten. Ich ging von Laden zu Laden, fragte: «Benzin? Benzin?» und troff von Wasser. Einige Leute hielten die Vorstellung, es wäre in Kagan Benzin aufzutreiben, für überaus lustig. Schließlich fand ich einen Laden, der normalerweise trockene Waren führte und dessen Besitzer wenigstens gewillt war, die Sache eingehender zu diskutieren. Er bestand darauf, daß Jaccoux und ich mehrere Gläser warmen, süßen Tee tranken, bevor irgendwelche ernsthaften Verhandlungen beginnen konnten. Das taten wir nur allzugern. Zum Glück sprach er ein bißchen Englisch, und ich konnte ihm klarmachen, daß der Reiseführer für Kagan, den die pakistanische Regierung offiziell genehmigt hatte, besagte, in Naran sei Benzin zu bekommen. Wir seien jedoch grausam enttäuscht worden und kämen aus diesem Grunde zu ihm, um seine Hilfe zu erbitten. Anscheinend war er von meinem Ausbruch sehr bewegt; er deutete auf eine gelbe Tonne vor dem Laden, in der, wie er sagte, sein eigenes Benzin sei. Er wäre bereit, uns etwa fünfzehn Liter zu verkaufen, wenn wir uns eine Möglichkeit ausdächten, die Flüssigkeit aus der Tonne in unseren Tank zu bekommen. Ich schlug einen Syphon vor, und nach einem weiteren Tee wurde entschieden, das wäre unter Umständen ein durchführbarer Plan. Von einem Lastwagen in der Nähe liehen wir ein kurzes Stück Gummischlauch aus, aber aus irgendeinem Grund, der mit den Feinheiten der Gravitation zu tun hatte, funktionierte die Sache nicht. Daraufhin zogen wir uns in den relativen Schutz des Ladens zurück und tranken noch einen Tee.

Zu diesem Zeitpunkt trat ein bärtiger Fremder von einem benachbarten Laden auf, und es gab noch mehr Tee. Dann ging er und kam mit einer Blechkanne zurück. Darin waren etwa fünfzehn Liter Benzin, für die er ein wenig mehr als eine Rupie pro Liter verlangte – ungefähr fünfundzwanzig Cents. (Die pakistanische Rupie war einigermaßen willkürlich auf das 4,7fache des Dollars festgesetzt. Das stand in keinem direkten Zusammenhang mit irgendwelchen internationalen Marktbedingungen, und es ist überflüssig zu sagen, daß damit jener Währungs-Schwarzmarkt geschaffen wurde, den man überall auf dem Subkontinent antrifft. In den grösseren Städten Pakistans konnte man keine Straße entlang gehen, ohne daß sich einem verdächtig aussehende Gestalten nahten, die sich anboten, Geld zum doppelten Kurs des legalen umzuwechseln. Als Angestellten der Ford Foundation war es uns streng verboten, derartige Geschäfte zu machen, und nachdem ich ein paar pakistanische Gefängnisse von außen gesehen hatte, schien es mir sehr gut, diesem Rat zu folgen.) Wir fütterten also unseren Wagen und fuhren das Tal hinunter nach Kawai, wo es ein komfortables Rasthaus gab. Am nächsten Morgen lag das Tal unter einer Schneedecke, und als wir ein paar Tage später bei einer anderen Reise dieselbe Strecke überflogen, konnten wir sehen, daß das ganze Tal in tiefem Winterschnee versunken und der Safr-Muluk-See fest zugefroren war. Wir hatten es gerade noch rechtzeitig geschafft, aus dem Kagan-Tal herauszukommen.

Wie vorher erwähnt, liegt der ehemalige Fürstenstaat Swat genau westlich vom Kagan-Tal, aber um im Auto dorthin zu kommen, muß man einen Umweg von mehreren hundert Kilometern um die Berge herum machen. Die aufgezeichnete Geschichte von Swat geht mindestens bis Alexander zurück. Caroe bringt in seinem Buch zwei Anekdoten im Zusammenhang mit Alexanders Zug durch das Land der Swati. Am Anfang des Feldzuges wurde Alexander durch einen Pfeil am Bein verwundet. Plutarch beschrieb die Szene: «Als der Widerhaken herausgezogen war, rief er nach seinem Pferd, und ohne die Wunde auch nur verbinden zu lassen, ging er wieder mit unverminderter Tatkraft daran, zu tun, was getan werden mußte. Als aber das verletzte Glied schlaff herabhing und die allmähliche Abkühlung, als das Blut trocknete, die Schmerzen vergrößerte, soll er gesagt haben: Wenn er auch, wie alle wüßten, der Sohn des Zeus genannt werde, so verkünde doch diese Wunde, daß er ein Mensch sei. Und dann schaute Alexander – es war auf dem Katgala-Paß, auf der Straße zwischen Dir und Chitral und Swat – lächelnd zu seinen Ärzten und zitierte Homer: ‹Dies, meine Freunde, ist Blut, und nicht der Saft, den die unsterblichen Götter verströmen.›»

Die zweite Geschichte, die in derselben Gegend spielt und von dem römischen Geschichtsschreiber Curtius Rufus berichtet wird, hat einen ziemlich romantischen Anstrich. Alexander war dabei, die Zitadelle von Massaga zu erobern. Das Volk «gab die Verteidigung als hoffnungslos auf und zog sich in die Zitadelle zurück. Von dort wurden, da nichts anderes übrig blieb als die Übergabe, Boten zum König (Alexander) geschickt, die um Gnade bitten sollten. Als diese zugesagt war, kam die Königin mit einem großen Gefolge adliger Damen, die Wein in goldene Schalen gossen. Die Königin selbst stellte ihren kleinen Sohn zu Alexanders Füßen. Es wurde ihr nicht nur Gnade gewährt, sondern auch erlaubt, ihre frühere Würde zu behalten, und manche haben geglaubt, daß diese nachsichtige Behandlung eher den Reizen ihrer Person als dem Mitleid mit ihrem Unglück zuzuschreiben war. Jedenfalls brachte sie später einen Sohn zur Welt, der den Namen Alexander bekam, wer auch sein Vater gewesen sein mochte.»

Von Alexanders Zug durch Swat blieben wenig Spuren, abgesehen von den spärlichen Ruinen der alten Stadt Ora (Udegram), die nahe bei der heutigen Hauptstadt von Swat, Saidu Sharif, lag. Diese Überreste wie die von Taxila, etwas über hundertfünfzig Kilometer davon entfernt, zeigen, daß die Städte wohlgeordnet waren, aber sie erscheinen wie Miniaturen, maßstabgerecht verkleinert, wie wenn die Leute wesentlich kleiner gewesen wären – was offensichtlich auch so war. Noch weniger blieb von der buddhistischen Zeit in Swat, die etwa bis zum achten Jahrhundert n. Chr. dauerte. Es gibt ein paar Buddha-Darstellungen auf Felsflächen, und das Museum in Saidu hat eine sehr schöne Sammlung von Gandharischen Bildwerken, aber praktizierende Buddhisten gibt es in Swat keine mehr. (In Pakistan leben jedoch noch einige Buddhisten.) Die gegenwärtigen Bewohner von Swat, ein Pathanenstamm mit dem Namen Yusufzai, eroberten das Tal im frühen sechzehnten Jahrhundert zur Mogulzeit, als der größte Teil dessen, was heute West-Pakistan ist, muslimisch geworden war. Caroe vermutet, daß das Wort Yusufzai vom persischen Wort für Pferd (aspa) kommt; er glaubt, diese Stämme seien östlich von Afghanistan gewandert und hätten, als sie muslimisch wurden, den Namen Asapzai in Yusufzai – von Josef – geändert. Wie eigentlich alle die Grenzstämme sind und waren die Yusufzai eine ruhelose, in ständigen Fehden lebende Gesellschaft. In der Geschichte waren die Stämme nur dann imstande, sich einer Führerschaft zu unterstellen, wenn sie entweder von außen angegriffen wurden oder wenn in seltenen Fällen eine außergewöhnliche religiöse Persönlichkeit unter ihnen aufstand. Dies geschah in der Mitte des neunzehnten Jahrhunderts in der Person Abdul Ghafurs, der später als *Akhund* bekannt wurde, dem persischen Äquivalent für Guru. Caroe gab an, Ghafur sei um 1784 im Oberen Swat (dem nördlichen Teil von Swat) geboren worden. Er begann als Hirte, gewann indessen bald einen besonderen Ruf wegen seiner Frömmigkeit und seiner Charakterwerte. Obwohl er kein Yusufzai war, heiratete er ein Mädchen aus diesem Stamm und wurde von ihm anerkannt, was sehr selten ist. Die beiden ließen sich in Saidu Sharif nieder. Caroe schreibt: «Es ist kein Zweifel, daß von der Zeit seiner Ansiedlung in Saidu an Abdul Ghafur als der führende Mann unter den Yusufzai in Swat angesehen wurde. Seine Autorität war nicht absolut, aber niemand wird Akhund genannt – dieses persische Wort bedeutet Lehrer und hat weitgehend die gleiche Nebenbedeutung wie Guru –, wenn er nicht sehr verehrt wird. Es gibt noch heute allgemein bekannte Geschichten von seiner Güte und Einfachheit, wie er, Kims Lama gleich, versunken meditierend im Schatten eines Baumes saß – Geschichten von einer Seele, die immer danach strebte, der Großen Seele nahe zu kommen, die jenseits aller Dinge ist. Wie Mahbub in jener anderen Geschichte fühlten die Yusufzai seine Anziehungskraft, vergaßen sogar ihre Blutgier

und erkannten Heiligkeit, als sie sie sahen: ‹Ich mag später ins Paradies kommen – ich habe Bewegungen dieser Art – große Antriebe – und ich verdanke sie deiner Einfachheit.›»
In der Mitte des neunzehnten Jahrhunderts hatten die Briten Schwierigkeiten an der Grenze. Man hatte verschiedene Methoden ausprobiert, um die Stämme in Schach zu halten, und 1863 wurde beschlossen, in das Tal von Swat einzumarschieren. Wie Caroe erklärt, sind die Gefühle der Grenzbewohner ihrem Land gegenüber nicht unähnlich dem, was sie für ihre Frauen empfinden. Es war, als ob das ganze Swat in Purdah sei – hinter einem Schleier –, den kein Außenstehender und vor allem kein Ungläubiger lüften durfte. Deshalb taten sich bei drohender Invasion die Stämme zu Tausenden zusammen, und die beiden Heere – die Briten, verstärkt durch die neu rekrutierten Ghurka aus Nepal, und die Stammeskrieger, seit Jahrhunderten Fachleute für Guerilla-Kriegführung im Gebirge – trafen in den Schlachten von Ambela aufeinander. Die Briten wurden von keinem Geringeren als Neville Chamberlain angeführt, dem Großvater des unglücklichen Premierministers; er wurde sogar schwer verwundet. Nach mehreren Wochen rief man einen Waffenstillstand aus, und unterstützt vom Akhund wurde eine Abmachung ausgearbeitet, durch die eine kleine Gruppe britischer Offiziere die Erlaubnis erhielt, eine Strafexpedition durchzuführen und das Yusufzai-Dorf Malka niederzubrennen. Nachdem diese symbolische Handlung durchgeführt war, zogen sich die Offiziere nach Ambela zurück. Sie ließen den Schleier von Swat unberührt. 1877 starb der Akhund, seine beiden Söhne kurz danach. Ein Enkel aber, Miangul Gulshahzada Sir Abdul Wadus, schuf den Staat Swat, und es gelang ihm, unter den Yusufzai eine Art Ordnung aufzurichten. 1926 wurde der Staat von den Briten als solcher anerkannt, und 1930 erhielt Miangul die Ritterwürde. Der erste Wali, Miangul, herrschte bis 1949; zu diesem Zeitpunkt trat er zugunsten seines Sohnes, Generalmajor Miangul Jahan Zeb, freiwillig zurück; er selbst wollte sich der Meditation widmen. Der gegenwärtige Wali, dessen Macht mehr oder weniger abgeschafft wurde, als der Staat 1969 in Pakistan aufging, hatte absolute Gewalt über seine Untertanen. Der Wali benützte dies jedoch dazu, Swat in eine Art Modellstaat zu verwandeln. Überall gibt es Schulen und Krankenhäuser, und das Land hat bei

weitem die besten Straßen im Grenzgebiet. Swat ist ein ziemlich reiches Land, da es sehr günstige Boden- und Wasserverhältnisse für die Landwirtschaft hat. Es ist der einzige Landstrich an der Grenze, der so etwas wie eine sich selbst erhaltende Wirtschaft besitzt. Wenn man dem Wali etwas vorwerfen könnte, dann nur den Mangel an Möglichkeiten, den eine Agrargesellschaft Menschen zumutet, die einen so hohen Bildungsstand haben, wie der Wali ihn anstrebte. Was nützt es, in einem Staat Oberschulen und Universitäten zu haben, in dem Bienenhaltung – der Swati-Honig ist in ganz Pakistan berühmt – der wichtigste Kleinbauernerwerb war! Gebildete Swati mußten meistens anderswo in Pakistan nach einer Anstellung suchen.

Swat ist bei weitem der für die Touristik am besten erschlossene Ort im Grenzgebiet. Der offizielle Reiseführer bezeichnet es als die «Schweiz des Ostens». Man kann es leicht auf der Straße von Peschawar her erreichen, und Peschawar wiederum ist von überall her in Pakistan mit dem Flugzeug leicht erreichbar. Aus diesem Grund ist es als Anlaufstelle für etwas abenteuerlicher organisierte Weltreisen, die Busfahrten über den Khyber-Paß oder Wochenenden in Katmandu anbieten, sehr beliebt geworden. Den Landrover für die Fahrt nach Swat zu benützen, war ein bißchen technologischer «Overkill», denn die Straßen dort sind so gut, daß fast alles, was über ein paar kleine Gebirgspässe kommt, als Fahrzeug ausreichen würde. Die Straße zweigt von der Autobahn Peschawar-Pindi bei der Stadt Nowshera ab, einer wichtigen Militärbasis. Sie führt dann nach Norden durch niederes, tropisches Bauernland, einen Landstrich, in dem ein großer Teil des in Pakistan angebauten Tabaks wächst. Die Menschen hier sind ebenfalls Pathanen, aber man sieht deutlich, daß es keine Bergbewohner sind; sie bewegen sich mit der leichten Lethargie der Leute in den Tropen. (Im Frühling, Sommer und der meisten Zeit des Herbstes ist es hier unerträglich heiß.) Wie Caroe es ausdrückt: Sie sind zwar Pathanen, aber sie haben etwas von ihrer Pahktunwali verloren – jener stolzen Unabhängigkeit, die die echten Grenzbewohner auszeichnet.

Gleich hinter Malakand – dem ehemaligen Hauptort der nordwestlichen Grenzprovinz, von den Briten ebenfalls in der Hoffnung geschaffen worden, eine solche politische Einheit könnte in die Verhältnisse an der Grenze etwas Ordnung bringen – mußte man den Wagen und seine Insassen von einem Militärposten registrieren lassen. Das eigentliche Grenzland begann mit der Überquerung eines hohen und sehr eindrucksvollen Passes mit zerklüfteten Felshängen, die ideal für Hinterhalte wirkten und es wahrscheinlich auch waren. Hinter dem Paß öffnet sich das Land zu einem breiten, schönen Tal, und im Norden, hinter dem Zusammenfluß des Swat-Flusses, tauchten die schneebedeckten hohen Berge des oberen Swat und Kalams auf. Saidu Sharif ist eine moderne, sauber aussehende Stadt, und das Swat-Hotel in Saidu eines der besten in Pakistan. Es wurde von einem englischen Direktor geleitet, dem Nachfolger des ersten Managers, der in diesem Landstrich eine berühmte Persönlichkeit war, Major George Getley. Zur Zeit unseres Besuches war er in den Siebzigern; er starb ein paar Jahre später. Major Getley hatte ein Leben lang auf dem Subkontinent im Dienst der britischen Armee gestanden. (Eine Zeitlang war er einer von Caroes Stellvertretern.) Er freundete sich mit dem Wali an, und nach der Teilung wurde er aufgefordert, das Swat-Hotel, das dem Wali gehört, zu leiten und zu modernisieren. Vor ein paar Jahren war er in den Ruhestand versetzt worden und nach England zurückgekehrt, aber er fand es ziemlich schwer, sich dort wieder einzugewöhnen, und so schrieb er dem Wali, ob er nach Swat zurückkommen könne. Vor seinem Weggang hatte Major Getley seinen Nachfolger im Swat-Hotel eingearbeitet, und da er sich in die neue Leitung nicht einmischen wollte, lehnte er das Angebot ab, ins Hotel zurückzukehren und nahm stattdessen die Aufgabe an, ein Hotel in Madyan, einer schönen Stadt etwa siebzig Kilometer nördlich von Saidu, zu renovieren und zu modernisieren. Wir hatten einen Empfehlungsbrief an den Major von einem gemeinsamen Freund in Pindi und machten ihm auf dem Weg in den Norden, nach Kalam, einen Besuch. Wir fanden einen jugendlich wirkenden, sonnengebräunten Mann vor – ein Musterexemplar des ehemaligen britischen Offiziers. Das Hotel hatte die köstliche blumige Ruhe eines englischen Landgasthauses.

Da er ein kluger Veteran des Grenzgebietes war, wollte ich Major Getley unter anderem fragen, was es bedeutete, daß allüberall im Land die Männer Gewehre bei sich trugen, sogar in einem so friedlich aussehenden und offensichtlich wohlgeordneten Staat wie Swat. Wir hatten in Pindi über diese Gewehre alle möglichen Behauptungen gehört. Ein junger Amerikaner, der die Volksmusik in Swat erforschte, erklärte uns, es sei absolut lebensnotwendig, außerhalb der größeren Städte bewaffnet zu sein, während ein Bergsteiger, der in Swat Klettertouren gemacht hatte, sagte, nichts sei dümmer, als in den Bergen Waffen bei sich zu tragen. Einige Erkenntnisse zu diesem Thema kann man in einer anthropologischen Studie der Region von David Dichter finden; sie trägt den Titel «The North-West Frontier of West Pakistan» (Die Nordwestgrenze von West-Pakistan). Dichter studierte die Sitten des kleinen Swati-Dorfes Sangota, das von hundertzwanzig Familien bewohnt wird. Das Dorf lebt in erster Linie von der Landwirtschaft, doch arbeiten viele Leute auch beim Straßenbau oder an Forstprojekten. Dichter stellt fest: «Ein Zehntel der Gesamtproduktion des Dorfes geht als Tribut an den Wali. Nach den örtlichen Gewohnheiten wird dieser Anteil als fair angesehen und entspricht genau den Satzungen des islamischen Rechts, die Zaqat oder an manchen Orten Uschar heißen. Damit der Wali nicht riesige Mengen Getreide lagern muß, leitet er es unmittelbar der Wirtschaft des Staates zu, indem er die meisten seiner örtlichen Beamten in Getreide statt in Geld bezahlt. So beträgt etwa das Einkommen eines Polizeibeamten in Swat zwanzig Maund Getreide pro Jahr (ein Maund ist etwa vierzig Kilogramm). Die Beamten, die dieses Getreide bekommen, behalten einiges davon für den eigenen Gebrauch und verkaufen den Rest im Basar für gutes Geld.» Zur Zeit, als dies geschrieben wurde, 1961, bemerkt Dichter, daß Mais, ein in Swat sehr häufiges Getreide, für vierzehn Rupien pro Maund verkauft wurde, also etwa zwei Dollar je Maund. Über die Gewehre schreibt er:

«Das Dorfoberhaupt von Sangota heißt Shahrawan Khan, und als Ehrensold für seine Stellung erhält er vom Wali ein jährliches Gehalt. Infolge eines Vorfalls vor dreißig Jahren, bei dem sein Vater seinen Onkel in einem Streit um Land tötete, muß dieser Mann stets bewaffnet sein, damit er jeden Versuch seiner Vettern, jenen Totschlag zu rächen, vereiteln kann. Sie sind nämlich durch die Tradition verpflichtet, ihn bei der ersten Gelegenheit umzubringen, und so ist er immer, wenn er das Dorf verläßt, von sechs Mann Leibwache begleitet, die mit Schrotflinten und Karabinern

bewaffnet sind. Wenn er auch zugab, daß diese Fehde oft recht störend für ihn gewesen sei, so bestätigte er doch gleichzeitig, daß sie sein Ansehen bei den Leuten im Dorf beträchtlich gesteigert habe. Unaufgefordert sagte er auch, mindestens die Hälfte der Männer im Dorf sei gezwungen, sich zu bewaffnen, wenn sie das Dorf verließen, weil sie in irgendwelche Blutrache-Fehden verwikkelt seien.»

Wir stießen an einer Tankstelle in Saidu auf eine sehr interessante Gestalt, offensichtlich eine Persönlichkeit von bemerkenswertem Reichtum und Gewicht. Er wurde von einem – natürlich bewaffneten – Chauffeur in einem großen Mercedes gefahren, und neben dem Chauffeur saß ein unglaublich wild dreinblickender Knabe, der sowohl eine Maschinenpistole wie einen Patronengürtel mit weiteren Pistolen trug. Während der Wagen vollgetankt wurde, stand er daneben, die Maschinenpistole im Anschlag. Michèle war fasziniert von ihm und wollte ein Foto von ihm haben. In Anbetracht der Verhältnisse, meinte ich, sei es ratsam, ihn erst um Erlaubnis zu fragen. Das tat sie, indem sie ihm Zeichen mit ihrer Kamera gab, und das Gesicht des Leibwächters überzog ein wunderbar herzliches Lächeln. Er stellte sich in Pose, in eine kriegerische Pose natürlich, und lächelte dabei die ganze Zeit sehr glücklich. Major Getley sagte, und das war auch unsere Erfahrung, daß die Menschen an der Grenze eine sehr lange Tradition muslimischer Gastfreundschaft Besuchern gegenüber haben und sich ihre Gewehrsalven für ihresgleichen vorbehalten. Er vermutete auch, daß mindestens die Hälfte von ihnen gar nicht wissen, wie man mit einem Gewehr schießt, und es wahrscheinlich als eine Art von persönlichem Schmuck tragen.
Major Getleys Hotel war etwa auf halbem Weg zwischen Saidu und Kalam im äußersten Norden des Staates. (Viele Jahre lang war Kalam Streitobjekt zwischen Swat und seinem Nachbarn Dir, aber seit beide an Pakistan angegliedert sind, ist das eine ziemlich akademische Frage geworden.) Die Straße war verhältnismäßig gut; allerdings verwandelte sie sich mit der Annäherung an Kalam allmählich in Schmutz. Kalam selbst ist ein kleines, sehr schönes Dorf mitten zwischen hohen Bergen. Es gab ein einfaches, aber bequemes Hotel, das Falaksar, benannt nach

dem an die 6000 Meter hohen Berg, der das Tal beherrscht. Sommer und Frühherbst ist die eigentliche Fremdenverkehrszeit in Swat und Kalam; wir hatten also das Hotel fast ganz für uns. Es wurde von einem jungen, natürlich bewaffneten Pakistani geleitet. (Einmal beim Abendessen, als wir über Gewehre sprachen, knöpfte er sein Jackett auf und zeigte seine kleine spanische Automatik-Pistole, die er im Stil von James Bond im Schulterhalfter trug.) Da wir am frühen Nachmittag ankamen, beschlossen wir, noch einen großen Spaziergang in die Höhenzüge über Kalam zu machen, und der Direktor verkündete, das Hotel werde für einen «Führer» sorgen. Kurz danach wurde uns ein schmaler, langer Pathane, den ich vorher friedlich schlafend auf der Vorderveranda des Hotels gesehen hatte, als unser Führer vorgestellt. Er trug eine lange Schrotflinte mit Patronengurt. In raschem Schritt führte er uns einen steilen Hügel hinab zum Dorf, über eine Brücke in den Wald und dann einen weiteren steilen Hügel hinauf. Ich glaube, ursprünglich hatte er die Absicht, uns gleich zu Anfang fertigzumachen und dann die meiste Zeit des Nachmittags in einem nahen Feld in der Sonne zu sitzen. Aber er hatte die Rechnung ohne die beiden Jaccoux gemacht, die den Berg hinaufschossen wie Raketen und uns beide hinter sich ließen. Ich ergriff die Gelegenheit und versuchte herauszufinden, warum er es für nötig hielt, bei einem schlichten Spaziergang im Wald eine Schrotflinte mitzutragen. Der «Führer» sprach nicht viel Englisch, und da ich nur das Paschtu-Grußwort «Staray muh she» (wörtlich: Mögest du nie müde werden) gelernt hatte, weil ich mir dachte, es könnte mir einmal zunutze sein, beschränkte sich unsere Unterhaltung auf die Zeichensprache. Er deutete auf mehrere Bäume und Büsche und machte begreiflich, daß etwas, das brummte, Mensch oder Tier, in einem davon lauern könnte. Das war, wie er fand, unglaublich lustig, und er brach in ein herrlich tiefes Lachen aus, das sich alle paar Minuten wiederholte, begleitet von schreckerregendem Brummen. Nach einem Marsch von etwa einer Stunde kamen wir auf ein schönes, grasbewachsenes Plateau, auf dem ein Bergdorf lag, das mich an eines der seltenen Schweizer und französischen Alpendörfer erinnerte, die in ihren abgelegenen Tälern den Touristen noch unbekannt sind. Hier, so meinte der Führer, sollte das Ziel unserer Wanderung sein. Aber Jaccoux hatte ein paar Kilometer entfernt einen schneeigen Vorberg entdeckt, der einen herrlichen Blick auf die Berge versprach, und so gingen wir weiter, widerwillig gefolgt von unserem Führer. Der Weg führte einen steilen Waldabhang hinauf, und aus dem Innern des Waldes konnten wir einen Holzfällertrupp bei seiner Arbeit hören. (Die Wälder an der Grenze werden allmählich dezimiert und sind in manchen Gebieten schon ganz abgeholzt. Nach David Dichter hatte der Wali soviel Voraussicht, daß er für die Bereiche, in denen er die Kontrolle hatte, so etwas wie ein Forstprogramm aufstellte. Er teilte sie in zwanzig Distrikte ein, die jeweils nur einmal in zwanzig Jahren «abgeerntet» werden durften.) Nach etwa einer weiteren Stunde Steigen kamen wir wieder auf ein schmales Plateau. Dort bestand der Führer darauf, meine Uhr zu studieren. Er gab ein paar knurrende Töne von sich und machte uns deutlich, daß wir die Nacht draußen verbringen müßten, wenn wir nicht sofort umkehrten. Jaccoux's Vorberg war noch weit weg, aber er ging ungerührt weiter bergauf. Ich folgte ihm, während der Führer, der auf einem großen Fels bei Michèle zurückblieb, klagend immer wieder «Jaccoux Sahib» rief, aber ohne Erfolg. Nach einer weiteren Stunde verschwand Jaccoux vollkommen, und ich fand einen Grat, von dem aus ich in die Gipfelwelt des nahen Hindukusch schauen konnte. Es war ein sehr schöner Platz, auf dem ich glücklich sitzen blieb, bis Jaccoux nach einer Stunde wieder auftauchte. Wir rannten buchstäblich die Abhänge hinunter und marschierten bei Einbruch der Nacht mit unserem Führer – der seine gute Laune wiedergefunden hatte und irgendwelche schönen wehmütigen Volksweisen pfiff und sang – rechtzeitig zum Abendessen in das Hotel. Am anderen Tag fuhren wir mit dem Landrover in den abgelegensten Winkel von Kalam, ein Gebiet voll Bergen und Seen, die mir eine Vorstellung davon gaben, wie Chamonix vor der Touristen-Invasion gewesen sein mußte.

Dir und Chitral grenzen im Westen an Swat und Kalam. Aber auch hier muß man einen langen Umweg machen, wenn man mit dem Wagen dorthin will. Das heißt, man muß das ganze Swat-Tal zurückfahren und dann nach Westen und über den Katgala-Paß, der nach der Vermutung der Historiker von Alexander benützt wurde, als er von der anderen Seite ins Swat-Tal vorrückte. Dies ist das Gebiet, das Maraini in seinem Buch «Where Four Worlds

Meet» so anschaulich schildert. Wir benützten es als Navigationshilfe. Gleich am Anfang dieses Buches, nachdem die Expedition mit ihrem pakistanischen Verbindungsoffizier, einem Hauptmann Saphur, bekannt gemacht wurde, schildert Maraini, wie sie sich Dir näherten.

«Inzwischen kamen die Berge näher. Jeden Augenblick wurde ihre blaßblaue Silhouette klarer vor dem Himmel: wir waren am Fuß der allerletzten Ausläufer des Himalaya. Hinter dieser Anfangskette lagen drei große Staaten: Swat, Dir und Chitral. Der Hauptmann sprach weiter über die Stammesgebiete, und je mehr Informationen er lieferte, um so mehr erschien es uns, daß wir eine Welt betreten sollten, die direkt aus der Operette kam. Swat, das von einem Fürsten mit dem Titel Wali regiert wurde, war anscheinend der reine, der vollkommene Musterstaat: erstklassige Straßen führten von der kleinen Hauptstadt Saidu in jedes Dorf, ob klein oder groß, des Staates. Niemand ging bewaffnet über Land, wirklich niemand (woraus man nur schließen kann, daß Maraini Swat nicht aufgesucht hat), überall gab es Märkte, Schulen und Moscheen; Friede, Wohlstand und Gerechtigkeit führten das Szepter. Dir dagegen – dessen Herrscher den Titel Nawab oder Nabob trug – war ein finsterer, böser, durch und durch hassenswerter Staat. Der alte Nawab dachte an nichts anderes als seinen Harem (der über fünfzig Ehefrauen enthielt) und die wilde Hundemeute, die er auf seine geliebten Jagdzüge mitnahm. Er haßte gute Straßen und Schulen und moderne Medizin und Wirtschaft und umgab sich mit einer Bande liederlicher Straßenräuber, die alle bis an die Zähne bewaffnet waren. ‹Er will nicht, daß die Leute lesen lernen oder über die Grenzen seines Staates reisen. Er fürchtet, seine Untertanen könnten möglicherweise den einen oder anderen Gedanken in den Kopf bekommen. Und Gedanken – das weiß er verdammt gut – können nur zur Revolution führen, wenn die Dinge soweit gediehen sind.› (So sagt Hauptmann Saphur.)»

Das wurde 1959 geschrieben, und als wir uns Dir näherten, fragten wir uns mit mehr als akademischem Interesse, ob die Dinge sich wohl geändert hatten. Die Straße über den Paß war ausgezeichnet, und gleich hinter dem Paß kam man in ein schönes Tal. Dann ging es nach Norden. Bald wurde die Straße furchtbar. Sie war ungeteert und von tiefen Rinnen durchfurcht, in die der Landrover mit Poltern und Krachen hineinplumpste. Immer wieder versuchten wir, die Geschwindigkeit zu erhöhen – auf etwa vierzig Stundenkilometer –, doch stets trafen wir erneut auf eine Rinne, die den Wagen wie verrückt schlingern ließ. Andererseits schien das Land recht friedlich, und eigentlich sah man fast gar keine Gewehre. Später erfuhr ich, daß die pakistanische Armee die Region gründlich entwaffnet hatte und sie unter fester Kontrolle hielt. Der Nawab, den Caroe übrigens in sehr viel freundlicherem Licht zeigt und als einen recht ehrenwerten Burschen schildert, wurde 1961 abgesetzt. Ganz offensichtlich gab es Schulen und medizinische Einrichtungen. (Schulkinder in Pakistan tragen eine Art grauer, Pyjama-ähnlicher Uniform, und Gruppen von ihnen winkten uns munter zu, wenn wir durch die Dörfer hoppelten.) Die Frauen waren wie überall an der Grenze verschleiert. (Die einzige Ausnahme bilden die auffallend schönen Nomadenfrauen, die im Wechsel der Jahreszeiten mit ihren Familienkarawanen von Pakistan nach Afghanistan ziehen.) Wenn wir zufällig an unverschleierten Frauen vorüberfuhren, drehten sie uns hastig den Rücken zu, damit wir ihre Gesichter nicht sehen konnten. Am Kontrollpunkt, wo der Landrover registriert worden war, befand sich ein großes Schild mit der Aufforderung, nicht bei Nacht zu fahren. (Ich weiß nicht, ob das mit dem Zustand der Straßen zu tun hatte oder mit der Gefahr, daß man Menschen oder Tiere überfuhr, oder weil es Straßenräuber gab oder was immer.) Wir waren also erleichtert, als wir bei Sonnenuntergang ziemlich mitgenommen in Dir ankamen. Dir ist eine kleine Stadt mit einem Militärposten und einem ansehnlichen Basar. Nach ein paar Befragungen im Basar wurden wir zum örtlichen «Hotel» gewiesen, das einigermaßen scheußlich aussah. Der Eigentümer entpuppte sich als ein typischer Pakistani. Er war zweisprachig, stammte aus dem Tiefland und schien etwas besorgt darüber, daß wir mit dem Landrover über den Lowarai-Paß, ungefähr fünfzig Kilometer talaufwärts, fahren wollten. Kurz danach tauchte aus dem Menschengewühl, das jetzt den Landrover umdrängte, ein Mann auf, der kategorisch erklärte, der Wagen würde das nie schaffen. Er bot uns an, für uns einen Jeep mit Fahrer zu mieten, zu einem sehr hohen Preis. Das führte zu einer lebhaften Diskussion in Paschtu, Urdu und Englisch, die sich um den zu verlangenden Preis und um die Frage drehte, ob unser Vehikel über den Paß käme oder nicht. Schließlich gelangte man zu dem Schluß, wir würden es wahrscheinlich schaffen, aber wir sollten einen Führer nehmen, der die Straßen kannte und nur sechs Rupien für seine Dienste verlangen würde. Das schien mir eine vernünftige Lösung zu sein, und wir machten eine Zeit für den nächsten Morgen aus, zu der wir uns treffen wollten. Für die Zwischenzeit begaben wir uns zum Regierungs-Rasthaus, das geschlossen war, weil wir Sonntag hatten. Der Chokidar indessen war recht freundlich und hatte nichts dagegen, wenn wir im Wagen auf dem Hof seines Hauses schliefen, zusammen mit ein paar Lastwagenfahrern, die für die Nacht Halt gemacht hatten. Unser Landrover hatte oben zwei Kojen, in denen man sehr bequem schlafen konnte, und aus den Sitzen unten entstand ein weiteres Bett. Jaccoux ging zum Basar, um nach Chapati zu schauen, während Michèle und ich zu einer nahen Quelle gingen, um Wasser für Kaffee und Tee zu holen. Jaccoux kam mit den Chapati und ein paar Ziegenfleisch-Bouletten zurück. Wir machten uns etwas Suppe, öffneten ein paar Dosen mit Erbsen aus Frankreich und hatten so ein ausgezeichnetes Abendessen.

Am anderen Morgen war zur verabredeten Zeit keine Spur von dem «Führer» zu sehen. Also beschlossen wir, allein weiterzufahren. Gleich hinter der Stadt war ein weiterer Militärkontrollpunkt, und ein Soldat schrieb unsere Namen und unser Ziel auf. Die Straße – armselig, holperig, schmutzig – begann ständig zu steigen, und in der Ferne konnten wir sie in irgendwelchen nebelverhangenen Bergen verschwinden sehen. Die Berge waren leicht verschneit. Mehrere mit Baumstämmen beladene Lastwagen fuhren an uns vorbei ins Tal hinunter – ein Manöver, das größte Vorsicht verlangte, denn auf der Straße war kaum genug Platz für einen Wagen, geschweige denn für zwei. Wir fuhren sehr langsam, aber es war nicht übermäßig schwierig, verglichen mit manchen unserer früheren Kapriolen. Als wir uns plötzlich auf der Paßhöhe wiederfanden, waren wir sehr überrascht. In über dreitausend Meter Höhe war es sehr kalt, und es schneite leicht. Wir waren sehr zufrieden mit uns, daß wir mit so wenig Schwierigkeiten auf dem Lowarai angekommen waren. Ich stieg aus und ging in eine kleine Teestube, wo eine große Zahl von

Lastwagenfahrern Rast machte. Auf die abwärts führende Straße deutend fragte ich: «Pukah, pukah?» (Ist sie in Ordnung?) Das erweckte lautes, zynisches Gelächter, und einer der Fahrer ahmte mit den Händen einen Wagen nach, der sich überschlagend in eine Schlucht stürzt – wie wir später erfuhren, kein ganz seltenes Ereignis hier. Etwas herabgestimmt machten wir uns auf den Weg nach unten, Jaccoux am Steuer, mit Vierradantrieb. Wir zählten vierzig Haarnadelkurven, und die meisten davon waren so eng und steil, daß sie in mehreren Ansätzen genommen werden mußten. Zum Glück war die Straße trocken und für eine ungeteerte Straße sehr gut gebaut – man hatte sie seit Maraini offensichtlich beträchtlich verbessert –, so daß wir ohne Zwischenfall unten ankamen.

Das Chitral-Tal, in das wir jetzt einfuhren, war vom Kunar gebildet worden. Dieser Fluß, der natürlich nicht über den Lowarai nach Kunar kann, dreht nach Westen ab und fließt nach Afghanistan. Später vereinigt er sich mit dem Kabul-Fluß und kommt zurück nach Pakistan. Die beste Handelsverbindung zwischen Chitral und dem übrigen Pakistan wäre ganz offensichtlich über diesen Fluß. Da aber zwischen Pakistan und Afghanistan gespannte Verhältnisse herrschen, ist das nicht möglich. Und da der Lowarai nur ein paar Monate im Jahr befahren werden kann, ist Chitral die meiste Zeit entweder ganz von seiner Umwelt abgeschnitten oder nur auf dem Luftweg erreichbar. Es war davon gesprochen worden, den Lowarai zu untertunneln, aber damit tauchte zugleich das allgemeine Problem dieses Grenzgebiets in den Diskussionen auf: die meisten dieser Distrikte – die einzige Ausnahme ist Swat – sind einfach keine lebensfähigen Wirtschaftseinheiten. Sie können sich nicht einmal selbst mit Nahrungsmitteln versorgen, und man hat auch keine Mineralvorkommen dort entdeckt, die ein so großes Bauprojekt wie einen Tunnel rechtfertigen würden. Als Grenzgebiete haben sie jedoch ungeheure strategische Bedeutung, und daher ist die Regierung gezwungen, sie so gut zu entwickeln, wie sie nur kann. Zur Zeit der Briten wurden die meisten dieser Orte kaum je von Fremden aufgesucht, geschweige denn entwickelt, so daß die gegenwärtige Regierung fast bei Nichts anfangen mußte.

Wir hoppelten den Kunar entlang, manchmal auch hoch über ihm, bis wir endlich die Stadt Chitral erblickten. Hier warfen wir

auch den ersten Blick auf den Tirich Mir, den 7690 Meter hohen Riesen, den höchsten Berg des Hindukusch. Er ist bestimmt ein wunderschöner Berg, aber nachdem wir uns ein eigenes Urteil gebildet hatten, konnten wir mit Maraini nicht mehr übereinstimmen, dessen hell begeisterte Schilderung den Eindruck erweckt, er sei fast das Nonplusultra unter den Bergen der Erde. Natürlich ist ein ästhetisches Urteil über Berge wie jedes ästhetische Urteil höchst subjektiv. Für mich liegt die Schönheit der Berge teilweise im Kontrast zwischen der Niederung und dem Gebirge. In dieser Hinsicht sind Nepal und sogar die französischen und Schweizer Alpen – für mich wenigstens – aufregender als die Berge des Hindukusch. (Wir drei stimmten für den 6856 Meter hohen Ama Dablam, einen der «Vorberge» des Mount Everest, als den schönsten Berg, den wir je gesehen hatten. Das Matterhorn, von Zermatt aus gesehen, ist nach meiner Ansicht dicht darauffolgender Zweiter.) In diesem Spätherbst, der Jahreszeit unseres Aufenthaltes, war die Niederung dürr und braun und grau. Die Landschaft wirkte sehr ernst und streng, und die schneebedeckten Berge trugen zu diesem Ernst noch bei. Maraini war im Frühsommer in Chitral gewesen, wo – nach seinem Buch zu schließen – alles in Blüten stand und die Landschaft eine Art Tropenparadies darstellte. Das machte den Kontrast wahrscheinlich sehr viel größer, und die restliche Begeisterung war wohl auf den natürlichen Überschwang der Italiener zurückzuführen. Jedenfalls wären wir nie nach Chitral gefahren, hätte ich nicht zufällig seine Beschreibung des Tirich Mir gelesen; also schulde ich ihm auf jeden Fall Dank.
Wir fuhren zum Regierungs-Gästehaus, einem schönen, gepflegten weißen Bau auf einem Hügel über dem Tal. Niemand war über unseren Besuch unterrichtet worden, weshalb wir den Polizeikommissar von Chitral – der mit seiner Familie einen Teil des Rasthaus-Komplexes bewohnte – um Aufenthaltserlaubnis bitten mußten. Er entpuppte sich als ein sehr freundlicher Herr, obwohl er die ziemlich merkwürdige Bemerkung machte, die einzigen Amerikaner, die je nach Chitral kämen, seien vom CIA. Er sagte, er freue sich, uns im Rasthaus aufzunehmen, und er setzte hinzu, er freue sich auch, daß wir keine Hippies seien. Ich muß sagen, daß wir in Anbetracht unserer zerzausten Erscheinung alles hätten sein können, aber vermutlich überzeugte ihn

der Landrover, daß wir zahlungskräftig genug waren, den bescheidenen Preis für Essen und Unterkunft zu bezahlen. Er sagte noch, Chitral sei von Hippies überflutet worden, die anscheinend von der Aussicht angelockt wurden, hier *Charas* – eine Form von Haschisch – kaufen zu können, und außerdem von den Kafir-Tälern ganz in der Nähe, die einen merkwürdigen Stamm beherbergten. Diese Leute behaupteten nämlich, sie seien die unmittelbaren Nachkommen von Soldaten Alexanders, und praktizierten eine primitive heidnische Religion. Die Hippies kämen, sagte er, zu Fuß oder per Anhalter und seien gewöhnlich so mittellos, daß sie sich nur durch Betteln durchbringen könnten. «Die armen Muslime hier sind so gastfreundlich, daß sie einen ganzen Tag nichts essen, nur um einen Gast bewirten zu können.»
Wir bekamen ein großes, komfortables Zimmer, und kaum hatten wir uns darin eingerichtet, besuchte uns unser Zimmernachbar, ein junger Mann, der uns erzählte, er sei hier auf seinem ersten Posten als Grenzpolizei-Verwalter, nachdem er sein Universitätsexamen hinter sich gebracht habe. Er war ein sehr heller, offenherziger Bursche und äußerst neugierig, was uns betraf; ihn interessierten sogar unsere Familienverhältnisse. Als ich ihm sagte, ich hätte einen Bruder und eine Schwester, machte er die bemerkenswerte Feststellung, bei den Pathanen der Gemeinde, aus der er kam – Abbottabad –, werde es als Beleidigung empfunden, wenn man einen Mann frage, ob er Schwestern habe. Im Zusammenhang damit erzählte er uns ein wenig über die Haltung der Pathanen Frauen gegenüber. Er sagte, wenn man einen unverheirateten Mann und ein unverheiratetes Mädchen in einer irgendwie verfänglichen Situation erwische, hätten sie die Wahl, entweder zu heiraten oder erschossen zu werden. Wenn aber einer der Beteiligten verheiratet sei, gebe es ein Verfahren vor dem Stammesrat, und gewöhnlich würden beide erschossen. (Wie genau und allgemeingültig die Pathanensitten hier geschildert sind, weiß ich nicht sicher. Unter dem Regime von Präsident Ayub erlangten die Frauen eine große Anzahl von Rechten, darunter auch das Recht auf Scheidung, und gewiß hat sich die Rolle der Frau seither ständig und zum Guten weiterentwickelt. Aber viele Pathanengemeinden folgen noch ihren eigenen Gesetzen und Stammesbräuchen, auch wenn sie von den nationalen Gesetzen abweichen. Eben diese Verschiedenheit der

Rechtsauffassung war schon eines der großen Probleme der britischen Justizverwaltung im Grenzgebiet. Unter den Stämmen wurde das Töten eines Menschen im Namen der Pathanenehre – *Nang* – einfach nicht als Mord angesehen. Der Stamm war auch nicht bereit, jemanden unter den Voraussetzungen eines Rechtssystems, das er nicht anerkannte, für einen Prozeß auszuliefern. Noch verwickelter wurden die Dinge, weil das pathanische Gesetz der Gastfreundschaft es verlangte, Flüchtige aus anderen Stämmen bei sich aufzunehmen und sie – wenn nötig auch mit Gewalt – zu beschützen, was alles zu dem großen Ausmaß an Gewalttaten in den Stammesgebieten beitrug. Gewiß ändert sich das allmählich, denn die Einwirkung der Zentralregierung auf diese Stammesgebiete wird zusehends direkter, aber schon die gelegentliche Lektüre von Berichten der *Pakistan Times* aus den Grenzgebieten zeigt, daß es immer noch viele Gewalttaten gibt, und manche davon haben mit «verletzter Ehre» zu tun.)

Ich fragte unseren Nachbarn, wie ein junger Mann ein Mädchen zum Heiraten finde. Er antwortete, selbstverständlich würde das von den Eltern arrangiert, und im allgemeinen sähe sich das junge Paar zum ersten Mal bei der Hochzeit. Daraufhin fragte ich, was geschehe, wenn der Junge finde, er könne das Mädchen nicht lieben und möge es nicht einmal. Er sagte, in diesem Fall würde er eine zweite oder sogar dritte Frau nehmen, wie es sein Vater schon getan habe. Als ich die Frage wagte, was passiere, wenn dem Mädchen der Mann nicht gefiele, den man für sie ausgesucht habe, warf er mir einen seltsamen Blick zu – als wollte er sagen, diese Frage sei absurd – und antwortete dann, muslimische Frauen wüßten, daß es ihre Pflicht sei, ihre Männer zu ehren und ihnen zu gehorchen. All das sagte er mit einer solchen Liebenswürdigkeit, Ehrlichkeit und Gutmütigkeit, daß ich nicht das Herz hatte, weiter in ihn zu dringen.

Er verließ uns, um seinen dienstlichen Obliegenheiten nachzugehen, und kurz nach Sonnenuntergang ließen wir uns das beste Essen schmecken, das wir im Grenzgebiet jemals vorgesetzt bekamen, sogar mit einem Pudding, dessen Rezept bestimmt aus einem viktorianischen Kochbuch stammte. Am nächsten Tag wollten wir die Kafir-Täler besuchen, und zwar in Begleitung eines jungen Mannes aus Chitral, der als Touristenpolizist und Führer diente und den wir auf Vorschlag des Polizeikommissars

mitnehmen sollten. Vor der Abfahrt aber wollten wir noch ein Schreiben, das uns ein Freund in Pindi mitgegeben hatte, Prinz Bhirhanudin überbringen, einem Mitglied der einstigen Herrscherfamilie. Nach allem, was wir über ihn gehört hatten, war er ein kultivierter Bonvivant. (Wie unser Freund erzählte, hatte er einen sehr schönen Weinkeller mit verschiedenen Importen, darunter auch solchen aus Frankreich, und ein weiträumiges Herrenhaus, in das er manchmal Gäste einlud.) Bhirhanudin, so sagte man uns, wohne einige Kilometer nördlich von Chitral auf einem Landsitz oberhalb des Flugplatzes. Wir fuhren Richtung Flugplatz, und etwa auf halbem Weg begegnete uns ein ziemlich neu aussehender Jeep; darin säße der Prinz, sagte uns unser Touristenpolizist. Wir hupten. Der Jeep hielt, und ein recht vornehm wirkender Herr in westlicher Kleidung stieg aus. Er trug einen leicht verruchten Bart und sah ein wenig wie ein verkleinerter Peter Ustinov aus. Es war der Prinz, und er war äußerst herzlich. Leider, sagte er, müsse er eben heute Chitral verlassen und nach Peschawar fliegen, doch lud er uns ein, mit ihm auf dem Flugplatz Tee zu trinken und «sein» Flugplatzpersonal kennenzulernen, bevor sein Flugzeug startete.
Der Flugplatz von Chitral hatte etwas Improvisiertes an sich. Der Flug von Peschawar nach Chitral wird wegen des Lowarai eine etwas heikle Sache; er soll gefährliche Fallwinde verursachen. Deshalb wird das Wetter an mehreren Punkten der Strecke überwacht, und bevor der Pilot Peschawar verläßt, verlangt er vernünftigerweise erst die Zusicherung von jedem dieser Punkte, daß die Sicht perfekt ist. Diese Kontrolle findet in Chitral statt, in einem Erdgeschoßraum des Flugplatzgebäudes, und der Flugkontrolleur ist gewöhnlich von einer großen Schar von Bewunderern und Glückwünschern, darunter auch den künftigen Passagieren umringt. In diese Menge reihten auch wir und der Prinz uns ein. Wie oft in Pakistan war die Arbeitssprache, da fortschrittliche Technologie im Spiel war, englisch. Das hatte zu gewissen Ressentiments Anlaß gegeben und zu einer Bewegung geführt, die Urdu in Pakistan als Unterrichtssprache an der Universität durchsetzen wollte. (Meine Vorlesungen waren natürlich in Englisch, und die aller anderen Dozenten auch, soweit ich das sagen kann.) Jedenfalls wurde das Gespräch über das Wetter auf dem Flugplatz in Chitral englisch geführt, zu unserem

Glück, denn so konnten wir der Entwicklung folgen, die höchst belustigend war. Die Sache lief etwa folgendermaßen ab: Der Kontrolleur rief Drosh an, eine Stadt unten im Tal in Sichtweite des Lowarai, wo ein Beobachter beauftragt war, den Wolkenstand durchzugeben. Dann wurde ein Assistent nach draußen geschickt, um den Benzingenerator in Gang zu setzen, der das Funkgerät mit Strom versorgte. Der PIA-Pilot, der inzwischen eine halbe Stunde überfällig war, wurde an den Empfänger gerufen, und es entspann sich ein langes Gespräch über Winde und Wolken. Der Prinz beugte sich währenddessen über den Kontrolleur und versuchte ihn zu überreden, eine günstigere Beurteilung des Wetters verlauten zu lassen, als dieser es wollte. Darauf folgte eine lange Diskussion über die Objektivität des Kontrolleurs als Wetterbeobachter. Inzwischen war der Pilot nach Peschawar zurückgeflogen und hatte beschlossen, noch eine halbe Stunde zu warten, wie sich die Dinge entwickelten. Jetzt verlangte der Prinz, persönlich mit dem Piloten zu sprechen: «Sag ihm, Prinz Bhirhanudin reist mit ihm nach Peschawar und möchte ihn sprechen.» Der Kontrolleur gab irgendeine Version dieser Botschaft durch, und der Pilot antwortete: ‹Captain Soundso läßt dem Prinzen seine besten Empfehlungen ausrichten.›» «Ich will den Captain selbst sprechen», sagte der Prinz, doch ohne Erfolg – der Generator war bereits abgeschaltet. Inzwischen waren über den Bergen ein paar Wolken aufgestiegen, und in der nächsten Mitteilung gab der Pilot durch, der Flug sei gestrichen. Niedergeschlagen beklagte sich der Prinz, der Pilot hätte eine Stunde früher abfliegen sollen, und an allem sei der Kontrolleur schuld. Das schien keinen besonderen Eindruck auf diesen zu machen, und resigniert kündigte der Prinz an, er werde einen seiner Jeeps mit Fahrer nehmen, über den Lowarai nach Peschawar fahren und dort nach dem Rechten sehen. Dann erinnerte er sich daran, daß wir hier waren und er uns Tee angeboten hatte. Er bestellte vier Tassen, nahm ein paar Schlückchen und fuhr dann eilig mit seinem Jeep davon, vermutlich nach Peschawar.

Es war inzwischen Mittagszeit, und der Touristenpolizist schlug vor, wir sollten in Chitral in sein Lieblingsrestaurant essen gehen. Mir schien das ein Fehler, aber da wir seine Gefühle nicht verletzen wollten, stimmten wir zu. Wie ich geargwöhnt hatte, war es ein ziemlich scheußliches Lokal, schmutzig und voller Fliegen. Jaccoux machte eine sportliche Anstrengung, seinen Reis und Haferschleim zu Ende zu essen, während Michèle und ich uns auf Tee und köstliche eingemachte Äpfel beschränkten, die wir im Basar von Chitral gekauft hatten. Nach dem Essen verstauten wir uns im Wagen und machten uns auf den Weg am Kunar entlang talabwärts in Richtung auf die Kafir-Täler, nun aber auf der anderen Flußseite und nicht auf jener, die wir auf der Fahrt nach Chitral benutzt hatten. Das Kafir-Volk, ein paar tausend Menschen, wohnt in drei Tälern – Birir, Rumbur und Brumboret –, die alle zum Kunar gerichtet sind. Diese Täler sind so versteckt, daß wir trotz unserer Lektüre des Maraini-Buches, nach der wir im Grund wußten, wo sie lagen, die Einfahrt zu ihnen nicht finden konnten. Das Dorf Ayun, etwa fünfunddreißig Kilometer von Chitral entfernt, liegt an der Zufahrt zu ihnen, und bis dahin ungefähr kann man mit dem Landrover fahren. Maraini und seine Expedition besuchten Brumboret, und seine Schilderung davon war so verführerisch, daß wir auch dorthin wollten. Unser Führer schlug indessen vor, wir sollten zuerst nach Birir gehen; das war ein kürzerer Marsch und daher dieses Tal am meisten für den Fremdenverkehr erschlossen. (Rumbur wird selten besucht und soll das ursprünglichste Tal sein.) Unser Führer war in Ayun geboren, und er bestand darauf, jemandem den Auftrag zu geben, den Landrover zu bewachen, wenn wir ihn über Nacht allein stehen ließen. Einer seiner Landsleute kam mit einer Schrotflinte und breitete neben dem Wagen eine Decke aus. Man hatte uns gesagt, in Birir gebe es ein Rasthaus mit Proviantvorräten, also brauchten wir nur unsere Hochgebirgsschlafsäcke und etwas warme Kleidung mitzutragen. Da es jetzt Spätherbst war, wurden die Nächte schon sehr kalt. Um die abenteuerliche Atmosphäre noch zu verstärken, brauten sich um die höheren Berggipfel Wolken zusammen, und gelegentlich grollte Donner von Fels zu Fels. Der Pfad aufwärts folgte durch eine enge Spalte zwischen hohen Bergen einem schmalen Flußlauf. Als wir etwa eine Stunde gegangen waren, sahen wir eine Kafirfrau mit ihrem Mann. Eigentlich gibt es zwei Arten von Kafiren. Von den «Kati» oder «Roten Kafiren» waren die meisten zum Islam bekehrt worden, viele davon mit Gewalt, als

Kafiristan, das sich zu beiden Seiten der pakistanisch-afghanischen Grenze erstreckt, 1896 durch Abdur Rahman Khan von Afghanistan annektiert und in Nuristan umbenannt wurde. Daneben gibt es noch die «Schwarzen Kafiren» oder «Kalash». Die Kalash haben viele von ihren überkommenen Sitten behalten, darunter die Kleidung der Frauen, die sie von anderen unterscheidet. Sie besteht aus einer dunklen – schwarzen oder braunen – Kutte mit einer Kapuze. Diese Kapuze ist nicht am Gewand befestigt und sieht fast wie eine Pferdemähne aus. Sie hängt vom Scheitel bis auf den Rücken herunter, ist fein mit Muscheln und Knöpfen geschmückt und oben mit Bändern und einem dicken, dekorativen Pompom verziert. Die Kafirfrau, die sich uns näherte, trug diese Kleidung, und wie bei allen Kalashfrauen waren ihre großen dunklen Augen stark mit Make-up ummalt, bis zu den Augenbrauen hinauf. Wenn man etwas von ihren Ursprüngen weiß, ist es leicht – nur allzu leicht –, in den Gesichtern der Kafiren Spuren ihrer vermutlich mittelmeerischen Herkunft zu finden. Diese Frau aber und ihr Mann, der auffallend blaue Augen hatte, sahen wirklich und wahrhaftig aus, als seien sie eben von einer Insel in der Ägäis hierher verpflanzt worden.
Mehrere Beamte, mit denen wir in Chitral über unsere Absicht, die Kafir-Täler zu besuchen, gesprochen hatten, bezeichneten die Kafiren als «schmutzige Leute». Das hatte wahrscheinlich mehr damit zu tun, daß sie eine komplizierte heidnische Religion praktizierten, mit Ziegenopfern und besonderen Riten, als mit tatsächlicher Unsauberkeit. Auch die Chitrali sahen nicht so aus, als wären sie den Seiten von *McCall's Magazine* entstiegen. Häufig wurde erwähnt, die Kafirfrauen trügen diese Kuttenkleider ihr ganzes Leben lang. Sie bekämen beim Erwachsenwerden ein einziges Gewand, und das halte sich bis zu ihrem Tod. Das sollte uns schockieren, aber Jaccoux bemerkte, daß es bei armen Bauersleuten in den französischen Alpen vor wenigen Generationen genau so wenig Kleidung gegeben habe. Das Kafiren-Paar, das auf dem Pfad an uns vorbeiging, sah ebenso sauber aus wie jeder andere in der Gegend, und wir selbst, die nun schon mehrere Wochen im Grenzgebiet unterwegs waren, konnten auch nicht gerade als Muster von Eleganz gelten. Der Pfad stieg weiter aufwärts, und nach einigen Kilometern gelangte er in das

kleine, aber liebliche Tal von Birir. Es hatte zu regnen angefangen, aber auch so sah es wie ein schöner Garten aus. Ein sprudelnder Bach teilte das Dorf in zwei Hälften, und über dem Wasserlauf sahen wir die seltsamen, kompakten, mehrstöckigen Holzhäuser, die die Kafiren aus Nußbaumstämmen bauen. Die Regierung unterhält in Birir ein Rasthaus. Als wir uns ihm näherten, grüßte uns ein Kafirmann, und nachdem er uns ein paar hier gewachsene Trauben angeboten hatte, eine Spezialität der Täler, fragte er uns, ob wir gern den berühmten Kafirwein versuchen wollten. Maraini gerät in seinem Buch ganz außer sich über die Entdeckung von Wein in diesen Tälern. Er schreibt: «Da unsere Kafiren die Kunst des Wein-Herstellens nicht von den Muslimen (die ihre Enklave über ein Jahrtausend umringten) gelernt haben können, folgt daraus, daß wir hier mit einer Fertigkeit konfrontiert werden, die eine unglaublich lange Zeit über lebendig blieb – und die dazu noch in keiner Weise den heute herrschenden Verhältnissen entspricht. Konnte sie gar ein Erbe aus den Zeiten der griechischen Könige sein, von denen ich früher sprach und die sich vor über zweitausend Jahren in der Nähe des Hindukusch in Baktrien, Arachosia und Ghandara ansiedelten?» Das mag sein, aber Wein muß den Pathanen noch im 17. Jahrhundert wohlbekannt gewesen sein, denn der größte Pathanen-Dichter, Kushhal Khan Khatak, der in jener Zeit lebte, schrieb:

Rosen und Wein mit dem Freunde teilen –
Ohne Wein mag der Frühling enteilen,
Abscheu flößt mir Enthaltsamkeit ein:
Schal' um Schale fließ in mich, mein Wein.
Horch, Lauten und Flöten schmeicheln der Stunde,
Was sagt Musik zu fröhlicher Runde?
«Zeit, die verflossen, kehrt niemals wieder,
Keiner holt, was vergangen, zurück.
Wo sind all die verklungenen Lieder,
Sterbliches Leben, irdisches Glück?
Alles ist flüchtig, alles ist nichtig.
Hält dein Preis die Minuten denn auf?
Ändert Geringschätzung ihren Lauf?»
Zeit ist der Mörder aller, die lieben.

Kopflos, herzlos ins Dunkel getrieben
Wird alles Süße, verblaßt jeder Schein:
Schal' um Schale fließ in mich, mein Wein.

Irgendwie muß der Wein in den letzten dreihundert Jahren das Pathanenland verlassen haben und nur in den Kafir-Tälern geblieben sein. Als wir Kalash-Wein versuchten, schmeckte er zwar eher wie leicht vergorener süßer Traubensaft als wie wirklicher Wein, aber immerhin ...

Im Rasthaus wurden wir von drei jungen Pakistani begrüßt, die als Anhalter und Wanderer von Lahore gekommen waren, wo sie an der Pandschab-Universität studierten. Sie sahen ziemlich elegant aus, und einer von ihnen hatte sogar eine Kombination von Wanderstock und Klappstuhl bei sich, wie man sie mit feinen britischen Pferderennen in Gedankenverbindung bringt. Sie waren äußerst herzlich und fragten, ob wir gekommen seien, um die «pakistanischen Hippies» anzusehen, womit sie die Kalash meinten. Sie sagten, wir müßten unbedingt einen Kalash-Tanz sehen, den man sich für ein paar Rupien bestellen könne, und einen Kalash-Friedhof; sie hätten ein paar großartige gefunden. Wir wollten beides am nächsten Morgen anschauen, und sie kehrten zum Schulhaus zurück, wo sie kampierten. In der Tat erschienen am nächsten Tag vor unserer Tür eine Reihe von Kalash-Frauen, ein paar alte, ein paar Kinder, und eine oder zwei wunderschöne. Auf ein Zeichen des Mannes, der sie begleitete, bildeten sie einen engen Kreis, und zum Klang einer kleinen Trommel begann ein langsamer, rhythmischer Tanz. Sie sangen etwas, das wir selbstverständlich nicht verstanden. (Maraini sagt, die Kafir-Sprache sei bisher nicht richtig erforscht, und es wäre höchst interessant zu wissen, was sie über die Ursprünge des Volkes enthüllen würde.) Inzwischen war die Sonne in den Himmel gestiegen, und wir packten unsere Sachen, um talabwärts zu wandern. Unterwegs hielten wir bei einem Friedhof. Die Kalash bestatten ihre Toten in Holzsärgen über der Erde, ein Brauch, dessen Ursprünge bis in die Antike zurückzureichen scheinen. Maraini schreibt: «Wir wissen aus alten Berichten über den Alexanderzug, daß damals in dieser Gegend Leichen ebenfalls in Holzsärge gelegt wurden und dann über der Erde blieben. Anscheinend machten die Griechen eines Abends bei der Überquerung der Berge zwischen Baktrien und Ghandara Halt in einem Tal. Das Tal war mit so dichtem Wald bestanden, daß man unmöglich zwischen den Bäumen hindurchsehen konnte. Da es kalt war, zündeten die Griechen eine Reihe von Feuern an. Irgendwie sprang ein Funke von diesen Feuern in einen nahen Friedhof über, wo die Särge («aus Zedernholz», wie es heißt) zum Himmel hin offen unter den Bäumen standen. Sie fingen Feuer, loderten auf, und die Flamme reichte aus, um den Griechen zu zeigen, daß auf den nahen Höhen eine wohlbefestigte Burg stand.»

Der Weg nach Ayun hinunter war sehr angenehm, und als wir ankamen, war der Landrover intakt und unter Bewachung. Wir fuhren ihn in den Hof der nahen Polizeistation; das wäre ein guter Platz, so hatte man uns gesagt, um ein paar Nächte zu kampieren. Während wir uns einrichteten, kam ein gut aussehender junger Mann zu uns und stellte sich als Teshildar – Gerichtsbeamter – des Chitral-Gebietes vor. Er sagte, er sei nach Ayun gekommen, um das Experiment der Anpflanzungen einer neuen Sorte von Winterweizen zu überwachen, die die US-AID gespendet hatte. Nahrung ist in Chitral ein sehr ernstes Problem, und er hoffte, der neue Weizen würde hilfreich sein. Ich fragte ihn, ob es heute viel Kriminalität in Chitral gebe (Maraini war nicht gerade begeistert über die Ehrlichkeit der Chitrali). «Es sind gute Leute», sagte er, «und außerdem» – er lächelte – «haben wir die Armee in Chitral.» Ich fragte nach den Leuten von Ayun, und er meinte: «Sie sind nicht so gut, aber machen Sie sich keine Sorgen, etwas so großes wie einen Landrover zu stehlen, dazu sind sie nicht frech genug.»

Am anderen Morgen gingen wir bei hellem Sonnenschein und mit einem großartigen Blick auf den Tirich Mir einen anderen Bach entlang nach Brumboret. Diese Wanderung, etwa fünfzehn bis zwanzig Kilometer lang, würde uns fast bis zur afghanischen Grenze bringen. Marainis Buch versprach einen ziemlich harten Weg, steil ansteigend bis Brumboret, und so war es auch. Der Bach hatte eine tiefe Schlucht gegraben und an wenigen Stellen seines Ufers waren Häuser in die Felsen gebaut. Nach ein paar Stunden kamen wir zu einer Stelle, wo sich zwei Wasserläufe trafen; der eine floß von Rumbur herunter, der andere von Brumboret. Der Pfad nach Brumboret führte über mehrere schmale Brücken aus Baumstämmen. In einer schmalen Waldschneise stießen wir auf drei Hippies, zwei langhaarige junge Briten und ein Mädchen von wilder Schönheit, das aus Österreich kam; alle drei rauchten glücklich neben dem Bach Haschisch. Kurz nachher enthüllte der Weg plötzlich das ganze Tal von Brumboret, das etwas vom Schönsten und Friedlichsten auf der Erde sein muß. Überall wuchsen Bäume und Blumen, und auf den Feldern grasten Tiere. Wir hörten eigenartige Töne in unserer Nähe, schauten auf und erblickten ein Kalash-Mädchen, das beim Hüten seiner Herde auf einer Holzflöte blies. Auf dem Weg durch ein paar Kalash-Dörfer sahen wir, wie die Männer geschäftig Walnüsse und Korn einlagerten, um gegen die Unbilden des nahenden Winters gewappnet zu sein. Wir kamen auch an einem Kalash-Tempel mit merkwürdigen geschnitzten Ziegenköpfen vorbei, die fast so alt erschienen wie die Welt selbst. Dann gewahrten wir auch einige von den merkwürdigen Holzstatuen, mit denen die Kalash einst ihre vornehmeren Toten ehrten. Maraini schreibt darüber:

«Je länger man sie anschaute, desto mehr hatten sie einem zu erzählen. Ihre grob aus dem Baumstamm mit ein paar Beilhieben gehauenen Gesichtszüge bildeten dennoch alle möglichen Ausdrucksweisen ab; hier war die stoische Würde eines stolzen, von den Verhältnissen niedergedrückten Mannes zu sehen, dort der groteske Hochmut eines kleinen Geistes, der durch das sinnlose Drehen des Glücksrades nach oben kam. In diesen Gesichtern konnte man jede Emotion lesen: Hoffnung, Friede, Wut, Unwillen, Großmut, abstoßenden Egoismus, stolze Unabhängigkeit, unerträgliche Gemeinheit, Großherzigkeit, Angst und Heiterkeit. Das waren nicht bloße armselige Holzbildwerke von Kafiren, die wirr auf einem Friedhof umherlagen, umgestürzt von nächtlich umgehenden Füchsen, verloren in diesem Waldtal in der Wildnis des Hindukusch: es waren Menschen.»

Es ist unwahrscheinlich, daß Alexander, als er den Hindukusch überstieg, um nach Swat zu kommen, ein so weit nördliches Tal wie das von Brumboret durchzog. Vermutlich tat er es südlich von Dir. Aber einer der Gründe für Alexanders Weg nach Pakistan war, daß er glaubte, er folge der legendären Reiseroute des Dionysos, der, wie Maraini es ausdrückt, «an der Spitze eines Zuges von betrunkenen, lärmenden Satyren und Panen, Kentauren, Mänaden, Bassariden und zahllosen anderen Gottheiten der Felder und Wälder» gekommen war. Alexander entdeckte eine Stadt namens Nysa, nicht weit von der Stelle im Hindukusch, wo die brennenden Särge eine Burg enthüllt hatten. Irgendwie kam er zu der Überzeugung, diese Stadt sei von Dionysos gegründet worden und Wälder und Felder um sie herum erfülle Zauberei. Ein paar seiner Männer fanden Efeu, der hier in der Nähe wie in ihrer griechischen Heimat wuchs. Maraini schreibt: «Wie der Geschichtsschreiber Arrian schildert, war Alexander über die Entdeckung hoch erfreut. Er fügte der Stadt nicht nur keinen Schaden zu, sondern beschloß, mit seinem Heer einige Tage zu rasten, um den Anlaß entsprechend zu feiern. Es gab Opfer und Festmähler, Trankopfer und Gesänge.» Maraini zitiert auch die Darstellung dieser Begebenheit durch einen italienischen Historiker: «Der König und sein Gefolge gingen von Nysa die grünbewaldeten Hänge von Meros hinauf, wo sie eine Vegetation fanden, die viel mit der in ihren Heimatbergen gemeinsam hatte. Befeuert von göttlichem Enthusiasmus fielen sie nieder, pflückten Lorbeer- und Weinblätter und flochten Kränze daraus; dann rannten sie in einer Art religiösem Rausch wie die Mänaden auf dem Olymp in Thessalien hin und her durch die Wälder, verzehrt von echtem dionysischem Wahnsinn. Das Bergland hallte wieder von den Gesängen Tausender Männer, Heerführer und einfacher Soldaten, die dem Herrn des Waldes Preis und Dank sagten und mit der zu seinen Ehren vorgeschriebenen Litanei ihrer Anbetung Ausdruck gaben.»